羈押魚肉

林子盂皇 著

推薦序

公門內的修行

新聞評論人　范立達

《憲法》第八十條明文規定：「法官須超出黨派以外，依據法律獨立審判，不受任何干涉。」這段不到三十字的簡短規定，卻引發許多討論。近幾年來，社會各界對於法官必須「超出黨派」的部分，已經獲得共識，不再有爭議，但何謂「依據法律」、「獨立審判」、「不受任何干涉」，則仍有很多不同的說法。

有人認為，所謂的「依據法律」，指的是法官的判斷必須受到法律的拘束，不能逸於法律以外，為恣意裁判。但，問題來了。何謂法律？最高法院頒布的判例算不算法律？再者，如果法律的規定與憲法發生衝突，法官的判斷是要依據法律，還是憲法？易言之，法官有沒有違憲審查權？

所謂的「獨立審判」，更是爭議重重。有人認為，所謂的「獨立」，是指審判過程中的每一位法官，都必須對自己的見解負責，而不必受到他人的左右。因此，即使是三人一組或五人一組的合議庭，其中的成員若與其他法官有不同意見，也應該「獨立」表達出來。換句話說，縱使合議庭評議時，屬於少數意見的法官，仍有寫出不同意見書的權利。但此種做法，會否與現行「評議結果於判決確定前均不得公開」的規定衝突？此外，判決被上級審撤銷發回後，下級審是否應受上級審見解的拘束？還是說，下級審仍可堅持獨立審判，就自己認定的事實適用法律？這也是司法實務界屢見不鮮的爭議話題。

至於「不受任何干涉」，就更有趣了。

有人認爲，「干涉」可分爲內部干涉及外部干涉。其中，內部的干涉包括了人事升遷、考績、辦案成績等等。要杜絕內部干涉，就必須把前述這些科層制度及「陋規」全數廢除，所以，司法界不少改革派份子一直大力倡言「我們需要一部法官法！」道理即在此。不過，「法官法」能否誕生？看來還非常艱難，這其中，除了涉及了檢察界的不同聲音外，司法界的大老是否眞心誠意的支持，似乎也有值得玩味的空間。看來，要達到改革的目標，果然非一蹴可及。

就外部干涉的部分，最常被提及的，就是目前泛濫成災的媒體報導。

司法界不少人認爲，爲了讓法官有純淨的辦案空間，所以輿論、媒體對於審判中的案件皆不得報導、評論，否則，就是干涉了審判。更有人提議，我國應效法英美諸國，制定「藐視法庭罪」，把那些成天砲轟法官、法院、判決的記者、民代、名嘴們，統統抓起來。但此種作爲會否被視爲妨害新聞自由、言論自由？自然又有不同的看法出現。

當然，更有另一派人士認爲，法官在判案時若想不受任何干涉，就得做到清心寡慾，與外界的接觸聯繫程度降到最低，甚而把自己封閉在象牙塔中，如此，就無任何人找得到管道施壓、關說，法官斷案時當然就可以不受任何干涉了。

但法官眞的應該把自己隔絕於社會大衆之外嗎？司法界老前輩傳下來的訓示：「法官要耐得住寂寞！」、「法官不語！」、「法官的意見都表現在判決書上！」眞的是金科玉律，不得也不應違反嗎？其實，這問題已愈來愈値得研究了。

近幾年來，司法界出現了一批與傳統規矩相當不同的法官。他們有時會在法庭中諄諄教誨已認罪的被告，要他們爾後不得再犯；有時會在裁判書中長篇大論，闡述個人的法律見解；有時會把手中的案子停下來，寫出洋洋灑灑的釋憲聲請書，請求大法官對於爭議性的法律規定進一步釐清；更有人會提筆爲文，投書報端，自動自發的作起全民法治教育的工作。由於這些新生代法官的作爲，太過另類，所以，他們的一舉一動，無不引起側目，更讓傳統、保守的司法界難以忍受。部分司法前輩們更會勸他們，把自己的本業顧好才是正途，何必做這些份外且無償無酬的工作？更有人會勸說，爲了寫釋憲聲請書、爲了在一件判決書中寫下長篇的「旁論」，而影響結案進度，讓自己的辦案成績、考績下滑，豈非愚不可及？但他們常常樂在其中而不疲。

本書作者林孟皇法官就是這些另類法官的代表人物之一。有閱報習慣的讀者們，應該會常常從報端上看到林法官的大名。他那篇「台灣霹靂火燒出什麼問題」，堪稱是生活法律教育的代表作，迄今仍在網路中不斷地流傳、轉寄。本書的內容即是把他多年來投書報端所發表的文章集結成冊，讓讀者們一次看個夠。前面所提的審判獨立、判決少數意見、輿論審判、法官不語、法治教育等問題，都在本書中有詳細的討論。看到本書的份量，讀者們可能也會訝異，林法官怎有那麼多空閒的時間，能夠寫出這麼多篇精彩的文章？

不過，林法官雖勤於對司法時事發表意見，但可絲毫沒有以私害公，對於個人手中承辦的案件，林法官同樣是費心費力審判，影響力更是經常超越個案。

舉例來說，常購買、服用維他命的讀者，可能會發現近年來「善存」的價格大幅降低，而且也不再被衛生署列爲藥品管制；因信用卡、現金卡而揹負卡債的朋友，也可能會發現，銀行突然「好心的」大減循環利息或違約金。但外界不知的是，維他命由「藥品」變成「食品」，靠的是林法官的一本判決（不是一紙判決喔！），而銀行對於卡奴的違約金之所以降低，也不是良心發現，而是因爲林法官在簡易法庭任職時，依職權大砍銀行違約金至象徵性的一元，讓這些銀行不得不知難而退。由此看來，法官果眞不能妄自菲薄，靠著判決影響政策、改變政策，在現實生活中，的確有可能發生呢！

林法官的判決書，也迭有佳作，更常引發各界的討論。最有名的案例，是趙建銘涉及的台開案，林法官在判決書中直指此爲「權貴犯罪」，並嘆「竊鉤者誅，竊國者侯。」判決書爲此傳誦一時。另外，在審理「股市禿鷹案」時，對於記者有無拒絕證言權，林法官寫下萬言裁定書，就憲法層次說明記者的拒絕證言權利應如何由法官在個案中審查，並建立一套審查標準。在聯電董事長曹興誠控告今周刊社長謝金河誹謗案，林法官更提筆直書數萬言，反覆探討言論自由、意見表達與事實陳述的分野。此外，在一件民眾對警察開罰單提出異議的裁定案中，林法官對於手持標語牌站在人行道上示威的行爲，是否構成違反道路交通管理處罰條例，抑或只是單純的表達言論自由，以及道交條例的異議案件由普通法院而非行政法院受理並準用刑事訴訟法是否適恰的程序問題，均有非常深入的剖析。

每次拜讀林法官的這些大作，心中都會感嘆，林法官果然是把法官的工作當成良心事業在經營。明明一千字以內就可結案的裁判書，他非得寫到上萬字才罷休，他不可能吃飽撐著沒事找事做，他會如此筆耕不輟，憑恃的絕對是一腔熱血，以及對司法的熱愛。

後來得知，林法官出身教育界，曾經爲人師表，後來才考上台大法律系、法律研究所，並考上法官，這才恍然大悟，正因爲林法官身上流著教師的血液，所以才會如此誨人不倦。雖然他從教職換了跑道改行當法官，但他依然存在著老師的性格，所以，在他的判決書中、在他的時事文章中，都時時刻刻與大家分享他的知識心得。我相信，每當夜深人靜，林法官一人還在伏案疾書時，他心中所想的，絕對不是筆下的這件判決是否會被上級審維持，也絕對不只考量是否能折服當事人，而是想到，如何讓所有接觸到這份判決書的人都有所獲，都能因此而增進對法律的思考。這樣的用心，讓他在寫判決書時，就像是在寫歷史。

我和林法官神交已久，後來在研究所拜入林子儀老師門下時，才知道他亦是林老師的高徒，頓時，他和我成了師兄、弟的關係。饒是如此，但林法官向來恪遵君子之交淡如水的戒律，與我之間，除了幾次在學術研討會碰過面，點頭打招呼外，並沒有太多的互動。與他相較，在才學上我是萬萬不如，更沒有資格品評他的大作，沒想到此次會受囑爲他的新作寫序，惶恐之餘，只能從一名關心司法及法治教育的讀者觀點，向大家推薦此書。

是爲序。

推薦序

法官「不」語？

臺灣師範大學公民教育與活動領導學系副教授　林佳範

有法諺提到「法官不語」，為確保當事人上訴之權益，而法官已針對該案件的判斷，在判決書中有完整之交代，即不需再針對個案發言。這也是法官為判決負責，並盡其職責詳述其理由於判決書中，所當然之要求。然而，作為一個公民，關心公共事務，進行公共論述，以清晰的論理，尋求公眾的對話與審議，不僅沒有違背「法官不語」，更與其訴諸理由與心證公開之理念，不謀而合。林孟皇法官，即是這樣一位公共論述的參與者。

在本書中，我們看到的不是著名美國聯邦法官波斯納（Richard A. Posner）所談的負面「公共知識份子」（Public Intellectual，指對許多事物都能侃侃而談，但並非有助於公共意見形成與制度性問題之解決，反而是在沽名釣譽者），相反地，是已故學者薩伊德（Edward W. Said）所講的，關心社會的公義、提出深入與專業性的分析與建言者。這本書雖然提到「霹靂火」、「星光幫」、「師生戀」等等的事物，但都不脫法律與教育這兩個林法官所熟悉的專業領域，針對這些事物所突顯的社會制度面或觀念上的問題，進而臧貶之。

不論是法律或法官，對一般人而言，都是在專業所築起之高牆內，神秘與遙遠，甚至是害怕。然而，本書試圖打破或走出這樣的高牆，法律是你我在社會生活中的共同規範，法官在面對社會之紛爭，必須公平與合理地裁判，以維護我們的權益與社會的秩序。林法官在書中提到：「何況對於永恆變動的社會生活中情與理的體察、義與利的權衡、曲與直的審辨，是司法的法理成長的活水源頭，更是從事審判的『法官大人』的法律理性用武之地。」作爲大陸法系之法官，這樣的體認，已和美國聯邦法院法官霍姆斯（O. W. Holmes）所言：「法律的生命在於經驗而不在邏輯」，有異曲同工之妙。

曾經是師範生的林法官，過去擔任八年的教職，教育領域的法治化與法治教育，當然是他所關心與參與之領域。在討論不適任教師之處理，林法官主張法律並不需要優先介入處理，反而應尊重教育的專業自主性，可是他也不忘提醒：「社會各界之所以要求國家應該尊重教師的專業自主性，減少介入管制之可能，目的無非是基於學校教育的特殊性與目的，而非授與教師恣意的、不受限制的教學自由，教育專業人員必須透過自重與自律，表彰出教育之專業性，才能獲得來自全民之尊重與信賴。」的確，教育和法律是非常不同的領域，法律若過度地介入教育領域之規範，反而可能造成教育關係之形式化與對立，而不利教育之進行，尊重教師之專業自主，更是司法節制的遵守。

「羈押」是法律的專業用語，「魚肉」是日常的食物；「羈押魚肉」無疑要打破法律專業與日常生活的界限，讓一般人更認識法律。此外，「魚肉人民」，更是指國家強制力的濫用，在三權分立的憲政原理下，司法更是被期許來保障人民的權利，以抵抗行政或立法的「魚肉人民」。林法官這本書，讓我們更清楚地認識法律，不能脫離你我，更不能違背公平與正義。法官不語，法律而已。

推薦序

法學觀念的啓蒙之師

東吳大學歷史系教授　林慈淑

九十九四月間，接到孟皇法官的來電，邀請我幫他的書寫序。久未謀面，突然接獲邀約，眞是受寵若驚，卻也滿心狐疑：自己是法學的門外漢，與法律界完全八竿子打不著，找一個只懂歷史和歷史教育的人爲法律書籍作序，難不成這是促銷所出的奇招？但是，這一著未免風險太大了吧！法官才娓娓說起，這本書跟我有點關係，因爲我曾在某個場合，感謝他經常寄來的法律時論，使我受益良多，同時，我也建議他把這些經年筆耕之作集結出版，好讓更多的人讀到這些深入淺出又發人深省的「法言法語」。原來如此！那麼這樣的理由，我連婉拒都難了。只好恭敬不如從命，戒愼恐懼接下這個重要卻艱難的任務。

於是許多天的晚上，在迷濛的床頭燈下，我讀著這本書內的各個篇章，常常一頁接著一頁，渾然忘記夜已深沈，心中更不時讚嘆：這眞是我所認識的孟皇法官。與孟皇法官相識於民國九十二年，我受聘擔任教育部九年一貫第四階（國中）社會領域教科書審定委員。初進這個由歷史、地理、公民各科學者教師所組成的委員會，最令我驚詫的是，怎麼委員內竟有一位現職法官！怎麼會有法官對中學教育和教科書的編寫品質感興趣？其後，每回讀到他針對送審教科書所提出的意見評述，文筆之流暢簡潔，說理之清楚分明，總令我佩服萬分。而那些犀利的文字背後尤其透顯著一股對於教育——不只是法學教育的深切期望。日後，我才知道，原來孟皇法官曾爲「我輩」中人，他擔任過教職長達八年。

或許正因橫跨教育與法律的經歷，孟皇法官的眼光從不拘泥於狹隘的專業工作，他所關注的對象不只是判案的當事人，更是法院外更廣大的人群。他思索所及早已越過法律的防線，達至更根本的道德和教育領域。此一關懷當是這本《羈押魚肉》成書的最大動力。也正因此，在這本書內，我們看不到僵硬的法條說教，而是各種報章媒體上的熱門話題，大家耳熟能詳的街頭巷議，或者你我生活中無法迴避的常情雜事。孟皇法官信手拈來，總能從中點出相關的法律問題，細細分析其中蘊含的法治理念，牽引我們了解法律之下個人的權益。

由是，證嚴法師著名的「一灘血」故事，揭示的是民事、刑事判決經常差異的原因；「電話詐欺」案件層出不窮，呈現了人們不了解「偵查不公開」的眞正意義以及「人民並無協助辦案的義務」之曲折。從一件件的案例中，讀者可以追隨孟皇法官的腳步，知道「師生戀」在道德和法律面向的分際何在、「校園髮禁」是否有正當性的問題、「法官不印名片」的緣故、警察是否有權攔車進行酒測的爭論、「無罪推定原則」的重要性。

孟皇法官多次在字裡行間表達他對國人法治觀念薄弱的憂心。他憂心人們因不懂法律、不知自我保護而吃虧；憂心人們不懂法律而受到各種虛妄之言的操弄。這本書令人感受最深的莫過於他關懷法治之殷，以及推廣法治教育的懇切。

其實，我以爲，孟皇法官從未眞正離開過教師的崗位，他始終是充滿熱忱、諄諄化誨的教者。站在本書之後的，不只是一個敬業認眞的法官，更是一位懷有使命的老師。對我而言，《羈押魚肉》一書是我法學觀念的啓蒙之師，相信對許多人亦是。因爲這樣，我樂意寫下這生平的第一篇序。

再版序

開啓司法與公民社會的理性對話

臺灣高等法院法官　林孟皇

九十九年本書出版後，雖然談論的是許多人眼中生硬、無趣的法治問題，但或許因爲剛剛發生法官與檢察官集體貪瀆、最高法院法官關說、人民不滿性侵害判決而引發「白玫瑰運動」等一連串司法弊端，而本書倡議的正是揭開司法界的潛規則、還我公義社會，遂獲得評審委員們的青睞，榮獲第三十五屆「非文學類」的金鼎獎。這意外得來的獎項，讓我有更多的動力與機會，在公務之餘繼續深思、筆耕不斷。

由於金鼎獎的加持，使本書得到較多的關注，書中的許多論點也得到不少人的支持與引用。而近幾年來司法體系啓動的變革、網路資訊取得的便利性，以及台灣公民社會的發軔，司法與人民之間雖然還有相當的距離，但起碼爭議判決一出時，臉書上有專門成立的「一起讀判決」網頁，許多人甚至會去看法院新聞稿怎麼說，或親自閱讀起判決書來。由此，顯見許多民衆已經開始理性思辨，親自接觸判決文本、體驗司法，而不再只會恣意謾罵，或任憑政客、名嘴們說三道四。

尤其我在書中所倡議的「法官無大小」、「別祝福法官升官發財」等理念，已成爲法界的共識。因此，當我於一〇四年九月請調高院服務時，許多周遭朋友還不知該不該「恭喜」我。我答以：「法官無大小」的主要核心精神，是當你在面對案件、面對上級審法官（庭長、審判長），甚至面對權力誘惑、社會大衆質疑眼光或親友疑問時，你/妳都要展現獨立審判、無所畏懼、每個法官是平等的精神與立場；擔任法官本就該是一種榮耀，究竟適合在事實審或法律審服務，也只是適才適所與否的考量而已，遷調高院是在接受新的磨練與考驗，是在圓人生的圓滿狀況，既然在現制下法官塡意願才會被調動，恭喜我遂了心願，也就再自然不過了！

雖然如此，華人社會受過幾千年的專制統治，而我們現在採行的憲政民主、人權保障、自由平等、權力分立等法律制度，畢竟繼受自西方社會，要讓這些法律在台灣社會起到規範與引導作用，仍需要施以相當的法治建設工程。然而，台灣社會歷經長期的威權統治，卻始終未能戮力推動轉型正義，起訴白色恐怖時期的加害者，經由公開審判、媒體報導等方式，重現罪惡的過往，讓歷史論述注入生活文化中，以致過去威權專制政府所賴以支撐的政治意識型態始終未能被徹底地拋棄，我們的社會也就成爲明顯的分裂社會：臣民、順民思維與公民意識的對立。

於是，一方面我陸續出版《找回法官失落的審判靈魂》、《轉型正義與司法改革》等倡議司法改革的書籍；他方面仍繼續發掘題材，透過生活中的事例，與公民們理性對話、共同探索華人社會的憲政、法治未來。只是，當一個社會的多數人民仍受傳統三綱五倫、「罪刑禮定」等儒家文化價值觀的薰陶，對於法律功能的想像仍留存傳統中國法的全面正義情結、一直停留在前現代的「祭壇觀」，也就是整個社會意識與大衆心理仍與移植、繼受的法治理念差距極大時，這樣的工作雖然具有意義，卻也是最具挑戰性的。猶記得在金鼎獎的頒獎典禮上，我期許自己不要成爲人民口中的「恐龍法官」；沒想到在後來參與一件社會矚目案件的審判時，由於判決不符所謂的「國民法律感情」，我成了許多人眼中的「恐龍法官」！

這能怪台灣人民？我們本來就沒有優良的司法傳統，當前台灣司法的最大問題，在於類似案件不同處理（有的起訴、有的緩起訴，甚至是不起訴、行政簽結）、判決歧異與前後見解不一（如法定職權說、實質影響力說之爭）。於是，當有法官在權貴、社會矚目案件中堅持罪刑法定、在衆人皆曰可殺的案件中引用國際公約判決免死時，你就是「恐龍法官」、「法院是×××開的」。尤其台灣的法學教育一向偏重法條主義、法釋義學的操作，不僅缺乏批判性思考的法律觀，更忽略條文背後活生生的社會文化脈絡，以致法律人無法以白話文方式，從歷史縱深與社會溝通、對話，法、檢們又躲在司法高牆、象牙塔內時，該如何與公民社會開展對話？

這些經歷讓我有進一步的體認：爲了堅守捍衛人權、維護社會正義的底線，司法在必要時確實必須勇於承擔、夠「白目」，不任意隨「一時民意」而起舞，不理會「曾參殺人」、「三人成虎」等輿論審判。然而，當社會已經變遷，當立法意旨、法律條文已經變動，司法體系如果還拘泥於選編已經數十年甚至上百年的老判例、舊思維，這又完全是不同類型的「白目」，難怪會成為人民口中的「恐龍法官」！而誠如美國聯邦最高法院大法官史蒂文斯（John Paul Stevens）所說的：「順從公眾意願，是立法者與行政部門的事情。在訴訟中，法官最主要的職責，在於不偏不倚，超脫民意」，則法官縱使因為勇於承擔而被批評為「恐龍法官」，也要甘之如飴。至於該爭議案件誰是誰非，且待歷史品評。

不過，多年的觀察心得，也讓我深刻感受台灣社會輿論審判問題的嚴重性，而其最大元凶其實是檢警調人員。正是他們為了辦案績效、陞遷考量或輿論壓力，不僅辦案時屢屢無辜傷人、殃及池魚，甚至時常違反偵查不公開。於是當民眾在犯罪偵查之初經由檢警調人員的「放話」，已經對刑事被告形成「眾人皆曰可殺」的「心證」時，不僅當事人可能失去公平審判的機會——江國慶冤案就這麼發生了（國家因此用了超過一億元的人民納稅錢來賠償其家屬），承審法官也要面臨排山倒海而來的壓力。在此情況下，我開始針對檢警調人員的濫權追訴寫了一系列的評釋文章。

從讀者的角度來看，了解犯罪的偵查、起訴到審判的整個流程，才能了解事情的全貌，對於司法體制也才能有完整的認識。因此，趁著本書再版之際，新增了〈檢察官不該是「追訴狂」〉這一篇章，並增補新的文章到相關篇章去；另外，爲了避免篇幅的龐大，忍痛割愛了原有的〈金融詐騙份子都該抓去關？〉、〈誰的教育改革？〉二個篇章，而將部分內容整併到原有的三個篇章中。也就是說，本書已大幅改版，不僅增刪、調整了既有篇章，更增補了超過三分之一的文章。希望這樣的調整，讀者們會喜歡；也希望本書的出版，能爲台灣公民社會法治理念的交流與對話略盡棉薄之力。

自序

法律即是生活　生活即有法律

九十九年七月間爆發高院法官集體收賄事件，司法院院長、高院院長都因此辭職下台。當你看到這則新聞時，是否驚駭、憤慨司法正義竟然可被金錢收買了？問題是你對於司法的潛規則知道多少？可有多少人曾運用手中的選票，制裁阻礙司法改革的人？

這是本寫給一般人了解有關司法正義、法治文化與公民素養的書籍。書中嘗試以鮮活、實際發生的生活事例，拋開傳統法律書籍充斥生硬文字與冰冷條文的模式，試著融入政治、經濟、社會、歷史、教育等思維，倡議有關民主、法治與人權的理念，並剖析司法的功能與運作模式。

作爲一位以解決人們紛爭爲職業的人，時常面對的是人性衝突對抗的場面、煩瑣無趣的生活點滴、冰冷生硬的法律文字及嚴謹繁複的訴訟程序，加上太太偶爾的：「法律人最沒有創意」、「法律人都缺乏幽默感」等調侃，如果沒有常常覺醒與省思，還眞容易忘了司法工作的存在目的。

我對於司法功能有特別深刻的感觸，應該是參加二〇〇九年高雄市政府舉辦的世界運動會開幕典禮了。話說當時身處氣勢恢宏、由日本名建築師伊東豐雄所設計的龍騰體育館內，面對光彩炫麗的運動大舞台、璀燦奪目的煙火秀、創意十足的電音三太子活動及人們高昂澎湃、聲嘶力竭的吶喊聲中，確實感受到身爲台灣人的驕傲。不過，在那當下，腦海中卻不禁起了一絲的疑惑：哪來這麼多創意？多數人們經由學習、就業活動，爲國家創造產值、製造繁榮，甚至是榮耀國家。相較之下，我從事的工作有什麼意義？

司法工作有什麼意義？就像人生的意義爲何一樣，沒那麼容易回答。本書的寫作，不曾是我的人生志向之一。雖然書中許多文章已發表在報紙期刊上，卻也重新整理改寫，並有多篇新作。這樣的出書衝動，是見聞許多人因爲誤解司法、不懂法治，以致讓自己身陷困境，成爲刑事案件的被告，或淪爲電話詐欺的被害者。

如果你以爲這些遭詐騙的人，都是智識程度不高的人，顯然是大錯特錯。許多高官、名醫、名舞蹈家或教師等知識份子遭詐騙的事例，不勝枚舉。如果當你知道歹徒大都假扮具有公權力的警察、檢察官或法官，要求「協助辦案」、「監管財產」而詐騙被害人時，就知道這些被害人絕大多數缺乏金融、法治常識。

當總統大選勝敗要透過訴訟解決，當司法可依法追訴多數民意支持而當選卻涉嫌犯罪的總統時，可推斷我國已步上民主、法治國家之林。問題是我國司法的公信力一向不佳。這其中固然有司法人事、訴訟制度不當的原因，也有不適任司法人員的不當作爲所致，但更深層的社會因素，卻是不少國人缺乏民主、法治素養。民意調查顯示：「國人對於司法的印象，上過法院的比沒有去過的人爲佳」，即意味國人對於司法的印象，多數來自刻板印象、以訛傳訛。

探究其原因，在於我國深受儒家文化的薰陶，一向奉行團體主義，凡事要求齊一、標準化的答案，加上不重視法治教育的結果，多數人缺乏獨立思考、自主判斷的能力，不僅對於自身權利義務茫然無知，即便對於司法的功能及其運作模式，也是一知半解。因此，冠上幾個「偵查不公開」、「洗錢」、「執行命令」等專有名詞，就唬得被害者一愣一愣的。即使是高級知識份子，由於未受過人權、法治理念的啓蒙，只活在自己專業的象牙塔中，難怪醫師、教師與科技人員被騙者一堆。

因爲出身教育界，我長期關心國內法治教育的推展及公民社會的建立，素來倡導「法律即是生活，生活即有法律」。亦即，法律的個別具體規定，必須符合人們日常生活所共同認知、信奉的人情、義理與法理，才能有效推行及落實；而生活中也處處有法律，因爲人是群居動物，有生活即有規範。

在從事審判工作之餘，我常應邀到機關、學校演講，也常在報章媒體投書，可深刻感受多數國人囿於傳統文化及生活習性，缺乏對於法治理念的應有認識。目前各級學校雖然已開始推動法治教育，但仍缺乏生活化的輔助教材，而且多數成年人並沒有機會接觸。在聽過我的演講後，許多教授、教師恍然大悟，深感自己對於法治觀念的陌生，因此鼓勵我將這些論點集結出書。

本書雖因閱讀之便而分成五個章節，卻都是「法律即是生活，生活即有法律」理念的具體展現。「法律就在生活中」即是闡述人們日常接觸的法治問題，「我的法律會轉彎」是說明我寫過的判決所涉及的相關問題，「揭開法官的面紗」是介紹人們所不知悉的司法運作模式，「金融詐騙份子都該被抓去關？」則以引發本書寫作動機的詐騙問題爲重點，「誰的教育改革？」則在說明教育改革背後所蘊含的法治問題。

另外，本書所指的「法治教育」，是指美國在一九七八年制定《法治教育法》（Law-Related Education Act）所作的定義：「使非法律專業人士具備有關法律、法律形成過程、法律體系及法律基本原理與價值等爲基礎的相關知識與技能的教育。」是以，本書針對時事報導所寫的文章，不是以守法或法律常識爲重點（少有引用法條），而是以現代公民所應具備的法律價值、思辨能力爲基礎的相關知識作爲主軸。

相較於美國，我們或許離公民社會仍有段距離，但相較於中國大陸，我們則享有一定優勢。近來隨著海峽兩岸關係的和緩，兩岸人民交流更爲密切。許多國人在踏上對岸後，驚訝於其高聳林立、創意十足、科技集一身的現代化建築，而隨著奧運、世博等國際盛會的舉辦，更可見「大國崛起」的恢宏氣勢，遂覺得台灣相形見絀。殊不知一國真正的強盛、受人尊敬，不在於硬體建設，而在於軟實力，在於人民的人文素養、法治文化。

許多來台灣地區觀光的各國人士，對於國人受儒家文化薰陶而擁有的濃厚人情味，讚嘆不已；大陸地區來台人士對於這塊土地人們謙和有禮、整潔、有序的生活模式（捷運的排隊、讓位文化，最足以彰顯），更是印象深刻。這才是真正的軟實力，也唯有這種厚實的公民社會基礎，才能真正讓人們安居樂業。我們實在不應妄自菲薄。

走筆至此，讀者或許會問，我自認所從事的工作有什麼意義？其實在世運會當下，我心中已有答案。其後，問過不少親朋好友，有同行，有商人，有學者，發現人們的要求其實很簡單，卻也很困難：維持社會的公平正義。

什麼是公平正義？個案中的當事人，司法應滿足他們妥適、迅速的發現真實、正確適用法律的期待，更被期許保障人民的權利，以抵抗行政或立法的「魚肉人民」；而定紛止爭、對於違法者做出應有的制裁，即是在彰顯社會正義，讓社會中絕大多數奉公守法的人們，知道遵守這人世間的遊戲規則，並非迂腐，社會還是有是非、對錯可言，也惟有如此，人們才能心悅誠服，服膺法律的統治。

或許有人會說：司法與人們的安居樂業有這麼重要的關聯嗎？在載歌載舞的世運會開幕典禮中想著這問題，未免太煞風景了！

其實，如果各位了解二〇〇九年的當下，我們剛走出總統大選紛爭所導致的分裂社會危機、剛歷經追訴第一家庭貪瀆風波過程所引發的紅衫軍圍城運動及恣意換法官疑雲，就可知這些紛爭的和平落幕，對於人們安居樂業的生活是多麼重要。因爲對照二〇一〇年泰國紅衫軍（反獨裁民主聯盟，National United Front of Democracy Against Dictatorship）抗議運動所引發的泰國軍隊武力鎮壓，造成多人死傷的慘劇，我們是幸運多了！畢竟類似二二八事件的慘劇，我們花了幾十年光陰還無法完全撫平傷痛。

我國司法在這類政治、社會紛爭中，是否適時扮演定紛止爭的角色，有待識者用宏觀的視野去檢驗，我作爲可能被檢驗的對象之一，無法球員兼裁判。我只知道作爲「憲法的維護者」，每位法官都應時時覺醒、作好準備，善體人們對於司法權的期許。因爲政權可能更迭、人事可以異動、民意有如流水，唯有獨立司法才是確保社會正義的最後防線，才能捍衛、守護人們的權益與福祉，並維護這昇平和樂的繁榮景象。

本書能夠問世，要感謝學涯中一路提攜相伴的人，尤其是曾參與的教科書審查委員會及民間司改會法治教育小組，因爲與他們一起腦力激盪，讓我有更多的庶民法治思維。這其中，包括爲本書寫序的林佳範教授、林慈淑教授、范立達先生，他們平時即提供許多值得深思的論點，慨然答應爲本書推薦、寫序，更爲本書增添許多光彩，我衷心感激。另外，感謝博雅書屋惠予出版本書，而靜芬、珍珍協助編輯、校對及聯繫等事宜，備極辛勞，一併致謝。

最後，要感謝我摯愛的家人，爸、媽提供我自由徜徉發展的空間、姊姊與弟弟對家庭無私的奉獻、本人「戶長」即愛妻的寬容與鼓勵、二個寶貝女兒娛親的甜言蜜語，他們的支持與鼓勵，更是完成本書不可或缺的動力。

目次

第二篇　檢察官不該是「追訴狂」 141

第三篇　法律就在生活中　213

第四篇　我的法律會轉彎　305

1

揭開法官的面紗

九月政爭、太陽花學運與審判獨立

引發世人高度關注的太陽花學運，和平落幕了。在此同時，一件值得關注卻被忽略的司法案件，也宣判了。本案起因於司法院違反陳嘉瑜法官的意願，依據「人地不宜」條款，強制將她從花蓮地院調到屏東地院，陳法官遂訴請撤銷這項強制調動處分。職務法庭受理後，卻認為這處分並沒有侵害審判獨立的疑慮，判決陳法官敗訴。這件引發全國近半數、共九百一十二位法官連署抗議的司法首例，竟這樣確定了！

司法院為何要強制調動陳法官？起因於她在審理花蓮市代會主席涉犯的傷害案件時，外界時有行賄傳聞，加上合議庭庭長有些不尋常的舉動，遂請求院長處理，以期能繼續公正審判。孰料院長張裕美未能積極處理，引發陳法官與庭長二人間相互指摘，並經媒體大幅報導。司法院乃以情緒管理不佳、損及司法形象為由，對她予以強制調動。然而，如果司法行政動輒可以所謂的「司法權困境」為由強制調動法官，司法的尊嚴與法官的審判獨立如何確保？

強制調動是規訓法官的最佳利器

這件司法茶壺內的風暴，多數國人或許不解。不過，大家設想：如果審判不獨立，「九月政爭」時，遭違反黨內民主程序而撤銷黨籍的王金平能透過法院的「假處分」，而暫時保有國民黨黨籍、立法院院長職位？甚至贏得勝訴判決？洩密的檢察總長會被判刑？學運時期協同占領行政院的魏揚，會遭到法院裁定羈押？還是無保釋放？

這些看似彼此不相干的事情，卻有著千絲萬縷的糾葛關係。因爲馬政府將不分區立委視爲所屬政黨的禁臠，違反權力分立介入國會自治事項，以黨紀撤銷主張「服貿協議」逐條審議的王金平的黨籍，意欲剝奪其立法院長職位時，如果馬政府可以干涉審判，王金平又如何能夠逆轉勝，進而在學運後期發揮關鍵影響力，協助學運和平落幕。又如果馬政府可以干涉審判，學運人士魏揚遭到羈押時，不是激起更激烈的抗爭，就是造成寒蟬效應，也就沒有後來的和平收場、先立法再審議「服貿協議」了。

或許有人會問：在這民主法治時代，馬政府如何干涉審判？話說在民主轉型以前，國民黨爲了貫徹威權統治，對於法院、檢察體系的控制，主要是透過人事控制與案件控制，人事控制的目的是爲了案件控制，也就是將特定案件分配給他可以控制的法官，自然可以掌控判決結果。而如何對付不受控制的法官？假司法監督之名，動輒以小瑕疵對法官施予懲處，或予以強制調動，就是「規訓」法官的最佳利器。

國人應關注別讓統治當局控制司法

為了避免再發生政治力干涉審判的情況，《法官法》乃設置了職務法庭，負責法官懲戒與維護審判獨立的事宜。法官於認為司法行政對他的調動或職務監督有影響審判獨立之虞時，可以向職務法庭提起訴訟。陳法官的強制調動案在司法院人審會審議時，學者專家即認為這有侵犯審判獨立的疑慮。會後，民間司改會、立法委員們也都認為不宜。孰料，由資深法官組成的職務法庭，不去質疑司法院長為何不對他所派任的張院長的行政怠惰、庭長的不適任予以究責，反而扭曲長久以來台灣社會對於「人地不宜」條款的解釋，以司法院內部單位的會議紀錄認為這調動於法有據。這是什麼樣的司法？

這次學運的產生有多重原因，其一就是世代正義的問題，司法也面臨同樣的情況。台灣的司法前輩貪贓枉法不斷，早期的威權統治更把許多資深法官們給「馴化」了。以前這種吵架的法官，不就是各打五十大板、強制調動，講什麼審判獨立！更何況，不少資深法官只重視倫理、名位，為求和諧，不論是非。誰會在乎花蓮市代會主席確實在二審時，透過黨國大老謝深山去關說！在這時機點作出理由、結果如此不堪的判決，意義何在？是要警告法官最好向政治勢力妥協，以免日後被強制調動嗎？國人再不重視司法的轉型正義問題，「一審重判、二審減半、三審豬腳麵線」或「五度五關」的事例，將會一再上演。

從人類歷史經驗來看，從沒有統治當局主觀上想要放棄對司法的控制。直到英國於一七〇一年制定《王位繼承法》，創立司法獨立制度，並爲美國仿效，在憲法加以明定後，審判獨立才成爲普世價值。但司法沒有武器、沒有資源，光靠法官們的良心，是無法對抗政治人物的「狼子野心」，最大的後盾還是全體國人的理解與支持。唯有一個人民信賴、在背後支持的司法，它才可對抗行政的濫權、立法的恣意，還望國人持續地支持司法改革。

九月政爭案給台灣社會的啓示

因爲特偵組監聽立法院長疑涉司法關說後所引爆的「九月政爭」案，在前檢察總長黃世銘因此遭判決洩密有罪確定、國民黨主席朱立倫宣布不就立法院院長王金平黨籍案承受訴訟後，本案在紛紛擾擾一年半後，總算塵埃落定。然而，在發生這種史無前例、引爆重大動盪的憲政爭議後，台灣社會究竟可以得到何種啓示？

衆所周知，現在我們採行的民主選舉、權力分立、政黨政治、司法獨立等法治理念來自西方社會；可是，我們也是 個深受儒教三綱五常倫理規範所薰陶的華人社會。因此，當我們在面對社會爭議事件時，總不免出現許多新、舊文化思維衝擊的情況，而陷於仁智之見的狀態。以本件而言，有民衆投書、獻花表示：「黃世銘讓人想起岳飛」；而馬總統對於朱主席的不承受訴訟，也發表：「面對大是大非的司法關說爭議，國民黨不能鄉愿，也不能和稀泥，必須捍衛黨的核心價值」的聲明。

程序正義優位於實質正義

的確，「和諧」一向是以往華人在講求人生幸福感、滿意度上，獲得最大實現的保障。而「無訟」正聯繫著和諧，因此，爲了和睦、息訟，不惜扭曲了是非、曲直。據此而論，朱主席爲了黨內團結，拍板：王金平是國民黨黨員，似乎有和稀泥的嫌疑。眞的如此？這就不能只從國民黨，而必須從國家社會的核心價值來思考。對此，筆者認爲本案至少確認了三項核心價值：

第一，程序正義重於實體正義：華人社會一向只重視實體正義，爲了發現眞實，可以不擇手段。反之，西方社會體認人的能力的「有限性」，將程序正當置於實體正義之上。因此即便是涉嫌殺人的刑事被告，只要執法人員取得的證據是非法取得，寧願開釋有犯罪嫌疑的被告，以威嚇執法人員避免再犯同樣的錯誤。本案特偵組的濫權監聽，還有馬總統以黨主席身分指示考紀會開除王院長黨籍，並迅速剝奪其院長職位而引發憲政爭議來看，已經嚴重違反程序正義，難怪社會輿論多以「政爭」看待。

第二，法律至上、司法權享有紛爭的最後裁決權限：西方社會強調法律之前人人平等，政府依法行政，人民權益受侵害時都享有訴請法院裁決的權利。關於確認黨員存在之訴，本案雖然不是首例，但首度有政黨在訴訟上主張基於「政黨自治」、「政治問題原則」，法院不得介入審查。對此，法院則明確表示：「法院就政黨自治事項，原則上應予以尊重。但如政黨對黨員的制裁處分行爲，如涉及踐行的程序是否妥適、程序有無違法爭議時，法院自得介入審查。」

至於，雖有人援引八十四年間法院駁回林洋港的假處分之訴（八十四年間國民黨副主席林洋港、郝柏村欲出馬角逐正、副總統選舉，遭國民黨開除黨籍，二人具狀向台北地方法院聲請假處分，法院裁定命二人說明：「究欲藉此假處分所欲保全強制執行之本案給付請求或所擬求定暫時狀態之本案爭執標的究爲如何，以及此項非金錢請求之標的價額」。在當時的時空背景下，當事人或許認爲「法院是國民黨開的」，並未補正說明，遂遭台北地方法院八十四年度裁全字第五一九八號以「聲請程式顯有未備」爲由，從程序上予以裁定駁回），據以質疑法院先後處理的標準不一的問題。然而，這正好證明台灣司法已慢慢符合民主轉型的需求，不再以捍衛統治權、官權爲要，而是貫徹法律至上。

國民黨黨紀制度不符民主原則

第三，列寧式政黨的黨紀制度應走入歷史：列寧式政黨的特徵是國家權力集中於黨，黨的權力再集中於一人，並依靠強大的黨紀控制黨員，以致個人沒有依照個人良心來從事政治的自由，而國民黨一向被認爲具有這種屬性。本件黨籍確認案的最大爭議點，即在國民黨黨紀制度合理與否。對此，法院認爲開除王金平黨籍非由選舉產生的考紀會決定、決議程序也有問題，不符憲法所要求的民主原則，遂判決國民黨敗訴。馬總統雖指摘判決昧於政黨實際運作，然而判決已表明：「縱然因為現實執行面的考量，而有由全國黨代表大會授權考紀會決定黨員處分事宜的必要，考紀會也應經由直接、間接反應全體黨員意見的方式而予以組成，也就是並無馬總統所指窒礙難行之處。」

由此說明可知，「九月政爭」案引發的相關司法裁決，彰顯的是民主、法治、法律至上的核心價值；而國民黨既然已依照判決意旨修訂考紀委員遴選辦法及黨紀處分規程，顯已承認原先黨紀制度的反民主，撤銷上訴或不承接訴訟彰顯的是認錯、節約訴訟資源，何來的鄉愿、和稀泥。當然，王金平以立法院長之尊，基於司法個案打電話給法務部長，雖然是通案性的要求檢察官不要濫權上訴，難免瓜田李下之嫌，國民黨確實應該由新成立的考紀會依法予以懲處，如此才能眞正的彰顯正義。

政客們，別高估了自己！

九十六年七、八月間，陳總統多次公開質疑司法介入總統大選，而新聞局長謝志偉也要求承辦政治案件的司法官，都應上網公布其黨籍。本來，對於這類政治干擾司法的事例，應由負責司法行政事務的司法院負責，但看看翁岳生院長的回應，顯然過於軟弱，無法以正視聽。

筆者作爲台開內線交易案的受命法官，自認本案與政治無關，但既然涉及第一家庭成員，就當作與政治有關吧！姑且順了這些人的意思，說說自己與政治的關係。但請記得，這純粹是基於個人主觀意願，現行法律並無要求法官公布的義務。

社會氛圍下的「反動」言行

筆者於民國七十二年進入師專就讀，那時距離美麗島事件沒幾年，而且政治尚未解嚴。在過去教師是作爲國家意識代言人的情況下，師資搖籃的師範體系，自然成爲當時執政黨積極拉攏的對象。猶記得救國團人員曾到筆者就讀的花蓮師專宣揚：「花師的人最愛國，因爲有百分之八十幾的同學都加入國民黨。」

年少的筆者，本是來自鄉下、書讀得不多、許多事情都懵懵懂懂的人，因爲時常閱讀黨外雜誌，受到不少民主、法治、人權理念的啓蒙，故對於當時的戒嚴、黨禁與報禁等政策都不認同，在學校常發表異於當時社會氛圍的「反動」言論。因此，後來民進黨成立，同學都說如果想到花師有民進黨員時，第一個想到的就是筆者，而且這是畢業幾年後，才經由同學口中告知。

雖然如此，筆者未曾加入民進黨，也未曾加入國民黨。到了服兵役期間，在成功嶺師部連擔任排長，由於成功嶺當時主要負責大專兵及新兵集訓工作，而且師部連在服務軍官連長官，屬於司令部核心所在，動見觀瞻。當時每逢特定時日，司令部內即有國民黨黨員的集會，許多長官即勸筆者加入國民黨，筆者也未曾動念。筆者不敢說因此受到差別待遇，但服役期間較不順遂，時常受到刁難，卻是有的。

後來，先後進了台大法律系、法研所就讀，本系所教授大部分是綠營支持者。不僅部分教授們缺乏教育中立的理念，在課堂上大肆談論個人的黨派偏見，還曾有教授在導生會時，向同學們一一分析，哪些教授可能是國民黨黨員或其支持者，好像加入國民黨的人，都是妖怪。筆者在林子儀大法官所開的研究所課程中，即曾經撰寫「學術自由之研究」的課堂報告，對這種現象有所批判。當然，筆者也沒有因爲這樣的校圍氛圍，而受到影響。

一直到現在，筆者從未加入過任何政黨，大部分的選舉也都沒去投票，這並非出於刻意，而是沒有心目中的理想候選人。然而，筆者卻是高度關注政治與公共議題，對自己的期許，是要作一個客觀、中立、具有淑世理想的知識份子。不管是早期夢想作的記者，還是後來當了法官。這樣的信念，一直秉持到現在。尤其後來當了法官，基於法官中立的理念，更是如此。

法官的中立性義務

這些就是筆者的政治意識與政黨理念，也就是筆者一直是無黨無派。至於筆者的統獨、政黨傾向，抱歉！這是個人隱私，即便身爲法官從事公務，別人也無權要求回答。尤其基於法官中立的憲法忠誠義務，筆者更不應該公布。

本來，先進法治國家諸如美、法、德等國，都不禁止法官加入政黨及從事政黨與政治活動，只是設有若干限制，以維護公衆對於司法中立與公正的信任。而鑑於過去我國戒嚴體制時司法的不獨立，所造成人民對於司法的不信賴，最後通過的《法官法》即採取嚴禁立場，於第十五條第一項明定：「法官於任職期間不得參加政黨、政治團體及其活動，任職前已參加政黨、政治團體者，應退出之」，也就是禁止法官參加政黨。

其實，在過去威權、專制而司法不獨立的時代，許多的判決結果或許遭到扭曲；如今，我國已是民主法治社會，政客、名嘴們顯然太抬舉自己，以爲法官會犧牲自己的名聲、歷史地位，去討好或服務特定政治人物。殊不知目前法官已無求官位或升遷的問題，多數年輕法官逃避政治案件都來不及，哪會枉法裁判。

話說當年的助講活動

看看新聞局長謝志偉的談話，不得不想起八十七年十二月四日劉承武檢察官公開爲民進黨台北市長候選人陳水扁站台助選的事例。後來，這位檢察官因爲違反檢察中立而被記過二次。依照他在司法院公懲會所提出的答辯，當時是競選晚會舞台司儀謝志偉發現劉檢察官在現場，便向聽衆高喊介紹並請他上台講話，台灣大學李鴻禧教授也盛情邀約，劉檢察官不便拒絕才上台演說。如果這樣的答辯無誤的話，當時的謝志偉教授，也就是九十六年間的謝局長，以及號稱陳總統國師的李鴻禧教授，怎會沒有想到司法中立？

政客爲了選票，可以隨意攻訐因受「法官不語」桎梏而無法發聲的司法，但他們忘了在民主法治社會中，政治已不是社會的中心，影響力式微，更不是人民生活的重心。多數國人早已厭煩政治惡鬥，寧願半夜起來看王建民、陳偉殷投球的英姿，也不願再參與所謂的政治活動，何況是被案件壓得喘不過氣來的法官。

個別法官或許能力不足，但有審級救濟制度，可以依法提起上訴，可別把不告不理的法官，當作有升遷壓力的檢調人員。目前，多數法官所在乎及追求的，是他的判決能否在專業社群（律師、檢察官及法官）得到肯定，並符合人民的法律感情，誰管你被告是誰、判決結果對於政治有無影響，畢竟每個人有自己的家庭、自己的名望。

在台開內線交易案宣判後，筆者最感欣慰之處，在於不必交代自己的省籍、政治立場與傾向，而是以專業、詳盡說理的判決說服人民。如今，雖然少有人質疑我們因爲政治意識而左右了該案判決結果，但想到老是有政客惡意攻訐司法，而不得不提筆爲文，眞是不勝欷噓。國人啊！可得看清楚眞相，歷史是會記錄一切的。

捍衛陳前總統的刑事被告人權

本文於九十六年九月六日發表在《中國時報》時論廣場，經由朋友告知，才知道當日中天新聞台的「文茜小妹大」節目，特別針對本文提出討論，主持人並逐字將本文唸給觀衆聽，顯見本文的論點受到不少人的贊同。在保守的司法體系內，卻有不少的不同意見。除了這些同仁與筆者對於「法官不語」的認知不同外，很大原因是同事們覺得司法人員不該吹噓自己辦過什麼大案。然而，如果仔細閱讀本文，即可發現筆者是爲捍衛司法的威信所撰寫，本無吹捧自己的意思。

本文發表後不久，筆者於九十六年九月十一日應邀到桃園縣九十六年度第一次教育發展會議中，對將近三百名校長發表演講，在演講中略爲提及本文。演講結束後，主席張處長是筆者的師專同學，在總結時說：「這位過去睡在我隔壁床的同學，大家以前都認爲他（指筆者）是個異議份子，講話很偏激，因爲我們都是忠黨愛國的人。」這位同學笑談間所講的話，印證了本文所述無誤：筆者在師專時代時常於校園發表「反動」言論。

事隔二年多後，陳前總統因爲涉嫌國務機要費遭檢察官提起公訴，台北地方法院在周占春審判長的合議庭已經對陳前總統作出二次「無保釋放」決定後，仍經由庭長會議決議，將該案合併給蔡守訓審判長的合議庭，筆者是第一個提出這種作法有違反法定法官原則疑慮的人。筆者在所撰〈誰在乎法定法官原則？〉文章中，再度提及在周占春審判長的訴訟指揮下，本合議庭曾作出許多影響社會深遠的判決。這時，當年不認同「政客們」一文的同事們，不少人轉而高度贊同〈誰在乎法定法官原則？〉的見解。

事實上，筆者撰寫這兩篇文章，純粹是爲闡揚民主、法治及人權理念。當陳前總統及其所屬人員恣意攻擊司法時，為維護司法的威信，避免人民受到誤導，才會撰寫〈政客們，別高估了自己！〉一文；而當司法行政未經正當法律程序更換法官，侵害陳前總統受憲法所保障「受法定法官審判」的權利，並危及司法的獨立、公正、客觀與中立形象時，即便當時已是陳前總統人人喊打的社會氛圍，仍義無反顧的撰寫〈誰在乎法定法官原則？〉一文。特別附記加以說明！

勝訴所得不如所支出的裁判費？

轟動一時的前衛生署署長涂醒哲舔耳案，終於眞相大白。原來是點心店的鄭老闆將眞正對他舔耳的衛生署「屠」主任，誤認爲「涂」署長。事後，涂署長對當時召開記者會指控的前立法委員李慶安、鄭老闆提起民、刑事訴訟。因爲被告二人是出於誤認，主觀上並無犯意，刑事訴訟部分已經檢察官不起訴處分確定；民事訴訟部分，一審判決二人應連帶賠償六十萬元，經當事人上訴後，二審則廢棄原審判決，改判二人應連帶賠償一百萬元。

對於一、二審判決結果，涂醒哲深表不滿，指出：「判賠金額跟我所受到的傷害不成比例，就像是認錯屋子，燒了卻只賠模型屋，算是還我名譽嗎？我已花一百萬元打官司，輕判賠償等於是零，可見法官認爲李慶安對我的侮辱是零，法院自我作賤，我要上訴。」

原來涂醒哲起訴求償的金額高達四千八百萬元，一、二審所繳交給法院的裁判費，加上聘請律師的費用，金額已近百萬元，法院判決李慶安、鄭老闆應賠償一百萬元，涂醒哲雖然勝訴，所支出與勝訴所得加減計算的結果，實際上卻是白忙一場。爲何法院會有這樣的判決結果？到底是法院自我作賤，輕判了事？還是當事人誤解了司法制度？

訴訟資源使用者應付費

問題的源頭，還得從徵收裁判費的制度談起。話說現代民主法治國家的民事訴訟制度，大都採取有償制，也就是因爲發生糾紛提起訴訟的當事人，必須依起訴請求的金額，繳納一定比例的訴訟費用，作爲法院裁判的對價，而且是採取裁判費預納的方式，由原告在提起訴訟時先行繳納，待事後判決確定後，再由敗訴的當事人負擔。

目前，關於起訴所需繳納裁判金額的計算方式，是規定在《民事訴訟法》第一編總則第三章「訴訟標的價額的核定及訴訟費用」中。原則上是以每滿百元徵收一元，也就是以請求金額的百分之一作爲計算基礎。然而，這只是原則性規定，許多無法計算標的金額或基於特殊考量因素時，則有例外的規定。而且，在請求金額超過十萬元時，採取分級累退計費的方式，分五級遞減裁判費徵收的比例。

人民提起民事訴訟請求法院裁判，到底應否繳納訴訟費？或許有仁智之見。不過，基於使用者付費的理念，還是以繳納訴訟費爲妥。畢竟民事事件的紛爭解決機制，不是只有訴諸法院一途，人民還可以選擇自行和解、求助於鄉鎮市公所調解委員會或申請仲裁等。既然選擇了國家所設置的法院訴訟制度，就應使用者付費。何況爲了避免人民濫訴起見，採行徵收訴訟費的制度，即可避免人民提起顯然沒有勝訴之望的訴訟，這除可減少訴訟資源的浪費外，也可避免無辜人民應訴之煩。我國的行政訴訟從過去的免徵裁判費，改採有償制，即是最佳例證。

徵收裁判費可避免濫訴

本來，行政訴訟以人民與政府間的訴訟占大宗，過去我國的行政訴訟因爲免徵裁判費，許多國人在打輸了也沒損失，甚至可以享受延遲繳納稅捐、罰款的利益的情況下，遂常有提起顯無理由之訴的舉動。如此，不僅使法院訴訟案件激增，造成訴訟資源的浪費；也排擠其他顯有爭議、眞正需要透過法院釐清爭執的正當權利人迅速請求法院保護的機會。因此，立法政策才仿效與我國行政訴訟法制相近的德國與日本法制，將行政訴訟改採有償制。

另外，透過訴訟費的徵收，也可以減少人民提起無益的訴訟，因爲法院所徵收的訴訟費，雖然先由原告支付，最後卻是由敗訴的當事人負擔。如果自知理虧，對方所提的條件又不過分，當然和解了事，何必損人不利己、纏訟不斷。如果依照外國例所採行的律師強制代理制度，也就是打官司一定要委任律師，律師費用可作爲裁判費的一部分，則敗訴當事人所需負擔的訴訟費用，可就不只是繳納法院的費用，還包括收費不低的律師費，這樣更可減少法院受理無益訴訟的機會。目前我國關於律師強制代理制度僅適用在第三審，未來修法時即應考慮擴大它的適用範圍。

民事訴訟金額由當事人自主決定

話說回來，涂醒哲提起訴訟卻白忙一場的結果，主要關鍵在於他誤解民事訴訟制度所採行的基本原則，有許多是與刑事訴訟不同的，而且也不了解司法實務上關於精神慰撫金的裁判標準所致。這究竟是他的委任律師未善盡告知義務，還是他刻意引起話題，只有他跟律師最清楚。

首先，關於民事訴訟的基本原則一事，因爲涉及的是私權爭議，基於「私法自治」、「私事私了」的理念，原則上採取的是當事人進行、處分原則。當事人進行原則，指的是訴訟的開啓及進行，是由當事人主導，當事人決定法院應審理哪項法律爭端及釐清哪些事實爭議，法院原則上不能依職權主動介入；當事人處分原則，則指當事人自始至終可以自由「處分」他請求法院裁判的對象，可以對訴訟標的爲捨棄或認諾，並可以合意停止訴訟程序，法院都應該受當事人主張的拘束。這跟刑事訴訟因爲發現犯罪事實眞相具有高度公益性質，因此採取國家追訴原則，必須「公事公辦」，是顯有不同的。

其次，因爲他人不法侵害自己的身體、健康、名譽、自由、信用、隱私或其他人格法益時，被害人雖然所受的不是財產上損害，依《民法》第一九五條規定，被害人仍可以請求加害人賠償相當的金額，這就是通稱的「精神慰撫金」。至於精神慰撫金的賠償標準，司法實務上所面臨的最大困境，在於都已經說生命無價了，身體、健康、名譽、自由、信用、隱私又豈是有價？如何量化？有錢人或身分地位較高的人，是否就比窮人或普羅老百姓價值爲高？進一步的討論，可能將掀起階級的戰爭。

雖然生命無價，透過保險投保、理賠機制，還是可予以量化。而關於精神慰撫金的數額，司法實務以解決問題爲要，最高法院五十一年台上字第二二三號判例的見解，是認爲：「慰撫金的賠償，須於人格權遭受侵害，使精神上受有痛苦爲必要，其核給的標準固與財產上損害的計算不同，然非不可審酌雙方身分、資力與加害程度及其他各種情形，核定相當的數額。」也就是說，法院應審酌原告、被告雙方的身分、資力、加害程度及其他情形，來決定精神慰撫金的數額。

涂部長名譽的身價?

我國司法實務上請求精神慰撫金的,舔耳案不是第一件,則類似案件的裁判標準,當然可以作爲法院或當事人主張的參考。類似案件中較爲有名的,較早是李敖先生在環球電視台主持政論節目時,在節目中公布前立法委員張俊宏先生的住家地址、電話等隱私資料,被法院判定侵害張俊宏的隱私權。法院在審酌受害程度及雙方的身分、地位、經濟能力等情況後,認爲精神慰撫金的損害,以賠償三百萬元爲適當,是當時我國司法史上最高的賠償紀錄。

其後,較爲有名的案例,是前總統李登輝先生在九十三年總統大選後的某次公開演講中,影射這次選舉的副總統候選人宋楚瑜先生,在選舉敗選後發動群衆集會,自己卻跑去打麻將一事。一、二審都認爲李登輝指控不實,侵害宋楚瑜的名譽權,應負損害賠償責任。其中,一審判決李登輝應賠償一千萬元,二審則予以廢棄改判,判決應賠償二百萬元,雖然雙方都上訴最高法院,仍被判決駁回上訴而告確定。

台灣高等法院判決李登輝應賠償二百萬元的理由,在於審酌該言論對宋楚瑜的加害程度、雙方爲知名政治人物的地位、身分與二人都具有相當的資力,以及歷來司法實務上侵害名譽權精神慰撫金賠償金額的標準,都未超過三百萬元等一切情況,認爲以賠償二百萬元,始爲公允。也就是說,爲了盡可能確保司法判決的一致性,提供人民對於司法的可預測性，法院在本件判決中參考李敖與張俊宏案的標準，認為以賠償二百萬元為適當。

關於精神慰撫金數額的標準，本難有一明確、標準的答案，但經由司法案例不斷操作、累積的結果，仍可獲得相對的標準。基於民事訴訟所採行的當事人進行、當事人處分原則，涂醒哲在起訴時，自應參考歷年的相關案例，審慎決定起訴請求賠償的金額。畢竟法院不是叫價、喊價的菜市場，也不是以定價打幾折的百貨商場，維持司法審判的公平性及預測可能性，才是法院的主要職責之一。可惜他「自抬身價」，提出我國司法實務上絕無僅有的天價賠償金額，又怨得了誰！

同一事件的民、刑事判決何以歧異？

苗栗立委李乙廷所涉賄選的民、刑事判決，九十七年十二月間分別確定，結果刑事審判無罪，民事審判則認爲的確有賄選行爲，因此判決當選無效。對於這樣歧異的判決，各界譁然，認爲是個別法官心證不同所致，甚至部分立委主張修改選罷法爲三審定讞，以避免類似問題的再度發生。而嗣後梁文傑先生在中國時報時論廣場撰寫〈實情是法官早已過分獨立〉一文，也以此作爲批判理由。

法院判決初一、十五不一樣？

其實，在我國目前是由不具民主正當性的最高法院作爲終審機關，且由近百位法官組成不同庭審判的結果，判決歧異是普遍存在的現象。這不僅讓多數人民倍感困惑，也使下級審法官常有不知如何適用法律的疑義。對此，司法院提出的《司法院組織法》、《法院組織法》等相關修正案，即希望推動「金字塔型訴訟」制度，逐步減少最高法院法官員額，最後由具民主正當性的大法官制度加以取代。

可惜的是，由於朝野對立，這些法案延宕多年，加上設有法官淘汰機制的《法官法》草案迄未完成立法。因此，法院判決結果「初一、十五不一樣」，也就成爲國人的共業，以致人民在面對司法時，只好「燒香拜佛」。如今，立委們捨本逐末，遲遲未能修正通過這些問題根本所在的相關法律，則即便將賄選案改爲三審定讞，因不同法官心證不同而作出判決歧異的現象，仍然無法改善。

民、刑事判決心證門檻不同

話說回來，梁文所稱我國法官早已過分獨立的說法，雖不無道理。不過，如果以李乙廷賄選案判決的歧異，作爲論證的理由，顯然是不了解民、刑事判決的心證要求本就不同所致。

怎麼說呢？法院訴訟都有所謂舉證責任的問題，也就是當事人爲了避免不利於己的認定，必須說服審判者他所主張爲眞實的負擔。至於當事人應證明到何種程度，在美國刑事訴訟採取的是「無庸置疑」（beyond the reasonable doubt，我國實務上稱爲「毫無合理懷疑的確信」），民事訴訟則是「證據優勢」（preponderance of evidence），顯見兩者的心證門檻不同。

刑事訴訟採取「無庸置疑」，是基於無罪推定原則的理念，要求對於犯罪的認定，必須達到無庸置疑的程度，否則不足以處罰被告，該標準表達了刑事司法體系不能使無辜的人被判有罪的信念；而民事訴訟適用「證據優勢」，並以「可能多於不可能」作爲操作基準，也就是以超過百分之五十的可能性表示，則負有舉證到優勢證據門檻的人，就待證事實所提出的證據，僅需較對造更具說服力，即爲優勢，即已盡其舉證責任。

這種不同的心證程度要求，也是我國審判適用的標準。法律之所以作這種不同的心證門檻要求，是因爲刑事制裁手段的嚴厲性，基於「與其殺不辜，寧失不經」的謙抑思想，才有刑事案件中檢察官必須證明被告有罪至無庸置疑程度的思維。至於因爲對等、契約自由而發生紛爭的民事訴訟，由於錯誤判決對於雙方當事人的影響，並無差異，即無特別優惠一造或要求他造的必要。

美國辛普森殺妻案

在美國審判經驗中，民、刑事判決歧異最有名的案例，即是足球明星辛普森殺妻案。在該案刑事判決中，因爲許多違法取得的證據被排除，導致辛普森以無罪開釋；反之，在民事判決中，辛普森卻被判要賠償他前妻家屬數千萬美元，顯見陪審團認定人是辛普森殺的。對此，美國人雖有深刻反省，卻不曾去質疑審判的公正性。因爲心證門檻顯示整體社會對於不同待證事實的不同評價，無庸置疑反應了「誤判無辜」與「開釋有罪」的價值取捨。

這種針對同一可能違反法律規範的行爲，法院民、刑事判決卻作出歧異事實認定的情況，不只是美國如此，我國也曾發生過許多類似的案例。最有名的，莫過於證嚴法師遭指控的「一灘血」誹謗官司。

證嚴法師的一灘血事件

話說證嚴法師在她所發行的刊物中，指稱於民國五十五年間在花蓮鄉下地區行腳修行時，看到一名偏遠部落的原住民孕婦，因爲難產痛了兩天，第三天由兩名親人用麻布作成的擔架，抬到鄉下一間小診所門前求醫師診治，卻因爲付不出昂貴的保證金而無法就醫，最後這名婦女在回程中，便因失血過多死亡。這名婦女在離去時，失血滲過麻布袋，在地上留下一灘怵目驚心的鮮血，讓目睹這一幕的證嚴法師心裡相當震驚，發下宏願要集合衆人的善念，蓋醫院救濟貧苦大衆，避免悲劇再度重演。

這個「一灘血」故事，證嚴法師本人從未詳述當時事發地點、人事，卻是慈濟功德會建立整個龐大志業體系的緣起，幾乎成爲每個慈濟人耳熟能詳的故事。這本是美事一樁，卻因為慈濟基金會三十五周年慶前夕，慈濟人李○○現身口述，指出一灘血事件眞實發生在花蓮縣鳳林鎮莊姓診所前。如此可得特定的指述，引起不少鳳林鎮民及莊姓醫師子女的憤慨，認為扭曲事實並有損莊醫師的醫德，要求慈濟公開澄清。

其後，因莊姓醫師已年老而意識不清，他的子女以其名義自訴證嚴法師及李○○涉犯刑事誹謗罪，並提起民事損害賠償訴訟。法院審理後，刑事判決證嚴法師與李○○都無罪，理由是一灘血事件的人、事、時、地、物雖未必實在，但證嚴法師是在診所看到一灘血後，經李○○告知緣由，才出於慈悲救人之心，將之登載於著作中，而且從未提及發生地點，即無毀損他人名譽的主觀犯意；至於民事判決則認定雖有一灘血情節，但當時醫療行為本有保證金制度，而且沒有證據證明莊姓醫師有因為收不到保證金而拒診，也就是所收款項的用途不明（不清楚是保證金、血費或其他），則被告二人至少有過失毀損他人名譽的情形，遂判決被告二人應連帶賠償莊姓醫師一百零一萬元。

一審判決後，證嚴法師體認到上訴將對莊姓醫師及其子女、李○○女士、一灘血被害人家屬造成更多的傷害，而且模糊事實眞相及慈濟人關懷貧病的一貫心志，遂決定不再上訴而告確定。最後，這件一灘血官司即因此留下民、刑事判決歧異的結果。

事實上，本件判決歧異的主要原因，在於民、刑法對於妨害名譽的構成要件並不相同，也就是刑事誹謗罪所要求的，是行為人必須具備誹謗的故意，而民事責任則不論故意或過失，都應負賠償之責；其次，才是民、刑事訴訟不同的心證門檻要求所致。

政客、名嘴該作的功課

在此脈絡下，李乙廷案判決的歧異，也就不足爲奇，不能因此做出法官過分獨立的推論。因爲即便是同一個法官審理本案，依照前述民、刑事訴訟採取不同心證門檻的要求，也可能做出歧異的判決結果，並不是因爲分別由不同法官所作民、刑事判決，才有這種歧異的現象。如果立委們者認爲當選無效訴訟涉及公益，以「優勢證據」法則作爲心證門檻過低，即應在法律中加以明文規定。

當然，法官負有認定事實、適用法律的權責，因此任何有影響判決結果的問題，都應盡可能在判決理由中予以詳述，外界才可據此監督司法審判，則類似因心證門檻不同產生判決歧異的現象，法院即應在判決理由中詳予交代，以免人民有所誤解。而政客、名嘴或社會清流們在批評司法之前，也請先看看判決理由。畢竟，這是公民素養的基本要求，太多錯誤的解讀與法治教育不彰，不正是我國法治文化未能深根的主要緣由之一！

誰在乎法定法官原則？

九十七年十二月間，台北地方法院在處理陳前總統被訴貪瀆案件移審時，決定予以無保釋放的決定，引起高度的爭議，各界均將矛頭指向周占春審判長，質疑他因意識型態而作出這樣的決定。其實，合議庭釋放陳前總統，並非沒有任何條件，而是對他限制出境、出海，並要求他應遵期到庭，不得挾群衆不到庭。

不久後，媒體報導指出：「因爲周占春審判長合議庭承審的貪瀆案，與蔡守訓審判長合議庭在二年前所受理的國務機要費案，部分案情有相牽連的關係，台北地方法院遂召開刑事庭庭長會議，希望周、蔡二位審判長自行協調案件合併審理的事宜，如協調不成，將由庭長會議決定由誰審理。」如此，則引起外界有司法行政介入審判的疑慮。

因意識型態左右了裁判結果？

其中，關於移審時無保釋放一事，是否妥適，社會自有公評，筆者非承審法官，也未看過卷證，實在不宜表示意見。不過，以周審判長的政黨傾向，質疑他所作的決定，顯然是對他專業精神的嚴重污衊，更無視於其餘二位法官的獨立自主人格。以筆者曾與周審判長共事三年爲例，在他的訴訟指揮下，近二年本庭所作出包括股市禿鷹、台開內線交易、邱小妹人球、殺夫正當防衛、同志醫生誘捕偵查及維他命禁藥案等，無一不是對社會影響深遠的判決。

再以筆者所承審的台開內線交易案爲例，當事人是陳前總統的女婿，如果周審判長有因爲政黨傾向而作出違背專業的決定，也不會同意重判被告，更不會同意筆者撰寫出有異於傳統裁判風格、總數達二十餘萬字的「權貴犯罪」判決。如今我們二人雖然已分屬不同的審判庭，相信基於人格的一致性與整體性，本件周審判長應不致昧於良心作出決定。

至於以當事人聲請具保停止羈押多數遭他駁回，而質疑周審判長愛押人的批評，則是嚴重誤解、錯用司法統計數字。因爲聲請具保停止羈押，表示被告在移審時已因具備法定要件而遭羈押，則如該羈押事由未消滅，當然應該予以駁回。各界如果要比較他的決定是否一致性，應該參考的是移審時的羈押比率。可惜司法統計並沒有這種數字，以致無從比較。

恣意更換法官將開啟干涉審判之門

另外，關於刑事庭庭長會議決議由誰辦理一事，則有違反法定法官原則之虞，明顯不宜。所謂的法定法官原則，是爲了避免司法行政「以操縱由何人審判的方式來操縱審判結果」，因爲這是常見的干預審判方式。無論是德國、日本或美國，都有這樣的原則或類似的「案件分配中立性原則」。而爲了符合法定法官原則，案件由何人承辦是依法決定，司法行政並沒有將具體案件指定給特定法官承辦的權限。

法定法官原則產生的最初目的，是爲因應絕對王權下恣意性、專斷性的裁判，要求維護人民權利所產生的理念。而在立憲主義的現代民主法治國家，強調多元、寬容的社會，則即便出身同一個培訓機構，法官並非同値等價，也就是說每個法官的價値理念並非完全一致。是以，法定法官原則仍有它存在的必要性，以防止立法、行政甚至司法行政本身，透過恣意的分案操控，不當變更案件的承審法官，或妨害法官執行職務，以便影響案件的進行與判決結果。

法定法官原則或類似的理念，主要必須透過法官事務分配與案件分配制度加以實踐。依我國《法院組織法》的相關規定，法官的年度事務分配，應由院長、庭長及法官舉行會議決議。在過去戒嚴時期的司法實務運作，除極少數外，卻都由院長一人決定。

這樣的作法，長期從事司法改革實證研究、已成功訪談超過百位以上司法官的成功大學政治系教授王金壽，即特別爲文指出：「如此造成各法院院長可以決定將一些重要的案件，特別是牽涉政治敏感度或貪污的案件，分配給自己信任的法官，有時院長根本不用任何指示，這些法官就會揣摩上意辦案；有時在院長決定事務分配前，一些法官還得賄賂院長，以便被分配到重要的案件，這些法官再經由這些案件收取賄賂。」

法官的還我自治權運動

由於案件操縱及人事控制是危害審判獨立的兩大關鍵，這種事務與案件分配的運作模式，勢必影響審判的獨立與司法的公正。有鑑於此，由台中地方法院法官於八十二年十二月發起的「還我自治權」運動，即要求事務分配的權力應該回歸法制，由法官會議決定，以貫徹法官自治的精神。這些倡議獲得社會各界的支持，司法院不僅發函要求各法院遵守，並修訂相關辦法以資配合。

目前各級法院的事務分配，即由法官會議決定，也就是由法官會議先決定事務分配規則，於受理實際個案時，再依「電腦按種類隨機分配」、「值班輪流分配」的制度，分配給實際承審的法官，僅於例外情況下採取人工抽籤方式，或基於訴訟經濟與避免裁判歧異、專業性、效率性與現實性等因素，而就分案事宜作特殊的處理，陳前總統貪瀆案也是按照這些規則而公開抽籤決定。現在如果因爲對於周審判長合議庭的移審決定有所不滿，而由司法行政介入，將開啓干涉之門，並將使因此機制而得以確保的審判獨立，陷入與檢察部門因指定分案而屢遭不獨立批評的同樣境地。

金融專庭籌設風波

話說回來，台北地方法院刑庭有六、七十位法官，最後僅有四位法官可以抽籤的問題，涉及金融專庭成立過程的風波。本來，我國法官因爲欠缺金融專業知識，以致在金融案件的審理過程，屢有延宕及裁判品質不佳的情況。不僅曾引發法務部與司法院針鋒相對，民間司改會甚至以「金融犯罪坐大，司法成『幫兇』」爲題，指控司法審判的怠惰與粗糙。因此，賴英照院長在九十六年上台後，即依照《證券交易法》、《銀行法》……等金融七法的授權，研議、籌畫金融專庭成立的事宜。

這本是立意良善的政策，卻因爲負責執行配套措施的司法院各廳、處與台北地方法院未能集思廣益，以致在籌畫過程中爭議不斷。筆者是少數甚至是唯一表示有意願的法官，最後卻被說成沒有意願，還因此上過〈我們已準備好成立金融專庭？〉的萬言書給賴院長。可惜，司法行政未能全面檢討，以致一開始就陷入量身訂作、勞逸不均與分案規則不清的疑慮。

原因所在，在於成立之初，根本未考慮專業的問題，而只是將手中有重大金融案件的法官納入專庭，而且分配極爲少量的審理案件（截至扁案分案時，在將近四個月內，專庭法官每人平均僅分配三件），因此引起普通刑庭法官的不平。而這次的陳前總統案，本來金融專庭還認爲不是他們該分配的案件，因此引起其他同仁的高度不滿，最後才由院長決定由金融專庭法官抽籤。

如果媒體報導無誤的話，如今又因爲對該合議庭的移審決定有所不滿，而有考慮由庭長會議決定的情況。可見如果金融專庭的分案規則早就清楚，在分案規則中採納台灣高等法院「專庭案件不併入普通案件，普通案件得併入專庭案件」的作法，而且沒有勞逸不均的情況，也就不會有後來的這些爭議。

專業法庭的改革

本來，台灣大學法律系教授林鈺雄早在其研究中指出：「基於專業分工的考量，將特定種類案件分給專庭、專股承辦，並無問題；但如果選擇專庭、專股法官的標準不是其專業性，則難免減損法定法官原則的功能。」目前司法審判雖有成立各種專庭，但除智慧財產、少年事件是徹底貫徹專業化外，其餘大都只是聊備一格，這也難怪各界會有「有成立專庭跟沒有成立一樣」的感嘆。

如果國人眞正關心本件引發的司法問題，就先從督促、檢討專業法庭所造成法定法官原則功能的減損開始吧！

因扁案開啓的改革

筆者在九十七年十二月二十三日看到《聯合報》頭版「扁案法官可能換人」的獨家報導，心中著實驚訝與忐忑不安。擔心這件事如果成眞，經過多少司法前輩努力而建立起來些微的審判獨立公信力，勢必遭受空前的質疑聲浪，懷疑政治或司法行政部門有干預本件個案審判的問題。

在事情發展前景、決策過程不明的情況下，是否撰寫〈誰在乎法定法官原則？〉一文，筆者考慮再三。經與友人商議後，還是決定提筆爲文，試圖阻止這事情的發展。可惜因爲考慮太久，完成本文而投稿報社時，已是當晚九點以後，事後才知已過了《中國時報》時論廣場的截稿時間。因此，本文刊出之時，已在十二月二十五日，當日《聯合報》的頭版已標明著「扁家弊案全改由蔡守訓審理」，也就是台北地方法院刑事庭庭長會議已決議由蔡守訓審判長的合議庭併案審理扁案。

這一欠缺智慧的決定，當然引起世人對於我國審判獨立的疑慮。除了台灣高等法院法官陳憲裕、士林地方法院法官洪英花陸續在媒體發表〈蔡守訓是否有權審理扁案〉、〈蔡守訓審理扁案違法違憲〉等批評文章外，許多國內、外媒體也紛紛有質疑的報導，更有許多關心我國民主法治發展的學者聯名上書，指出這次換法官的決定違反法定法官原則。一夕之間，從未受到我國司法實務所在乎甚至是理解的「法定法官原則」，成爲衆人關注的議題。

正如本文所指出的，扁案分案爭議其實肇因於九十七年八月底金融專庭設置不當所造成，本非政治力介入所致。因此，爲杜絕日後可能的爭議，即必須從改革我國專業法庭設置的弊端著手。筆者遂於九十八年一月間，迅速撰就〈金融專庭與法定法官原則〉的學術文章，不僅發表在期刊雜誌上，也將該文寄給司法院院長參酌。

後來，司法院即開啓了專業法庭的改革，首先邀請筆者前往商議可能的改革方向；其後，則由副院長於九十八年四月間主持【落實專業法庭功能研討會】，研擬包括「各級法院法官辦理民刑事及特殊專業類型案件年度司法事務分配辦法」在內法案的修訂。在筆者提醒下，民間司改會、勵馨基金會等民間團體也籌組「司法要專業」推動聯盟，因此九十八年七月間中研院主辦的【司法改革十週年的回顧與展望論壇會議】中，即將專業法庭的改革納入議題。

可惜的是，這些體制內的改革，如果沒有搭配法官人事制度的根本變革，也就是將法官人事決定純由「法官本位主義」，改為有其他外部人員共同參與決定，甚至是非法律人主導的模式時，專業法庭、民刑專業分流的變革，還是將法官的個人權益擺在第一順位，在乎法官的升遷、異動、分流等事宜，根本不考慮人民訴訟權益的保障。這種半調子的改革，司法改革仍將是漫漫長路！特別附記加以說明！

大法官解釋不能昧於司法實務

關於陳前總統併案換法官的違憲爭議，司法院大法官的解釋千呼萬喚始出爐。本件當事人在九十八年一月聲請釋憲，大法官直至同年十月始作出解釋，相較於過去有人犯在押即迅速作出解釋的司法慣例而言，本件對於仍在押的陳前總統所爲釋憲聲請的解釋，則是明顯有所遲延，顯見大法官在政治、輿論各方壓力下，多方考慮。眞是難爲了！也可惜了！

有關是否違反法定法官原則一事，多數大法官認爲《台北地方法院刑事庭分案要點》並無違反明確性原則，也不致違反公平審判與審判獨立的憲法意旨。也就是說，現行法官事務分配、併案等規定，都無違憲的問題。部分不同意見書則認爲至少應從違反明確性與正當法律程序方面予以警告性裁判。對此，本文呼應不同意見，認爲多數大法官意見昧於司法實務運作的現況。

隨機分案已成司法慣例？

多數意見一方面認為法院案件的分配不容恣意操控，是我國憲法的原則，而因我國各法院已就分案、併案事宜訂定抽象規範，即無違憲疑慮；他方面認為因為相牽連案件合併審判而更換法官，不必賦予當事人陳述意見的機會，主要理由是外國沒有類似立法例，而且這只是法院內部家務事、不影響當事人權益。更甚者，有大法官說抽籤、電腦隨機分案已成司法行政慣例，且已獲得人民的確信。

多數意見的基本假設前提，是周占春審判長的合議庭主動簽請併辦，即無恣意操控的情況。問題是該案究竟是誰主動，在法界已成羅生門，這是為什麼本號解釋出來之後，桃園地方法院錢建榮法官在報紙投書主張要「啟動扁案分案真相調查」的主要原因，則大法官在真相未明的情況下，所作的結論即有疑義。

即便真相確實是周占春審判長的合議庭主動簽請併辦，而非其他壓力所致，目前我國法官事務分配事宜，也絕非大法官所「想像」的那樣。就在九十八年九月新的年度事務分配開始時，一位剛調到其他法院的法官到任後，庭長即搬了一堆棘手難辦的刑事案件，央請這位法官接下，這位同仁的確不是「推事」（過去法官稱為「推事」，因誤判、濫判時，即會被批評為「一推了事」），馬上答應，試問這是大法官所說的隨機分案已成司法行政慣例嗎？

荷蘭、丹麥法制？

再者，多數意見認爲英、美、法、荷蘭、丹麥等國並無法定法官原則的明文，也沒有就併案事宜給予當事人表示意見機會的制度，因此我國缺乏類似機制，即無違憲之虞。問題是各國的文化、歷史、制度與事務分配操作模式等因素，深深影響人民對於該國審判獨立與公正的信賴性，也影響法定法官原則的內涵強度。本件大法官有深入比較各國的法治環境及配套措施？何時荷蘭、丹麥法制也成爲我國釋憲實務援引的比較法制？而且這些國家的制度及配套措施究竟爲何，也未見說明。

以美國德拉瓦州、英格蘭與威爾斯的商業法庭爲例，這些法庭在選任法官之初，即將候選人具備專業知識與執業經驗列爲首要考量因素，其後再分別經政黨平衡或多元代表組成的委員會提名（或經參議院同意）後任命，他們的民主正當性與人民的信賴性，自屬較高；而且它的院長職務，也經由類似委員會審查的任命程序，庭長更是由資深法官輪流擔任，並採取任期制，則即便案件是由院（庭）長指定分案，也純粹是基於法官專業性與審判效率的考量，而沒有司法行政操控案件審理結果的疑慮。

政治力干涉的歷史記憶

反觀我國，長期君主專制所獨尊的儒家思想，本就使華人一向對於法律沒有好感；而在長期戒嚴與國民黨威權統治下，政治力干涉審判，更是國人共同的歷史記憶，過去屢有行政首長挾其對法官的考績權限，行干涉審判的事例，更是有案可考。目前，法官人事制度民主正當性不足、缺乏監督制衡可能性的問題仍然存在，難怪司法公信力始終不彰。這也是扁案換法官是由庭長會議決定時，會引起國內、外人士質疑的主要原因。

本來，文化傳統、社會環境都是法律的背景，法律與政治、經濟、倫理、宗教……等各方面都存在著交互關係。前台灣大學社會學系林端教授即指出：一方面法律體系是與其他社會部門劃分開來的次級體系，有它獨特的功能與性質；他方面也與其他部門同樣處於一個文化脈絡與整體社會體系之內，彼此相互影響。

因此，在探討法定法官原則或其他審判事務時，對於我國的法治環境、文化傳統，即應有所了解與研究。尤其法定法官原則是爲確保審判的獨立性與公正性時，當前國人對於司法的信賴度與期待，即可能深深影響該原則的內涵強度。畢竟法律的生命在於經驗，而非邏輯，法律原則無法單由邏輯推演或理論公式得出，而必須合目的性的與傳統、權力及法意識等結合，才得以共同界定其範圍。

這也難怪許宗力大法官會在該號解釋的不同意見書中提及：「司法權的行使不得因人設事，刻意操控裁判結果的理念，是法治國家共通的基本立場，但在具體作法上必然受到各國歷史經驗與實務演進的影響……，而許多國家在法官更易時，亦不一定給與當事人陳述之機會，但這取決於在各該國家的歷史經驗中司法公信力是否構成問題。」

堅持改革

我國現行法官事務與案件分配的制度，正如李震山大法官所提：「魔鬼往往就藏在制度的細節裡伺機而動，審判者被引入甕中後，更形與世隔絕。」本件大法官所作的多數意見，即有背離現行司法實務之嫌。扁案換法官爭議爆發後，司法體系已體認到現有制度的缺失，而開始謀求彌補解決，這包括司法院積極推動專業法庭的改革，也包括許多法院開始檢討、修正各自法院內部的事務分配辦法。

或許，因爲大法官解釋的制度性問題（無調查事實權限、議決人數門檻及解釋文製作方式），而讓本號解釋在面臨高度爭議時，以這樣的方式呈現。不過，大法官作爲我國「憲法的維護者」，過去幾屆大法官確實也發揮這樣的功能，讓我國的民主憲政及人權保障等機制更加成熟，並讓我國的司法權功能逐步贏得人民的信賴。其間，雖偶有觀念錯誤、論述不清的情況，終能透過嗣後的解釋加以導正。筆者期待大法官能在日後的類似問題時，就法定法官原則的相關理念與配套機制予以變更或補充解釋，以免本號解釋成爲我國司法進步的障礙。

作爲法律人，筆者奉勸所有從事司法審判的同仁：「無論大、小法官，都是憲法的維護者，維持公平審判與審判獨立，更是我們共同的憲法誡命。請堅持改革，繼續推動下去。」

十年司法改革的再改革

民國八十八年七月由司法院主導的全國司法改革會議，它的會議結論幾乎成爲這十年來我國司法改革的政策綱領。九十八年七月間，由中研院主辦的【司法改革十週年的回顧與展望】論壇會議中，作爲這十年來司改總工程師的司法院前院長翁岳生先生，在會議中表示未能解決司法院定位問題與完成《法官法》的制定，甚感愧疚，自覺有愧於國人的付託。

翁院長作爲司法改革政策的主要推動者與執行者，卻能坦白不諱，這番語重心長的眞性情表露，筆者甚表佩服，因爲他點出了我國當前司法改革的困境。在這次論壇會議中，爭執最烈的改革議題，其實也是在司法院定位事宜，可見在立法過程中，法官法只是成爲陪葬品而已。

關於司法院定位問題，截至目前爲止，司法院送立法院審議的司法院組織法修正案及相關配套法律中，即是依照全國司改會議的共識，採行一元多軌制，終極目標則是一元單軌，也就是裁併最高法院、最高行政法院及公懲會，司法院將成爲類似美國的聯邦最高法院，享有最終審判權及違憲審查權。

仿效美國聯邦最高法院？

問題是美國的聯邦最高法院並不享有司法人事行政、法律及預算提案等權力。因爲美國的司法規則制定權，是由「聯邦司法會議」（Judicial Conference of the United States）行使。聯邦司法會議由二十七個成員組成，由聯邦最高法院首席大法官擔任主席，加上各聯邦巡迴上訴法院院長、聯邦國際貿易法院院長及聯邦地方法院每一轄區的法官代表，作爲聯邦法院的決策機關，每年集會二次作成司法政策，而不像我國是由司法院總攬一切司法政策的擬定與執行。

美國聯邦法院法官的產生，則由國會通過後任命。至於法官的懲戒事宜，聯邦憲法明文規定聯邦法官涉犯刑責以外的不當行爲，只有國會才有權懲戒，國會遂於一九八〇年通過《法官會議改革與法官不適任法》（The Judicial Councils Reform and Judicial Conduct and Disability Act of 1980），明文授權各巡迴法院的法官會議處理對於其轄下聯邦法院不適任法官的陳情或爭議，同時要求巡迴法院法官會議成員必須包括地區法院法官的代表。

因此，美國關於法官人事行政事宜，主要是由十三個聯邦「司法巡迴區」法官會議（Judicial Council of the Circuit）行使，並由上訴法院首席法官、數名上訴法官及一審法官代表組成，負責司法行政工作。至於何謂法官不當行爲或不適任情形，則以概括授權的方式，交由法官會議制定相關程序準則，以建立合理的程序機制。而各法官會議所制定處理法官不當行爲的程序規則，聯邦司法會議可審查修正。

對照之下，現在我國司法院擁有美國聯邦最高法院所沒有的司法人事行政、法律及預算提案等權力，則未來的一元單軌制是否仍可享有這些權力，並未有人清楚交代。如果讓司法院享有最終審判權及法官人事考核權，則下級審法官在好不容易掙脫幾十年來行政、立法等外部力量干涉審判的壓力後，卻將面臨缺乏「內部獨立性」的桎梏。這在採取類似法制的日本經驗，可爲殷鑑。

缺乏內部獨立性的日本法制

在日本法制中，下級法院院長、法官的任命，是由內閣依照最高裁判所提名的名冊任命，而且最高裁判所就有關訴訟程序及司法業務有關事項的處理，享有制定具有相當於法律效力的規則制定權，加上最高裁判所享有司法行政事務廣泛的監督權限，讓日本最高裁判所所享有的權限，成爲世界上少見的特例。因爲作爲司法行政事務的最高監督權者，最高裁判所不僅監督下級裁判所及全體裁判所的職員，更可依職權或聲請，對於服從它監督的下級法院及其職員，具有撤銷、停止、變更違法或不當行爲的權限。

日本仿效美國在司法部門建立一套行政體系的制度，卻與美國「聯邦司法會議」不同。因爲日本屬於單一國，而且採取權力集中的內閣制，使它選擇由最高裁判所專一行使司法行政權，一條鞭及於全國的審判機關，因此日本的司法行政，實質上更接近傳統歐陸法制的風格，只是從行政部門轉移到司法部門，從而在形式上保有較高的自主性而已。這樣雖然讓審判的外部獨立問題減少，卻也讓內部獨立問題變得更爲嚴重，法官自治原則已成爲具文，負責司法行政事務的日本最高裁判所事務總局，成爲司法官僚的中心，最高裁判所院長假借司法行政監督權之名，以行裁判統制的情況，早就備受爭議。

誰該迴避違憲審查？

如果未來我國司法院同時享有違憲審查、法律提案等權力，意味現行劃歸司法院掌管的法律案，其修法提案將經過全體大法官的決定。雖說大法官只是提案，最後還是得經立法機關審議，但依照目前專業分工及立法運作情形，還是大都按照司法院提案通過，何況還有許多授權司法院訂定命令的情形。則萬一司法院本身掌管的法律案就是釋憲爭議的條文時，司法院大法官該不該迴避？如不迴避，他們會宣告自己提案立法的法律或訂定的法規命令違憲嗎？

以扁案換法官所引起的違反法定法官原則的違憲爭議爲例，可能的違憲爭議條文包括法院組織法及依其授權而訂定的法規命令，尤其是司法院爲成立金融專庭而在九十七年配合修訂的相關辦法。在現行法制中，除兼任院長、副院長的大法官必然參與決策外，其餘大法官並無參與的義務，則需迴避這件違憲審查的，只有司法院院長、副院長；反之，以後遇到類似爭議時，由於司法院訂頒的相關辦法是由全體大法官決定，是否意味全體大法官都應迴避？

至於所謂陳前總統提名任命的大法官都應迴避一事，顯屬無稽之談。因爲現任大法官中雖有部分是陳前總統提名，卻已經過立法院通過，而取得民主正當性基礎，怎可因爲是陳前總統提名任命，即要求迴避。否則，如以後全體大法官均是由同一總統提名任命時，全體大法官在遇到這位總統所引起的違憲爭議案件時，即需全體迴避，那我國豈不憑空喪失一個解決憲政爭議的機制！

誰該爲司法政策負責？

另外，或許有人會認爲一元單軌制，不必然由全體大法官決定人事行政、法律提案、訂定命令等事宜，那到底該由誰決定？這些事務本質上都屬於行政權的一環，即有責任政治的適用，誰又該爲這些政策成敗負責？我國目前推動的許多司法改革政策，後來印證是失敗的，卻從沒有人爲此負責下台，而由全體法官承擔政策苦果，難道在解決司法院定位問題時，不該就這問題一併處理嗎？

專業法庭法官欠缺專業？

我國法律雖明文要求法院設置勞工法庭，但依照中研院法律學研究所黃國昌研究員的實證研究，從我國勞動判決的上訴率、案件審理期間、上訴維持率等重要指標加以檢驗，發現案件分由普通股或勞工法庭審理，結果並無顯著差異。

新新聞雜誌在九十八年五月份的一則報導指出：「最近許多法律修法通過，要求為因應事件專業化的分工，應設置專業法庭。只是由於人力配置問題，專業法庭股別少、法官集中，容易讓財團或政客有明顯的操作空間，未來司法審判恐將向財團、政客嚴重傾斜。」

台中地方法院法官張升星投書媒體指出：法律以外的各種專業知識，本來就該透過人證、書證、專家鑑定等法律程序，納入成為訴訟資料，再透過交互詰問與言詞辯論，釐清爭點作出法律判斷。台灣司法的問題並不是欠缺專業，而是欠缺常識。

在各特別法已明文要求設置專業法庭，以便審理特殊專業類型的訴訟案件，而且民間司改會、勵馨基金會等民間團體也籌組「司法要專業」推動聯盟，積極監督法院是否落實法官專業化要求之際，仍有前述不同的意見。其中第一則是有關設置勞工法庭的現狀說明，意味設置勞工法庭並未達到效果；第二、三則是質疑設置專業法庭必要性與妥當性的意見。在回答這些現狀及質疑之前，本文擬先介紹外國法制的發展經驗，再說明我國設置專業法庭的背景、必要性及問題解決方案。

英格蘭與威爾斯的專業法院（庭）的發展

英國上訴法院湯瑪士法官（Lord Justice Thomas）在九十八年來台演講時即提到：「早期，由於法律案件單純，英格蘭與威爾斯法官可以處理各類型案件。而自過去二十年，因爲法律案件變得複雜，趨勢則是法官漸進的只致力於處理民事、刑事、家事或行政法其中之一的案件。」至於該國現行專業法院系統的歷史演變，則是源遠流長而且複雜，與法院系統有密切關係。

在十九世紀首次重要改革發生前，專業法院的發展，其實是基於某些公民（如商人）的需要或新法領域的出現（如海事法）。而隨著英國貿易與工業的擴展，設置能理解貿易與工業需求的專業法院，也應運而生。考慮選項之一，是仿效歐陸國家的模式，設置由商人與法院共同參與審理的商事法院。然而，立法機關卻拒絕這個提議，而且未採取任何措施以爲代替。

由於任何法官皆有可能審理與商事或工業有關的案件，導致訴訟當事人開始放棄法院，終於在一個海事碰撞案件到了攤牌階段。在英倫海峽的一次暴風雨中，某船船長誤判一個岸燈，於是產生共同海損的爭議。這案件分給非常有名的英格蘭法官Lord Justice Scrutton承審，Scrutton法官是非常受歡迎的法官，先前在純農業地區執業，被拔擢為法官的主要原因之一，在於他盡力服務當事人。本件是他第一次處理共同海損問題，連續審理達兩週之久。兩位著名的資深大律師向他陳述，他也細心地記下他們所說的每件事情。在審理結束時，他說：「我會思考如何判決。」三個月過了，他還在思考；六個月過了，他還在思考；九個月過了，他仍在思考如何下判決。

律師鼓起勇氣詢問Scrutton法官何時能給判斷結果，他說：「會在短時間內作出。」不久後，他在開庭中說本件的爭議問題是與共同海損有關。當他在說本件的第一個爭議問題時，卻轉頭去問律師什麼是第一個爭議問題。他被告知後說：「是的，我同意海損估價人的判斷。」之後，對於本件的第二、三個爭點，也問了律師相同問題，同時也給了完全相同的答案。Scrutton法官最後作結論時說：「判決必須有利於原告。」該案後來雖陸續上訴到上訴法院、上議院，但商業界人士質疑法院體系的功能。他們希望法官能理解爭議，不希望起訴後的過程，像是在教育從來沒有處理過該項問題的人。

因此，英格蘭與威爾斯法官會議在一八九五年間建立了商事案件清單制度（the

Commercial List），凡被列爲該清單的案件，即指定由具備這方面商事實務經驗的法官審理。這樣的實務運作，直到一九七○年代才由國會立法予以確認，在高院（High Court）設置商業法庭（Commercial Court），同時創立法官提名系統。這種模式後來爲設置其他專業法庭（如專利法庭、科技與營業法庭、公司法庭）所仿效。

既然設置專業法庭，自然需要具備這方面專業知識、經驗的法官擔任。在每年一或二次的公開遴選過程中，法院體系會提供所需職缺及人數的推估後，再由獨立於行政及法官體系之外，由多元的委員代表所組成、法律明定由非法律人擔任主席的「司法任命委員會」，任命具備相關經驗的律師至該法院服務。而爲確保審理專業案件的法官具備專業，還有所謂的授權或專業認證制度（ticketing）。也就是說，在司法體系自行運作發展下，審理特殊案件的法官必須經過特別的專業授權，授權與否通常要看是否經過特別的訓練。而由於法官受訓是昂貴的，法官僅受將來一定派得上場的必要課程，而不是遍及所有的法律領域，以確保司法訓練資源更有效的利用。

至於商業庭長的指派，一般而言是依據資歷深淺而輪流擔任庭長，由未曾擔任過庭長職務的最資深法官被任命執行庭長工作，任期十二至十八個月。庭長是由資深法官輪流擔任，司法首長也是由獨立於行政、法官體系之外的法官任命委員會所提名任命，兼以法官的取得專業授權，是由掌管不同法領域的資深法官，決定是否對由負責各區或各法院長所提出的建議名單准許授權。在司法獨立已獲保障的情況下，爲了讓法官得被分派至最適合的案件，以確保審判更有效率的進行，專業法庭案件的分派，是由庭長決定，庭長依個別法官的經驗公平的分派案件。

美國德拉瓦州商業法庭的設置與運作

在商業涉訟領域，許多企業將法院視為一個「不便與難以預測的正義提供者」，這不僅在我國如此，在世界多數國家亦然。因為如果裁判者未具備足夠的專業和經驗，佐以專業助理人員及法院組織，在面對複雜的商業糾紛案件，案件只能陷在冗長的訴訟程序中。然而，美國德拉瓦州商業法庭卻以其專業性與獨立性，創造可預測性及有效率的判決，成為公司法領域的權威領導者。

美國德拉瓦州最高法院大法官霍蘭（Justice Randy J. Holland）在九十八年來台演講時即提到：「德拉瓦州憲法保留區別共同法與衡平法的歷史，由高等法院（Superior Court）管轄普通法，衡平法院（Court of Chancery）管轄衡平法，目前全美僅有另二個州仍維持這種管轄的區別。」衡平法（Equity）是英美法中與共同法（Common law）相對應的法律，一般是以抽象的「公平」、「公正」為判斷基礎，從公平與正義的角度，依據公允及善良原則判斷。衡平法院是依據一七九二年德拉瓦州憲法而設置，是美國最古老的商業法院。

二百多年來，衡平法院已證明它有能力將前幾世紀發展出來的衡平法則，適用於現今瞬息萬變的經濟環境與法律關係。該法院由五位法官組成，並無陪審團，由院長指定分案，法官一人獨任審判。由於法官嫻熟公司法制，而且密集審理，法官的風格與判決見解，都爲參與的律師所熟悉，每位法官平均月結六十件，所作判決絕大多數爲州最高法院維持，並成爲美國公司法教科書的主要案例來源。在審判效率方面，衡平法院向來以迅速處理重大公司法案件及判決詳盡而馳名；同樣的，州最高法院也會迅速裁判，依據二〇〇七年的數據，州最高法院自受理案件至判決爲止，平均爲三十七點八天。

衡平法院與州最高法院的成員經常與國內的學者、股東團體、公司董事、辦理併購業務律師、全國的公司訴訟當事人，就當前商業發展交換意見。這些互動經常件隨著複雜交易的商業及資本市場問題，提供有價值的前瞻意見。依衡平法院院長William B. Chandler Ⅲ 於二〇〇五年六月在國際律師協會所舉辦國際併購研討會的說法，衡平法院保有全美首要商業法庭的名聲，是藉著優良的內部標準，並經由德拉瓦州的行政與立法部門齊心改進商業相關法規，再透過法院的應用，以及消費者、企業所有人、決策者及公司法律師界的密切互動。

法官與可能的案件當事人密切的互動，在我國可能被認爲有違法官倫理。不過，衡平法院之所以不避諱與可能當事人的密切互動，在於德拉瓦州憲法關於法官遴選程序，業已強化他的專業性及公正性，也就是該州憲法中有特別的條款，要求司法體系內應政黨平衡，以排除政治影響司法。目前，德拉瓦州成立一個由兩黨組成的「司法提名委員會」，根據聲譽、功績選任法官。雖然州長仍保有最終提名法官的權限，但州長必須自司法提名委員會提出的名單中選出，經參議院同意後任命。

在美國現行各州法官選任制度來看，可區分爲以政黨爲傾向的選舉、非以政黨爲傾向的選舉、以學識、能力與功績爲據的任命、由州長逕爲任命、由議會選舉及由現任法官選任等六種類型。其中以選舉方式產生法官，是美國多數州的作法，完全不透過選舉方式者，僅有六個州。從司法獨立的觀點，美國多數學者認爲法官由任命而非選舉產生者，應屬較佳的方式。德拉瓦州所採取的法官選任方式，即是以學識、能力與功績爲據，並經由州議會同意的任命方式，顯見法官的公正性與專業性已經在遴選時獲得確認，而且沒有審判獨立上的疑義，則實際個案分配由哪位法官審理，即不必擔心有遭遇干涉審判的疑慮，自然可以放心由院長依個別法官的專業、勞逸，決定事務的分配。

我國專業法庭的發展與運作實務

由英、美經驗的說明可知，隨著社會的高度專業分工，法官不可能專精於各種訴訟案件（即便前述英格蘭Scrutton法官再認眞、再知名，也是如此），即有由專人辦理特殊案件的必要，多數國家（如德國、日本）也均有專業法庭的設置。而相較於普通法院，我國現行法制已有行政法院、公務員懲戒委員會、律師懲戒委員會、軍事法院、少年法院及智慧財產法院等專業法院的制度設計。

不過，仍有許多涉及其他專業領域的裁判品質，備受詬病。八十八年召開的全國司法改革會議，民間團體即提出「法官專業化要求」的議題，最後獲致：「法官應就不同專門領域案件，依具體情況，設專業法院或專庭，並使法官久任其位，法官在職中應適當施以在職訓練，因個案之需要，得聘請專家參與案件」的結論。

爲落實全國司改會議決議中法官專業化的要求，九十年修正公布的《法院組織法》，即增訂第七十九條第二項：「辦理民、刑事訴訟及其他特殊專業類型案件之法官，其年度司法事務分配辦法，由司法院另定之。」據此，司法院於九十年十月訂定發布《各級法院法官辦理民刑事及特殊專業類型案件年度司法事務分配辦法》（以下簡稱「各級法院事務分配辦法」），明定法官應於民事或刑事事務中，選定其一爲專業。而關於辦理特殊專業類型的法官，各級法院事務分配辦法第九條即規定辦理特殊專業類型案件的法官人選，應按各該特殊專業類型案件的民事或刑事屬性，自辦理民事或刑事事務的法官中擇定之。

至於是否具備特殊專業的認定標準，依規定法官在提出學位論文、裁判書、講習會證明文件或期刊論文而申請時，即由司法院委請委員初審，再送司法院人事審議委員會審議，通過後即由司法院核發「特殊專業法官證明書」。各級法院法官會議在決議辦理特殊專業類型案件的法官人選時，具有特殊專業法官證明書的法官應該優先擇用，如果具有證明書的法官人數不足時，則依權值比重決定。而所謂權值比重，基本上是依照年資及司法官訓練所受訓期別所計算得出。因此，除意願外，年資及期別成爲決定法官專業分流的主要因素。

必須說明的是，各級法院事務分配辦法所規定在民、刑事事務擇一作爲專業，也就是民、刑事專業分流，與需要特殊專業法官證明書始能辦理的案件，在概念上並非一致。後者所辦理的，才是法律規定應（得）設專業法庭或指定專人辦理的案件。

不過，由於我國法官的來源，主要是自法律系、所畢業生中考試產生，少有在法律以外受有其他專業訓練；而且法官在擇定專業時，大都以辦案壓力、勞逸作爲主要考量的因素。因此，專業分流在各地方法院運作的最後結果，就是資深者辦理民事事件，資淺者辦理刑事事件，即便具有特殊專業證明書的法官，也未必擇定該特殊專業，造成需要專業法庭或指定專人辦理的案件，常有找不到具有特殊專業證明書的法官的情況，最後還是透過意願、年資及期別來決定，遑論專業久任。

再者，目前我國規定「應」或「得」設專業法庭或指定專人辦理專業案件的法令，雖有二十餘種，但過多的專業法庭設計，不僅稀釋各該法庭所強調的專業性質；而且缺乏專業證照的設計（如金融專庭、醫療專庭）或專業的法官，只會讓有設置專庭跟沒有設置一樣。前述勞工法庭與普通股判決結果並沒有顯著差異的現狀分析，即是最好的例證。何況不分專業案件量、法官人數的多寡，強制各法院一律設置相關專業法庭或專股的作法，也只會因為現實上沒有執行可能性，讓這些法令失去規範效力。

我國設置專業法庭的必要性與缺失的解決建議

從理論與各國的法制經驗來看，法院為了妥適審理專業訴訟案件，制度的選擇途徑除設置專業法院（庭）外，還可採取專家證人或專家參審的制度。不過，從英、美等國都有專家證人制度，美國德拉瓦州、英格蘭與威爾斯還是設立商業法院（庭）的經驗來看，顯見許多專業訴訟案件的審理，並非專家證人即足以彌補法官專業上的不足。而司法院擬定完成的「專家參審試行條例」，因仍有質疑是否違反憲法第八十一條規定法官為終身職的不同意見，而迄未能完成立法。因此，現行法制上僅有設置專業法庭或專股的可能性。

針對主張應該透過鑑定、人證而非設置專庭的質疑，以涉及醫療過失或被告的精神狀況為例，審判實務上雖然可以委託鑑定人鑑定，或仿效英美法傳訊專家證人的作法，但因為法官不具醫療專業，即便鑑定人或專家證人到庭接受詰問，法官也無能力解讀、判斷誰是誰非。

至於專庭股別少、容易讓財團或政客有明顯操作空間的疑慮，主要原因是我國的專業法庭法官選任制度未上軌道，亦即我國法制並沒有像美國德拉瓦州、英格蘭或威爾斯的商事法庭選任方式，是經由政黨平衡或多元代表組成的司法提名委員會、司法任命委員會選任法官，展現法官的公正性及專業性。因此，專庭、專股是否過少，並非問題的關鍵，重要的是改善現行我國法官選任方式，以確保專業法庭法官的公正性與專業性。

另外，當德拉瓦州衡平法院將它的法官與相關學者、公司團體保持密切的互動，作爲該法院得以保有全美首要商業法庭名聲的主要原因之一時，我國一再有類似的質疑，問題關鍵還是在專業法庭法官欠缺公正性及專業性。而即便現行法官選任制度不改，爲防堵當事人、特定團體藉由舉辦研討會、專題演講而與專業法庭法官建立私人情誼，以致在審理個案時傾向作出有利於該當事人或特定團體的判決的問題，應該透過法官倫理的明確規範與發揮制裁效用，才能對症下藥，尙不得因噎廢食，將各國都朝向法官專業化的趨勢，視爲洪水猛獸。因此，設置各種專業法庭必要性的省思、調整與配套措施的建立，才是問題的關鍵所在。

其中各法院基於法官自治而由法官會議訂定通過的事務分配要點中，如明顯恣意違反司法院依據授權所訂定的相關命令時（如拒絕執行司法院貫徹立法意旨所要求專業法庭法官的專業、久任原則），現行法並未提供解決方案。這種內部獨立性過強，外界（包括司法行政）對於法院內部事務無從監督的問題，深深影響人民訴訟權的保障，即有修法謀求解決的必要。

再者，許多專業法庭或專股的案件，該類型案件的專業性可能已超過民、刑事的專業分流（如少年及家事案件通常均涉及兒童最佳利益的考量，而且需要專業的調查官協助），而設置不久的智慧財產法院，也由該院法官同時辦理涉及智慧財產的民、刑事及行政訴訟時，則在特殊專業案件類型，不妨作特殊的制度設計，規定法官可以同時辦理該類案件的民、刑事或行政訴訟。

另外，專業法院、專業法庭或專股法官的任用，應基於專業考量，而非以官等、職等作爲任用的依據。目前各高等行政法院有法官的需求時，不從具備公法專業的法官中選任，而是任用官等、職等相符卻又未修過相關課程的法官，再施以四週訓練課程的作法，即有修法、制定「法官法」從制度根本解決的必要。而且，司法設置專業法庭的正當性基礎，既然在於專業性與效率性的考量，則主要依意願、年資、期別作爲決定標準的現行作法，即有改弦更張的必要。

最理想的作法，其實應該配合法官任用、人事晉敘制度的變革，參酌歐陸法系或英國所設置由多元代表組成的最高司法委員會或司法任命委員會的作法，任命、遴選具備這方面專業的法官。這樣才可建立專業、久任又備受人民信賴的專業法庭。

法官的侷限？司法的極限？

關於九十三年陳呂、連宋陣營的總統大選訴訟判決結果，黃丞儀先生在九十三年十一月六日於《中國時報》民意論壇發表〈社會分裂，司法自制〉的評釋文章，翌日蘇永欽教授隨即在同一論壇發表〈司法自制，豈能無視憲法？〉的反對意見。在此同時，九十三年十一月六日的《聯合報》社論，也以〈這件判決明顯少了憲法的高度〉一文，批評台灣高等法院駁回連宋陣營的當選無效之訴。

其後，《司法改革雜誌》在第五五期繼續刊載黃丞儀先生的〈司法的極限——從三件總統大選判決談起〉（以下簡稱〈司法的極限〉）一文，所為論點大體上不脫前述「社會分裂、司法自制」的意見。對此，筆者認為該文顯然是將司法權的功能窄化了；而對於某些輿論以「缺乏憲法高度」為由批評總統大選判決的意見，本來只是理念、價值或制度之爭，該文卻以「無的放矢」批判這些不同意見，更有違現代民主法治社會所強調的多元民主、寬容及尊重的憲政精神。

司法審判具有政策形成的功能

其實，現代司法除了在紛爭個案中實現正義外，經由法律說理的論證能力與表現，配合法院判決先例的強制力，往往也帶有政策形成的功能。尤其是憲法意識發達的美國社會，往往將許多的社會議題以法律爭議的方式呈現在法庭中。過去的黑白種族分校、墮胎、教育券、同性戀結婚政策是如此，最近一、二個月內極為熱門的泰莉拔管事件，也就是植物人要求享有求死權的事件，也是如此。

其他像是日本首相赴東京靖國神社參拜、以色列地方政府禁止人民販賣豬肉、義大利公立學校教室懸掛十字架是否涉及違憲等等問題，也都經過各該國家的司法審判。這些裁判不見得是負責該國違憲審查機關所作的決定，像前述日本、義大利的事件，都是在地方法院即被認定為違憲。

在面對這種具有違憲爭議的案件，司法固然應該透過憲法解釋的方法加以判斷，即便只涉及私人紛爭或是否構成犯罪的一般民、刑事案件，法官也應該在不違背憲法所確立的價值理念下，解釋、適用法律於紛爭的個案，因為「法官依據法律獨立審判」中的「法律」，是包括憲法在內的。

尤其在遇到法律條文中使用不確定的法律概念時，如何解釋及適用，即成為法官的一大挑戰，並不因為我國是由司法院大法官獨占法律違憲審查的權力，即意味各級法院法官可以置憲法於不顧。這是因爲百分之九十九點九九九並無法律違憲爭議的民、刑事及行政訴訟，是沒有機會進入司法院大法官的違憲審查機制。如果各級法院不能立基於憲法意旨詮釋相關法律後，具體適用於紛爭的個案，如何確保人民的權益，又如何建立國民的憲法意識？

以中央大學教授在性解放學術網站架設連結動物戀（即人獸交）圖片，而遭勵馨基金會等十多個婦幼團體告發違反刑法上「猥褻罪」爲例，雖然該案已經法院以欠缺主觀犯意判決無罪確定，但仍有學者對於該判決未能從憲法上的觀點，闡述學術自由的界限到底在哪裡，覺得未盡滿意。而本文撰寫時還在法院審查的白米炸彈客事件，主角的作爲受到許多個人或團體的支持或同情，這些個人或團體在乎的，恐怕不一定是法院判決白米炸彈客無罪，而是法院對於這種類似「象徵性言論」的作爲，究竟採取什麼樣的立場。這時法官如果單純從刑法上「公共危險罪」或違反「槍砲彈藥刀械管制條例」的罪名去審酌，可預見將無法滿足這些個人或團體的期待。

如果法院能藉由公開審判的機會，具體詮釋憲法價值理念在這些個案的適用問題，相信將有助於啓蒙國人的憲法意識，大大展現司法的說理（reason-giving）、論證能力，更可強化司法判決的預測可能性，替將來的法院及訴訟當事人減少不必要的成本。

司法自制主要是指法律違憲審查的問題

由此可知，即便法律條文本身並未涉及違憲的問題，但法官如何在個案中援引憲法所確立的價值理念，解釋、適用法律於紛爭的個案，也就是具有「憲法高度」，將是一個極富挑戰又具意義的任務，更可以說是法官的法定義務。何況美國由大法官哈蘭・斯通（Harlan F. Stone）在一九三六年於United States v. Bulter案中所使用「法官自我抑制意識」（our own sense of self-restrain）一詞，而逐漸形成的所謂「司法自制」原則的適用，主要涉及「法律違憲審查」的問題，特別是牽涉法院應否宣告法律無效的問題。

「司法自制」這種強調自律而非他律的概念，不可能是具有法拘束力的法律原則，而只是一種道德或政治的訴求，它的不具任何實益，早引起識者的批評。而〈司法的極限〉一文所提美國芝加哥大學法學教授凱斯・桑思坦（Cass R. Sunstein）教授強調的「司法最小主義」（Judicial Minimalism），更被批評爲「聽起來很有道理，拿出來卻很難操作」，也就是欠缺一套具體可操作的標準。

雖然如此，司法違憲審查權所面對的正當性問題，也就是由不具民主正當性的司法，宣告多數人民選出的政治部門的決定違憲時，所發生的「對抗多數的困境」，「司法自制」仍被認爲是一種「美德」。因此，〈司法的極限〉一文將理念雷同的

「司法最小主義」套用在眞調會條例的違憲審查上，是沒有問題（筆者對於該文針對眞調會條例違憲審查的批評，完全持贊同意見），但套用在總統大選的判決上，則並不恰當，因爲法院只需單純的認定該次選舉是否具有當選無效或選舉無效的法定事由，並不涉及「社會還沒有形成共識」的問題。

何況依照Sunstein教授的看法，法院在處理包括投票權（The right to vote）在內的十項憲法核心價值時，可以作出範圍寬廣或理由深入的「寬且深」判決，亦即未必要採取最小主義。據此，我國這次的總統大選訴訟，主要既然在處理人民的投票權意志可否自由行使的問題，即根本不應如〈司法的極限〉一文所說的適用「司法最小主義」。

事實上，法院固然只是社會當中的一種制度，並不是最高的，但卻是國家組織中最後的紛爭解決機制。所謂「司法是社會正義的最後一道防線」的說法，即寓意在此。這並不一定是〈司法的極限〉一文所說的國人過於「仰賴權威」，而是制度使然，不然爲何國內有太多的爭議事件仍未能循司法途徑解決？如果國人過於「仰賴權威」，同性戀者不能當憲兵、禁止代理孕母、軍人結婚要報備這類的議題，早就進入法院了。

因此，當人們選擇放棄其他的紛爭解決機制，而訴諸司法審判時，司法自然應該在遵循正當法定程序的前提下，依據法定要件做出客觀而公正的裁決，並善盡說理及法律論證的義務。也就是當國、親兩黨及其支持者放棄政治協商、政黨互動或社會運動而訴諸司法時，司法即應依據憲法及立法者秉持「憲法委託」而制定的相關法律，做出符合公平而正義的裁判，否則將有負於國親陣營對司法的信賴。當然，這不意味要判決國親陣營勝訴，而是就他們所指訴的問題，要依「法」詳予指摘。

我國法院的保守性與侷限性

公平正義是古今中外人們追尋及確立的共通價值，是人類賴以安身立命的主要行爲準繩之一。九十三年總統大選結果揭曉後，幾十萬人遊行走上街頭，如果解讀成泛藍人士不服輸，顯然誤解了這些人的苦悶。這些人所在乎的，似乎是認爲這是場不公平、不正義的選舉，因爲發生一場如羅生門般的「二顆子彈」事件，而造成選舉結果的翻盤。當然，是否符合公平正義，不是泛藍人士說了算，也不是任何一個人說了算，既然人言言殊，法院的判決似乎注定將有許多人不滿意。

不過，司法雖然沒有資源、沒有武器，但所以成爲權力分立機制的重要一環，成爲紛爭解決的最後仲裁者，司法的被動性、獨立性、中立性，以及公開審判與說理的方式，即是保障司法裁判正確性的重要因素。今日，我國司法的被動性、獨立性、中立性及公開審判機制，已少有人懷疑，人們較爲擔心的，反而是各級法院法官的學識及經驗，也就是連宋大選訴訟代理人黃國鐘律師在該期雜誌所提的「法院的保守性與侷限性」。正因爲如此，我們常看到的司法判決，大都拘泥於狹隘的文義，而少有從宏觀的角度，去批判、詮釋當前法律制度後面的基本精神。

怎麼說呢？法官在解釋適用法律時，文義解釋只是其中的一種解釋方法而已，其他像是目的解釋、體系解釋與歷史解釋，以及正方興未艾的法律經濟分析觀點，都是有效且應該使用的論理方式。因爲法律條文有時而窮，爲應付不斷社會變遷而發生的各種新興事務，自然必須透過解釋才能在個案中作出合理妥適的判斷，其中尤以體系解釋所強調的「憲法秩序的一體性」最爲重要。

雖然憲法因「框架性」使然，以致許多的條文內容都顯得簡潔不明，但如前所述憲法所確立的價值理念，確實可以透過憲法解釋而獲得。司法院大法官透過釋憲制度所作的許多釋憲文，因爲與時俱轉而推陳出新，即讓我國的憲法成爲「活的憲法」，對於社會變遷保持著開放性與應變能力。

總統選舉訴訟的舉證責任應準用行政訴訟

以這次的總統選舉訴訟判決爲例，事後各界議論的法律問題，正如〈司法的極限〉一文所討論的，主要在於舉證責任及當選無效標準過高的問題。

在舉證責任方面，正如許多人所提的，選舉訴訟本屬於行政訴訟性質，雖然法律將總統選舉無效或當選無效訴訟劃歸掌理一般民、刑事審判的普通法院管轄，而非行政法院，但透過法律解釋方法，法院還是應依「事物的本質」，準用行政訴訟法的相關規定。只要法院在判決理由中詳盡說理的義務，相信很少人會懷疑這種法律解釋的結果。因爲《總統副總統選舉罷免法》第一一二條所謂的「準用民事訴訟法之規定」，這裡的「準用」一詞，依照一般公認的看法，本來就是性質相同的條文才能適用。

準用行政訴訟法的結果，意味基於選舉訴訟的公益色彩，法院仍應依職權調查證據，不能將舉證責任全要求原告負責，當然國親陣營還是要善盡主張的義務。不過，正如扁呂大選訴訟代理人羅秉成律師在該期雜誌所說的，國親陣營其實是亂槍打鳥，爭議太多沒有明顯違法事證的證據調查。

有參與這次總統大選驗票的人大都能接受的，就是我們的選務因爲過去從未接受檢驗，缺失確實不少，但大都是個別選務人員的疏忽所造成，根本沒有大規模作票的問題，國親律師卻花了太多時間要求法院處理選票爭議問題。至於選舉人名冊是否有國親律師所指的問題，筆者也持懷疑的態度。因此，以完全不相類似的烏克蘭總統選舉舞弊事件，已經該國法院判決總統大選無效爲由，而質疑我國法院裁判的公正性，是站不住腳的。

「其他非法之方法」不應限縮在「足以壓制自由意志」

在當選無效標準是否過高方面，《總統副總統選舉罷免法》第一〇四條第二款規定爲：「對於候選人、有投票權人或選務人員，以強暴、脅迫或其他非法之方法，妨害他人競選、自由行使投票權或執行職務者。」同條第三款則規定爲：「有第八四條……或刑法第一四六條第一項之行爲者。」《刑法》第一四六條第一項的規定爲：「以詐術或其他非法之方法，使投票發生不正確之結果或變造投票之結果者，處五年以下有期徒刑。」

基本上，《總統副總統選舉罷免法》第一〇四條的規定是抄襲自《公職人員選舉罷免法》，總統副總統選舉與里長選舉的性質、選區及選民結構千差萬別，關於構成當選無效的事由，卻是大同小異，顯見立法的不當。法院在解釋適用法律時，尤其在不確定法律概念的詮釋上，自應注意這二者在選務性質的本質上差異。

雖然〈司法的極限〉一文表示法院已經就此作出縝密的法律論證，而該當選無效判決也在理由中詳述採取文義、歷史及體系解釋等法律解釋方法。不過，筆者倒是較認同蘇永欽教授在「司法自制，豈能無視憲法？」一文中的論點，並不認爲該判決已經由體系解釋，正確詮釋出憲法所確立的價值理念。

筆者的主要理由，在於當《憲法》第一三二條都已明定：「選舉應嚴禁威脅利誘」，也就是連選民仍可自由選擇的「利誘」都要禁止時，法院再把「其他非法之方法」限縮在「足以壓制自由意志」的行爲，即有値得商榷之處。何況《總統副總統選舉罷免法》第一〇四條第二款與《刑法》第一四六條第一項規定的結果要件並不相同，如果連最後制裁手段性的刑罰都要禁止的「詐欺」行爲，有什麼理由不能解釋詐欺行爲屬於《總統副總統選舉罷免法》第一〇四條第二款所規定的「其他非法之方法」。

從歷史解釋方法的觀點來看，法律解釋當然不能棄立法者的規定意向及價値決定於不顧，但法律解釋的最終目標，只能是探求法律在今日法秩序的標準意義，以及它固有的合理性。當選無效判決從《總統副總統選舉罷免法》的立法意旨出發，認爲該法第一〇四條第二款的內容及理由是參照《公職人員選舉罷免法》的相關規定而來，因而從《公職人員選舉罷免法》的立法過程，認爲該條款僅是針對暴力選舉而作規定，「其他非法之方法」即應限縮在「足以壓制自由意志」的行爲。只是，這樣的解釋，如何讓人認同選區如此之大、每一位公民都享有選舉權的總統選舉，也會有暴力選舉的問題，可見歷史解釋方法仍有待克服之處，而必須透過其他的論證方式。

〈司法的極限〉一文一方面懷疑歷史解釋的論理方法，他方面表示法院已經在當選無效判決中採用歷史解釋的方法，才得出「其他非法之方法」應限縮在「足以壓制自由意志」的結論，並要求批評者應提出理性論證（其實蘇永欽教授的文章，已經就此提出理性批判〉，顯然是對於法院採取非常寬鬆的態度。

雖然身爲從事審判工作的司法人員，筆者倒是希望黃丞儀先生能保持類似在〈生存與尊嚴不只是口號〉一文（該文旨在批判鄒族頭目出於捍衛部落共有財產的原住民意識，而拿取漢人所採集的蜂蜜，竟被法院認定爲搶奪有罪）中對於法院判決的批判態度，因爲他的許多高見，將會是促進司法進步的極佳動力。

總統選舉訴訟應採取優勢證據法則的心證門檻

話說回來，「其他非法之方法」不應限縮在「足以壓制自由意志」的行爲，不意味國親陣營即可獲得勝訴。因爲當選無效判決雖然認定公投綁大選於法未合，但是否構成「妨害他人競選、自由行使投票權或執行職務」的結果要件，尚有疑問。而其他爭點中的扁呂陣營假造槍擊事件、違法啓動國安機制等問題，國親陣營仍有提出更多的證據及法律論證來說服法院的責任，像如果確實有很多人因爲啓動國安機制而無法投票，爲何迄今沒有什麼人出來證明？畢竟有沒有被限制投票，是最容易證明的事情。

至於扁呂陣營在槍擊事件發生後刻意渲染、扭曲或隱匿事實方面，確實有造成「資訊不對稱」的現象，這也是這次選舉是否符合公平選舉的重要因素。公平正義理念的追求是人類共通的價值，已如前述，何況當選無效之訴不是刑事審判，不應採「毫無合理懷疑之確信」這種百分之百的心證程度，而是應適用類似民事訴訟的「優勢證據」法則，因此法院在這方面的理由論述，似有待加強之處。

總之，筆者同意司法只是社會制度中的一種，自然有其極限。不過，法院作爲國家組織中紛爭解決機制的最後一環，仍應在每一個案中彰顯正義，原住民頭目是否構成搶奪罪如此，總統大選訴訟也是如此。雖然人民不應期待法官扮演神的工作，但法官仍應透過精緻的理由論述，善盡說理的職責。

司法自制是司法面對民主正當性挑戰的自我退讓，但不意味可以昧於憲法法理，甚至曲解憲法所確立的價值理念及體系。在這人民權利意識高漲、科技日新月異的時日，各項新興事物的紛爭處理，更有賴法官在法有不備的情況，依據憲法所確立的價值理念，妥適解釋、適用現行法律於紛爭的個案。

作爲一個曾是威權體制的國家，過去我國的公法研究受到很大的壓抑，目前我國的現職法官中，在學生時代有不少比例是沒有機會深入研究憲法課程的，政府又以公務員方式培訓法官，憲法意識也就無法根植人心。而法官在缺乏正當性基礎的判例制度的桎梏下，必須耗費生命在處理裁判書格式統一、應沒收的僞造署押有幾枚、人已死了還問開幾槍等沒有實益的問題上，早就疲於應付了。加上廉價的司法審判環境，法官在龐大的結案壓力下，都已經案牘勞形了，哪有時間再研究並非民、刑事審判核心的公法學識，更遑論了解其他領域的背景知識與社會脈動。這本來只是個別「法官的侷限」，卻被不少人誤解成「司法的極限」。

審判者的憲法高度

關於總統當選無效或選舉無效的訴訟事宜，其實不能只從候選人權益的角度觀察，還要考量民主法治的精髓及憲法保障人民選舉權的意旨。因爲現代民主制度的正當性基礎，在於政權的取得及轉移，是透過定期的改選，以數人頭代替數拳頭的方式，從而避免過去專制王權時代政權更迭時的殺戮不斷、血流成河。因此，選舉過程的公平、公正與公開與否，不僅候選人關心，更是全體公民關注的焦點所在，如處理稍有不慎，將可能造成社會的分裂及動盪，實在是民主法治社會的首要之務。

司法作爲最後紛爭解決的機制，應該從憲法的高度，妥爲處理及因應九十三年總統當選無效訴訟事宜，因爲這次選舉在投票前發生已成羅生門、改變不少人投票意向的二顆子彈事件。畢竟這次的總統當選無效訴訟，不僅涉及陳呂、連宋陣營哪一方勝訴的問題，更重要的是關係人民選舉權的伸張與保障問題，則憲法理念在這訴訟個案如何解釋及適用，即成爲承審法官的義務。

坦白來說，台灣高等法院的當選無效之訴判決，無論在爭點整理的掌握、判決結構的鋪陳及文理、事理的敘述上，都屬司法實務上的上乘之作，非常難得。不過，如果從整個國家法秩序一致性及憲法理念的角度來看，則仍有強化論述憲法理念的必要。因爲把「其他非法之方法」限縮解釋在「足以壓制自由意志」的行爲，或許符合立法意旨，但如何與《憲法》第一三二條：「選舉應嚴禁威脅利誘」的意旨契合，顯有疑義。畢竟法官在作法律解釋時，雖然應遵守立法意旨，但是基於正義迫切的理由、情勢變更，或由法時代精神而認爲當初的立法價值決定已經落伍不適宜時，即可以不受該意旨的拘束。

當年陳總統及其競選團隊在競選之初違法推出公投綁大選，已有不當；在槍擊事件發生後，刻意渲染、扭曲或隱匿事實眞相，造成「資訊不對稱」的現象，而使選情翻轉，則顯然是施用「詐術」而當選。如今卻因連任後的作爲，而令自己及家人官司纏身，冥冥中是否應驗了「大位不以智取」的說法，不得而知。不過，司法審判者應從「憲法高度」檢驗、解釋適用法律，則是無庸置疑的。

請法評會爲台灣社會上一堂公民法治教育課

筆者出身教育界，長期關心國內法治教育的發展與公民社會的建立，在從事審判工作之餘，戮力推動法治教育的推展。而法治的精神重在講理及建立批判性思考，同時必須以人權保障爲核心價值。過去台灣雖然有很寶貴的民主發展經驗，卻始終忽略公民與法治教育，以至於民主常與民粹主義並行，唯有當多數國人能具有公民素養與能力，才能成爲眞正文明進步的民主法治國家。

林益世案宣判後，判決理由妥當與否，固應接受社會各界嚴厲的評斷，筆者身爲陪席法官，也願意深切檢討。但輿論動輒以「政治力介入司法」、「合議庭法官用意識形態辦案」爲由批評，不僅嚴重戕害司法的公信力，對於三位合議庭法官的清譽也造成嚴重傷害。筆者乃針對社會各界疑慮，自行聲請評鑑，希望藉由法官評鑑委員會客觀、公正的調查，釐清爭議。如筆者參與本案審判之時，確有違法或不當之處，願意接受最嚴厲的制裁；如查無違法或不當的情事，則應還給筆者清譽，以正視聽。

針對社會各界指摘自行聲請個案評鑑的答辯理由

針對各界質疑被告移審時爲何未採取法官三人合議部分，這是本院金融庭多數的作法，而本院普通庭也有類似作法，並未有任何差別待遇，亦無違法之處。而針對筆者在審理庭上對證人陳啓祥提到「你再說不出來，我們會認定你是編的」部分，原因在於證人陳啓祥自認是被害人，其證詞又是本案關鍵之一，何以他自陳被林益世罵了七、八分鐘，結果卻僅有二句話而已，筆者自認辦案程序並未違反規定，如法官評鑑委員會認爲尚有調查的必要，自可調閱當日的法庭錄音。

有關「政治力介入司法」、「法官用意識形態辦案」的質疑部分，筆者服務公職多年，承審過趙建銘內線交易案、潘孟安妨害自由案、法輪功學員妨害交通案、李高祥貪污案、莊瑞雄景福門案等涉及政治意涵的案件。由這些案件的判決，以及筆者投書〈政客們，別高估了自己〉、〈誰在乎法定法官原則？〉文章與公開質疑優遇大法官爲馬、吳總統候選人站台助選等事件，應可知悉筆者一向以捍衛人權、保護民主憲政秩序爲己任，無分藍綠、意識型態，不隨一時民意而起舞，凡事講求證據、依憑法律確信與良心。

有關傳聞筆者即將派任庭長，暗示筆者是爲名位而曲意逢迎部分，筆者一向奉行「法官無大小」理念，從不以追求庭長、院長等名位爲人生目標。《法官法》通過施行後，法官不設官等、職等，更意味著法官沒有「升官」的問題。何況目前只要法官沒有填寫志願，司法院原則上不會予以遷調或派任行政職務。雖然筆者的同期同學已有人派任庭長，筆者在司法院爲配合一〇二年九月年度大調動所發的意願調查表中，還是沒有填寫要派任庭長的意願。這份意願調查表在本案宣判前即已依規定繳回，這意味筆者即將派任庭長的傳聞，純屬子虛烏有。

現行「貪污治罪條例」條文欠明確而迭生爭議

當然，筆者知道社會各界更關心的是法律見解的妥當性問題，但因爲《法官法》第三十條第二項已明定：「適用法律之見解，不得據爲法官個案評鑑之事由」，因此這部分無法成爲評鑑對象。筆者要說的是，防制貪腐、建立廉能政府，一直是國人殷切的期盼，也是歷屆執政者一再對外宣示的施政目標，卻因爲幾十年來的因循苟且，政策工具失當，以致成效不彰。以當前懲治貪污的主要利器——《貪污治罪條例》爲例，該條例爲普通刑法的特別法，沿襲自民國二十七年公布的《懲治貪污暫行條例》。該法立法精神建立在「治亂世用重典」，接收了許多中華法系的舊思維，不僅背離當代「罪罰相當」的法治思維，而且許多條文的構成要件並不明確、疊床架屋，以致適用時迭生爭議。

例如本案涉及職務上收賄罪的法律適用，也就是何謂「職務上行爲」？對此，長期以來我國司法實務採取「法定職權說」，但最高法院於陳前總統龍潭購地案時，卻創設了「實質影響力說」。該說是爲了解決高階公務員並未就自己的法定職權，而是要求或假手有隸屬關係的下級公務員或他人，實際去做出滿足賄賂對價約定事項的行爲所設。不過，由於「實質影響力」概念並不在法條文義範圍內，而且不夠周延，也引起了不少爭議。究竟可不可採？人言言殊，即便是法律學者，也可能因爲不同的留學背景，而有不同的詮釋。

日本針對議員斡旋獲利行爲另訂斡旋受賄罪、斡旋獲利處罰法

《貪污治罪條例》是我國所獨創，我國《刑法》的主要被繼受國——日本與德國並沒有這種特別刑法。不過，日、德普通刑法也有職務收賄罪的規定，最高法院所創設的「實質影響力說」，依稀可從日本的實務見解找到影子。只是，雖然日本認爲公務員收賄罪中「職務行爲」的範圍，不以該公務員的法定職權行爲爲限，也包括「職務密接關聯行爲」，卻並非漫無邊際的「實質影響力說」。日本實務如此的解釋，一方面在法律文義範圍內，不致無限上綱公務員的職務權限，減少其概念上的不明確，他方面也可解決高階公務員假手他人去收賄的情況，遂在日本成爲通說。

至於上級長官利用其所掌有的人事權限，或民意代表以預算或法案過關要脅，利用其權限向他公務員斡旋，驅使他公務員爲一定行爲或不爲一定職務的行爲部分，因可能與其本來的職務上行爲間並無對價關係，也可能並非其職務密接關聯的行爲，乃陷於無法可罰的情況。日本遂於一九五八年增訂刑法第一九七條之四：「公務員受請託利用其地位斡旋其他公務員爲違背職務之行爲或不爲一定之職務行爲，要求、期約或收受賄賂者，處五年以下有期徒刑。」另外，也於二〇〇〇年制定《有關處罰公職人員因斡旋行爲而獲利的法律》，明定國會議員等公職人員就政府所要締結的買賣、承包等契約，接受請託，行使基於其權限的影響力，爲使得公務員（包括政府持股百分之五十以上的法人董事、職員）實施或不實施某種職務行爲而進行斡旋，就此而收受作爲報酬的財產利益時，得處三年以下有期徒刑。

由此可知，日本雖然認爲職務上行爲包括「職務密接關聯行爲」，但在民意代表濫用其影響力，就政府所要締結的買賣、承包等契約，接受請託、收受報酬而進行斡旋行爲時，則認爲並非「職務上行爲」，遂另行修法解決。我們都知道：再可惡的被告，也享有其憲法保障的訴訟基本權；而刑罰是最嚴厲的制裁手段，更應謹守罪刑法定、類推禁止等原則。刑事被告人權保障的落實情形，也就成爲當代社會檢驗一國司法制度、法治文化的最主要指標之一。如果我們眞的要落實「人權立國」的理念，究竟要選擇法官造法，恣意擴張法律的文義範圍，還是盱衡社會情勢，妥善調整肅貪犯罪類型及刑罰，並使各罪的構成要件明確化，是值得我們深思的課題。

判決該指明修法方向並批判輿論審判

原本合議庭是秉持「罪刑法定原則」、「類推禁止原則」及「法律解釋理論」，堅守「再可惡的被告也享有其應有的人權」，試圖去導正最高法院所創設適用範圍漫無邊際的「實質影響力說」時，爲何會被批判爲「恐龍法官的恐龍判文！」？恐怕是我們三位合議庭法官該反躬自省的。尤其當我們以日本實務見解適用《貪污治罪條例》，可預期將背離國民的法律感情時，有無必要在判決中指明修法的方向？

另外，當檢舉人以剪接的錄音光碟事先公諸於衆，已造成「輿論審判」的效應，檢察官又背離其客觀性義務，違反「罪刑相當原則」，求處起訴罪名的最重刑度——無期徒刑，造成國人有錯誤期待時，我們是否也該在判決中予以適度的說明，提醒國人：這種作法是否是法治社會應有的作爲？是否有助於建構台灣成爲以人權保障爲核心價值的公民社會？當德國、日本有關公務員職務上收賄罪的法定最重本刑都是五年以下，這兩國的清廉形象卻遠高於我國時（依照國際透明組織所發布的二〇一二年「貪腐印象指數」，德國、日本、我國的全球排名分別爲十三、十七、三十七），我們是否應該提醒國人：揚棄「治亂世用重典」的思維，修法明確化犯罪構成要件，以加強定罪率，或許這才是防貪、肅貪的另一條出路？

氾濫的「輿論審判」造成審判獨立的困境

獨立、有公信力的司法，是民主、法治社會的基石，是國家賴以長治久安的基礎。恣意的批評、消費司法，斲喪的不僅是全體法官的士氣，司法一旦失去公信力，更非全民之福。本件判決不符合「國民法律感情」，已經「超越藍綠」，在台灣社會具有高度的共識，但我們三位合議庭法官確實是基於法律的確信與良心從事本案的審判，爲何我們願意甘冒大不諱，背離「國民法律感情」？因爲這涉及到刑法學的基本思維：「罪刑法定原則」、「類推禁止原則」。

學者廖緯民提出：「『法律漏洞』，或謂『立法者意味深長之沉默』，即『言外之意』應如何讀取並確認？此涉及『法律解釋學』。我國移植西方法治近百年，就此法哲學依舊未能純熟掌握，是爲本案合議庭憚於造法而坐令社會嘩然之主因」的論點，是值得所有法律人深思的課題。但這不正意味著：合議庭遵行百餘年來所繼受的法學理論，以法律與良心的確信從事審判，卻要遭到這種只在乎收視率、閱報率、一己的應報快感，完全抹煞答辯人多年來兢兢業業於審判工作的努力，以近乎恣意謾罵、人格羞辱方式批評合議庭成員，並藉此攻擊司法公信力時，難道是一個理想的公民社會所應有的作爲？

本來，社會各界如認爲我們的判決結果與說理不當，自有檢察官可以提起上訴，透過審級救濟途徑予以導正並統一法律見解，怎可如中世紀黑暗時代的「獵巫」行動一般，以近乎羅織罪名的方式，任意指控合議庭三位法官？如果我們可以容忍這種事情不斷發生，還有哪位法官敢再依憑法律與良心的確信從事審判？法官評鑑委員會委員都是望重士林之士，應知悉當前台灣社會「輿論審判」的氾濫，已造成審判獨立的困境，讓我們離理性思辨的公民社會愈來愈遠。如果委員們有慨然廓清社會亂象的鴻鵠之志，當可從這件法官自行聲請評鑑的首例中，體察其中所具有的時代意義。還望各位委員能夠勇於承擔，藉由本案，爲台灣社會好好的上一堂公民法治教育課吧！

別再搞分贓式的大法官任命

「職司憲法解釋的司法院，何時竟成了財稅法院？」這是湯德宗大法官在釋字第七一三號解釋所提出的不同意見書。湯大法官意在言外的，想必是對於當前大法官功能的嚴重萎縮，深感挫折。一〇四年九月有四位大法官即將任期屆滿，在總統啓動提名新人選作業之際，值得我們關切大法官適任性的問題。

大法官的主要職責，在於保障人民憲法權利，避免各權力部門沆瀣一氣。如今，在台灣社會制度依然處處不合理之際，立法、行政、司法依然罔顧民情時，卻因爲釋憲制度的缺失與多數大法官的保守性格，以致大法官並未善盡「憲法維護者」的功能。尤其在九名大法官組成的美國聯邦最高法院每年仍受理七、八十個案件時，由十五位大法官組成的司法院，每年竟只受理十餘件，就工作績效而言，大法官們應該汗顏。

人品、價值信念才是大法官人選的首要考量要素

我國是因爲法制比較健全，所以値得大法官審理的案件比較少？想也知道不可能。是因爲台灣社會比較不願興訟，聲請釋憲的案件比較少？如果了解釋憲實務，就知道大法官們把絕大多數案件程序駁回了。別說一般人民，連下級審法官洋洋灑灑寫了七、八十頁的法律理由而聲請釋憲時，也會被大法官以：「聲請人依其主觀之見解，泛詞指摘，尙難謂已提出客觀上形成確信法律爲違憲之具體理由」爲由，予以不受理。

問題的關鍵，在於大法官的人品、價値理念與學識。而以往我們大法官的選任，美其名是多元選任，其實比較接近分贓任命。除了學界、實務界出身的人數要平衡，也要注重留學國的平衡，兼顧研究公法、民法與刑法的，更重要的則是政治正確：性別平衡。在考量這麼多因素下，人品、價値理念與學識就不再是主要關注點。以實務界出身的大法官爲例，多數只見保守與威權性格，不僅很少寫出說服人的理由書，反而常以捍衛最高法院判例或駁回當事人聲請案爲職志。

以湯大法官爲例，他本不是馬總統的首選，是因爲原先提名的最高法院法官邵燕玲，在某個性侵害案件判決有法律適用的高度爭議，在民意譁然之下，馬總統召開記者會致歉，並改提名湯大法官才平息怒火。然而，當時馬總統也是煞有介事的指定由

副總統組成「大法官提名審薦小組」，接受各界推薦並審查後，才向馬總統提出建議人選。卻依然發生這種爭議，可見分贓任命才是問題的所在。如今，馬總統再度指示由副總統擔任召集人、成員多數相同的人組成審薦小組，如果心態不改，難保不會重蹈覆轍。

選出以捍衛憲法、維護人權爲職志的大法官

反觀違憲審查制度創始國的美國，由於聯邦最高法院大法官終身任職，而且僅有九人，加上法律至上的法治文化，歷任總統莫不將提名大法官人選視爲任期內最重要的統治行爲。因此，在出現提名機會時，司法部官員、白宮幕僚即開始遍尋可能人選過往發表的文章、演講、法律文件，並實地訪談候選人及其周遭同僚後，再由總統親自接見，確保被提名人與自己的意志、價值理念接近。而這過程中，按照慣例律師協會也會協助篩選有希望的候選人，就其信譽、司法才能與司法公正方面出具評定意見。待提名確認後，白宮即積極協助被提名人拜會國會議員、準備聽證程序。

由美國的經驗顯示，提名大法官必須愼重其事，人選的人品、價値理念與學識才是考量重點，切不可將多元選任搞成分贓任命。而與其由少數寡頭審查（這些前司法院長、前大法官也有其人情包袱），莫不如多聽聽律師公會、公益團體等多元意見，

集合眾人智慧，加上立法院審查會的嚴格審查，如此才能選出眞正以捍衛憲法、維護人權的大法官。

漠視人權者不可擔任大法官

如果你無端遭人指控，百口莫辯，一定想找指控者對質。但是，因爲你不曾收到檢察官傳票、警察也不曾找上門，你對於遭指控之事毫無所悉，於是你繼續生活、結婚、生子、辦理戶口登記。突然有一天，警方上門逮捕你，理由是你涉及強盜殺人罪嫌，而且還曾被檢察官以逃亡爲由予以通緝。既然你涉犯重罪，又是通緝犯，而且「共犯」已經判決有罪定讞，在當年檢察官還享有羈押的權限時，任何一位接手的檢察官當然會羈押你。

在此情況下，你不僅被迫與妻女分離而被羈押在看守所裡，還因爲指控你的「共犯」已經被槍決，你無從對質，被起訴也是理所當然。於是，承審法官在「共犯」曾經指證下，判了你死刑。你憤慨難當，一度在看守所自殺。幾番折騰，官司來回，你被判了八次死刑。最後，總算蒼天有眼，司法還了你清白，並賠償你一千六百多萬元。但你無辜在看守所被關了九年多，這其中的苦楚，握有生殺大權的司法人員感受到了嗎？有學到教訓嗎？

二十五年後，當年這個未經合法拘提，就對你發布通緝的檢察官，他說這程序合法、人也不是他押的，而且你被判了好幾次死刑，「不能以成敗論英雄」。然而，如果當年有經過合法拘提，你知道自己被誣陷了，一定會急著趕赴警局。這樣，你就有機會與「共犯」對質，讓司法人員釐清眞相，更不會被羈押、起訴，並纏訟多年。如今，這位大法官被提名人林俊益竟然說「不能以成敗論英雄」，這世間還有公理嗎？有位法官曾因爲傳喚被告一次不到即予以通緝，而遭到公懲會懲戒（八十五年度鑑字第八〇二二號），對照之下，這位被提名人可眞是「官運亨通」呀！

寧願縱放也不能濫殺無辜

檢察官、法官難免會犯錯，但寧願縱放，也不能濫殺無辜。法界人士的學、經歷普遍不差，是什麼因素使得台灣社會冤案不斷？是績效管考壓力，因爲以前法官的考績與派任院長、庭長的決定因素，是看個別司法人員的未結、遲延件數，爲了獲得拔擢、陞遷，辦案不是依良心、憑法律，而是看數字、重績效；是同儕情誼壓力，因爲司法體系是個封閉社會，大家都是學長、學弟妹關係，最重和諧、期別倫理，總不好去指摘別人的判決；是台灣的民粹壓力，因爲每有重大刑案發生，限期破案、輿論審判一再上演，所謂：「法院的判決不能隨著大衆的喜好走，更不能被一時的民意所主導」等誡命，早被許多人拋到九霄雲外。

如同法務部長羅瑩雪為美麗島大審的軍事檢察官林輝煌辯護一樣，或許有人會認為這案件是「已經很久的事了」，為什麼還要提這些？然而，誠如筆者在《找回法官失落的審判靈魂》一書中所說的：「全體國人……應該用嚴格的標準檢視，法官的判決理由有無善盡說理的義務，有無踐行應有的正當法律程序，有無避免相類似案件定罪理由卻歧異的情況，甚至判決結果完全顛倒的情事。唯有如此，法官們才不會曲意逢迎，或只在近二千名法官間的名譽競逐。因為知道自己的任何作為都將留下歷史的紀錄，隨時受到公眾嚴格的檢驗，法官們才會真正用心於自己所參與的每一篇裁判或司法行政決定，作個有歷史記憶的法律人。」

前一位同樣因刑事審判專業而被提名的人，是即將卸任的蔡清遊大法官。當年他被指控在提出的自傳中，有與立法委員「攀關係」的問題，也曾駁回蘇建和冤案的非常上訴。然而，台灣社會一向寬容，他的人事案還是過關，現在你不妨檢視這八年來他寫過什麼有人權價值的釋憲意見書。而今，如果立法院再通過這位同樣學經歷、官場表現更技高一籌的被提名人，我不知道立委們是要告訴國人什麼樣的憲法意識、人權價值！立委、總統大選即將舉行，請國人睜大眼睛，看看這些政黨、政治人物如何決定這件人事案，再投下你神聖的一票。

國民黨敢相信林俊益法官？

在國民黨坦承還沒對黨籍立委發出問卷之際，立法院竟將於本週舉行大法官被提名人的審查會，以致被民間監督聯盟批評爲「快速通關」、「簡易審查」。這樣的戲碼並不意外：四年前幾位大法官被提名人爭議不斷，最後在「政黨對決」的情況下，還不是一一過關！

這本是執政者的「陽謀」——提名爭議或司法性格保守、服從性高、沒有憲政高度的大法官人選，才能弱化享有違憲審查權限的憲法法庭功能，並排除自己施政的阻礙。君不見從九十七年馬總統上任，掌握絕大多數的提名機會後，大法官功能日漸萎縮，現在不僅每年僅受理十件左右的案件，更將許多涉及高度憲政、人權爭議的聲請予以不受理結案。

打造「黃金船」是積極正面表現？

以這次四位被提名人爲例，我們看不見他們曾有如何的「積極正面表現」，有的僅是「無消極不適任條件」。這不是應該嚴格審查嗎？何況有人還有不適任事由。以林俊益法官爲例，他除了曾涉及黃志成冤案外，也曾在八十三年間串連法官同仁，集資打造「黃金船」送給即將「高升」的院長，祝他「一帆風順，節節高升」。這樣的作爲，傳達了什麼司法性格？我們不妨看看別人怎麼做。

美國聯邦法院法官由總統提名、參議院同意後任命，依照一九五〇年代以來建立的慣例（小布希總統在二〇〇一年上台後才打破，不過繼任的歐巴馬總統又恢復了這項傳統），總統在提名前，會由美國律師協會（ＡＢＡ）出具專業意見，考評被提名人的適任與否。依照ＡＢＡ的評鑑標準，是以：廉潔（如品德操守、聲譽、勤勉度）、專業表現（如學術深度、判斷、寫作分析能力、法律知識、專業經驗的廣度）、司法性格（指是否熱忱憐憫、富同理心、果斷力、容忍心、開明、公正與平等適用法律）等三項指標來判斷。也就是說，除了廉潔、法律知識與經驗外，還重視被提名人的人格特質。

嚴審被提名人的司法人格特質

司法性格如何審查？必須從被提名人過往發表的文章、演講、法律文件，並聽取他共事過的同僚的意見來判斷。以一九八七年雷根總統提名羅伯特・博克（Robert Bork）擔任大法官爲例，儘管他的學識、經歷一流，卻因爲他在一九七〇年代尼克森總統所涉水門案件中，在司法部長、副部長均不願聽命尼克森，解僱水門案特別檢察官阿奇博爾德・考克斯（Archibald Cox）而掛冠求去時，也就是在發生被稱爲「星期六午夜大屠殺」（Saturday Night Massacre）而接任後，卻實現了尼克森的願望。因爲有這樣「聽話」的經驗，加上他保守派的價值理念，最後他的人事案遭到封殺。

再以厄爾・華倫（Earl Warren）首席大法官爲例，他是共和黨籍，艾森豪總統提名他，是認爲他是個保守派，沒想到他後來的表現出人意料。尤其在涉及「黑白分校」的種族隔離政策是否違憲的布朗案時，即便艾森豪在判決前邀宴他，暗示他應作成合憲決定，但他不僅未予理會，還發揮政治手腕，讓原本意見不一的九位大法官全體一致作成違憲決定，讓艾森豪承認這是他所犯的最大提名錯誤。

由此可知，當美國法官的第一要務是人品正直、獨立，才能通過國會同意，並在日後審判工作中獨立於民意或政治權勢。依此檢驗，從林俊益法官的自傳中，只見他配合長官意志，推動了許多司法政策（錢建榮法官在〈法官都當不好也能當大法官〉一文中，即質疑他：推動被告的接見交通權及《刑事補償法》法案，是大法官釋字六五四、六七〇號解釋的功勞，從來就不是他主動發想創設；推動人民參與審判是司法院長的政策；原住民的強制辯護措施則是立委的強力要求，才不得不做。這些怎麼變成他的創意與政績？），但看不到在他二十幾年的法官生涯中，曾經在哪件案件中捍衛人權、守護憲政。而依他在法界的評價，就是長袖善舞、很會做官，也因此立委們對他的評價普遍不差。

問題是，這種沒有自己的價值信念，只會仰承長官意志的人，今日的執政者是國民黨，他釋憲時自然偏向有利於國民黨的決定，但他也是民進黨總統候選人蔡英文指導的博士。在各界普遍看好台灣將再度政黨輪替之際，屆時可能是在野黨的國民黨放心這樣的大法官人選嗎？

台灣司法的轉型正義功課

吳乃德先生在《百年追求：台灣民主運動的故事》一書的結尾中強調人的意志、人的價值理念的重要性；他並表示：「合法反對黨的存在與公平競爭的選舉，是民主轉型最核心的關鍵，當一個社會的政治跨過這門檻，言論自由、司法獨立、民意機構定期改選，甚至修改憲法等其他民主制度，遲早都將更隨而來。」這些論點確實符合政治的基本邏輯。問題是：合法反對黨已經存在數十年、甚至經歷過二次政黨輪替的台灣社會，為何司法的獨立性與公正性依然備受質疑？

問題的答案，或許就是台灣司法未曾開展轉型正義的相關作為。

所謂的轉型正義，是指一個社會在民主轉型之後，對過去威權專制體制的政治壓迫，以及因壓迫而導致的社會分裂，所做的善後工作。而台灣在民主轉型二十餘年來，除了陸續進行眞相調查、賠償受害者，以及類似二二八和平紀念日所舉行的追思、紀念等活動外，其他像是起訴並審判加害者、制度改革及人事清查等，迄未作適當的處理。

過去的台灣司法是專制政權的工具、幫兇

坦白說，作爲第一次政黨輪替後才進入法院服務的人，我對於過往司法系統扮演的角色，一直沒有完整而清晰的認識，總覺得加害者大都是警備總部這種特務系統。但看了中央研究院研究員吳乃德等人所著《百年追求》這套書的介紹後，才驚覺原來司法院轄下的法院系統，不僅未能善盡保障人權、捍衛憲法與民主的功能，還成爲威權專制政權的統治工具、幫兇。至於檢調系統，更是不在話下！

不過，在黨國威權、暴力籠罩國家社會各部門，司法人員的人身獨立性都自身難保的情況下，期待他們「出污泥而不染」，顯得不切實際。只是，當台灣社會已經民主轉型後，即便不仿效統一後的德國，將一半以上前東德的法官、檢察官撤職，起碼應該像論者所建議的：「在美麗島大審或相關案件的展覽中，看到這些司法人員向社會坦承說明當年事件的眞相與反省後，我們才能面向未來地回望這段歷史，重新確認台灣社會對於民主人權價值的擁護。」可惜的是，台灣社會在政黨輪替後，不僅未讓這些法律人知道「凡走過必留下痕跡」，甚至還讓某些加害者「加官進爵」。這種集體忽視或遺忘的情況，當然無法彰顯是非，無法慰撫那些被害者的傷痛，更無法讓法官們找回自己的審判靈魂。

雖然我們已經錯過推動轉型正義的最佳時刻，但有做永遠不嫌晚。因爲是人在運作體制，是人在解釋法律，則正如奧地利法社會學家尤根．艾里希（Eugen

Ehrlich）所說的：「惟有法官的人格，才是法律正義的保障」。也就是法官的意志、價值理念才是最重要的。而目前「審判獨立」在台灣已獲得相當確保的情況下，各法官依法獨立審判的結果，享有非常大的公共事務決斷權限（包括決定總統誰屬的總統大選訴訟、前總統有無涉及貪瀆罪嫌……等），法官的法律良心，才是司法正義的屏障。如果法官不正直、趨炎附勢，曲解法律迎合主權者、民粹或輿論審判，人民的權益如何保障、社會正義如何實現、司法公信力如何確保！是以，攸關誰有權審判、法官人事任用及法律解釋的相關制度，應該是我們還可以力求改進的。

轉型正義問題的源頭在訓政時期的以黨治國政策

首先，既然轉型正義要處理的是過去威權專制體制的問題，那麼解決這問題的根源，就應回溯到國民黨創建威權體制的源頭，也就是民國十六、七年開始的訓政體制，而不只是二二八、白色恐怖時期。

話說民國建立後，雖然政局動盪、軍閥亂政，起碼採取的是西方三權分立、司法不黨（獨立）的政策。其後，在所謂的訓政時期時，爲了貫徹國民黨「以黨治國」的政策，不僅推行五權分立、黨權至上，還力倡革命民權、黨化司法理念。而「黨化司法」的結果，「黨義擬判」、「裁判黨化」成爲最高指導法理，「法院是國民黨開的」也就成爲自然之理。這些政策、法制隨著國民政府來台，在民主轉型前一直沿用，並成爲法官、檢察官養成教育的一環，研讀「蔣總統訓詞」、「革命哲學」成爲重要課程，許多現職司法人員都受過這樣的教育薰陶。

當然，這涉及司法人事清查部分，本是最難做的抉擇，有賴政治人物睿智的決定，但起碼應該調整美麗島案起訴檢察官林輝煌的職務。因爲十餘年來他做爲法官、檢察官養成教育的執行者，不僅長期繼續複製司法體系的醬缸文化，不願開設轉型正義的相關課程，而且始終堅持法官、檢察官合訓，讓院、檢一家親，無法發揮審檢分立制衡的功能。

其次，民國元年頒令：「現在民國法律未經議定頒布，所有從前施行之法律及新刑律，除與民國國體牴觸各條，應失效力外，餘均暫行援用」；十六年南京國民政府公布：「北洋政府所施行的法令，除與中國國民黨黨綱、主義或與國民政府法令牴觸者外，一律暫准援用」。按理在三十六年行憲時，許多與憲政民主、權力分立等思維牴觸的法制，應該檢討廢止。可是當時因爲國共內戰未能妥善處理，以致目前的許多法制理念，仍殘留著專制時代的思維。以裁判的拘束力爲例，司法僅能針對個案作裁判，基於「類似案件，相同處理」的法理，該案的法律解釋才能套用到類似的案件，我們卻因襲清朝專制皇權下「以例破律」的文化思維，創設全世界獨一無二的判例選編、總會決議制度，讓法官是依不合時宜的判例而非法律審判。

法官的人事決定應重視其意志與價值理念

例如，法官是人不是神，審判時難免會出錯，才有再審制度。我們所繼受的德國法制，每年裁定再審案件高達兩千件，我國卻只有五件上下。難道台灣司法比德國進步？原因所在，主要是受最高法院三十五年特抗字第二十一號判例的拘束，該號判例扭曲立法意旨，嚴格限縮開啓再審的要件。其依據爲何？是三十三年制定的《特種刑事案件訴訟條例》，依照該條例的規定，起訴是由警察機關決定，對於判決不得上訴，只能聲請覆判，覆判採書面審理。因爲違背正當法律程序，該條例廢止早已超過六十年，法官們卻還得依該判例繼續草菅人命，台灣司法怎會有公信力！

再者，既然法官決定法律的樣貌，則其人事任用茲事體大，但這卻是最爲國人所忽略的。我們一直中了華人社會的「遺毒」——害怕人民作主人、過度依賴科舉考試。怎麼說？現代文明國家的訴訟制度都採取自由心證原則，職業法官對於事實認定、法律解釋享有非常大的裁量權限，爲了監督制衡法官，先進國家除了創設檢察官制度外，大都設有人民參與審判制度。如此才可避免法官因爲特定的黨派、族群意識型態，而扭曲應有的法律解釋。民國元年開國第一案「姚榮澤殺人案」進行審理時，爲了展現我們是一文明國家，「示人以文明氣象」，在當時司法總長伍廷芳的堅持下，還採行了人民陪審。可是，即便現在建國已經一百多年，人民教育普及，我們的政府還是不相信人民，堅持推動只給你看、不讓你判的「觀審制」！

最後，「人，才是司法改革的根本」。按理，民主轉型後我們應該更關注法官的人事任用，而多數國家的法官不是透過選舉或國會選任，就是由多元組成的委員會決定，少有完全委由法官們自主決定者。然而，台灣的法官多數經由考試產生，其後的遷調也完全由法官們自己說了算，因此期別、年資成為主要決定因素；法官的意志、價值理念並不受重視。所以，當社會氛圍皆曰可殺時，誰在乎「法定職權說」是實務界的一貫見解！這才會有不經辯論的正當程序，唯「實質影響力」是斷的情況。又因為沒有經過公開、透明的辯論，人們不知這是最高法院法官的黨國意識在關鍵時刻發揮影響力，還是法解釋上所必然，難怪會批評「法院是國民黨開的」！

基於審判獨立原則，司法應該與政治力保持距離，但司法改革卻必須有政治力的支持，始能成功。台灣當前司法改革的困境，一方面在於許多改革法案欠缺轉型正義思維、機關本位考量，他方面在於司法沒有資源、掌聲，政治人物棄之如敝屣，以致許多法案一直躺在立法院裡。但人類的歷史經驗告訴我們，執政者如果不想在未來失去政權時，新的統治者可以利用司法、檢調來打擊、迫害他，那麼較保險的做法是：「自己先放棄對司法、檢調的控制，並戮力推動改革。」

期望在這二二八和平紀念日裡，社會各界能正視台灣司法的轉型正義功課！

2

檢察官不該是「追訴狂」

司法院賴院長應向全體檢察官道歉？

每年一月十一日是年度的司法節。猶記得一〇一年一月十二日《中國時報》報導了這麼一則新聞：「司法院長賴浩敏昨天表示，將推動檢察署名稱『去法院化』；法務部政次陳守煌強調，法務部『不能接受，堅決反對』，他認爲司法改革經緯萬端，要改革的問題有很多，『用不著急著要先改掉別人機關的名稱吧』。賴浩敏昨天滔滔不絕大談檢察署『去法院化』是今年司法院推動的重點法案，令應邀出席的法務部長曾勇夫、政次陳守煌等大感尷尬。大多數檢察官對此頗不以爲然，有資深檢察官說，如果司法院將此舉標榜爲司法改革『成果』的話，『那司法改革未免太廉價了』。」

如果這則新聞報導無誤的話，賴院長豈不捅了馬蜂窩，得罪了一大票的檢察官？因爲了解我國司法生態的人都知道：從六十九年審（法官）、檢（檢察官）分隸後，院（司法院）、部（法務部）或審、檢長期存在「機關對抗」的問題，隨時處於既聯合又競爭對抗的微妙關係，賴院長此言一出，勢必引起檢察體系的強烈反應。

賴院長，您失言了!?

果然，中華民國檢察官協會隨即於一〇一年一月十六日發表〈賴院長，您失言了!請向全體檢察官道歉——中華民國檢察官協會對司法院的抗議聲明〉一文。大意是：「我們對於賴院長此一嚴重偏離事實的不當發言表達抗議，並要求爲此一失言，向全體檢察官道歉！」至於主要內容則爲：

我們始終認爲，法官、檢察官在司法程序中所扮演的角色猶如車之兩輪，雙方對司法改革所承擔的責任應是榮辱與共、禍福相倚的；沒有健全的檢察體系，就不可能有獨立、公正的審判；而審判如果失去人民的信賴，檢察官亦不可能獨享榮耀；法官與檢察官都是站在同一條船上的司法人，唯有院、檢雙方都能充分自省、激濁揚清以致力改革，才能獲得人民的信賴與支持。我們亟盼賴院長能立於「司法爲民」的高度，尊重國家設立檢察官之檢察制度，摒除對檢察系統的偏見，更用心與法務部共同研商「有感」的司法改革方策，創造法院、檢察署、人民三贏的司法新局！

對此，賴院長在《法官論壇》上回應表示：「浩敏一向重視院檢雙方互動，也致力於維繫彼此良性關係，以共同推動全民司法改革的理念。一〇一年一月十一日本院年終記者會結束後，浩敏應部分媒體詢及對於檢察機關名稱去法院化的看法，表示以下觀點：（一）審檢分立係司法院一貫司改主張；（二）由於民眾經常收到地檢署傳票跑到法院來，弄不清楚，確實有從名稱上區別院、檢之必要；（三）因此檢察機關名稱去法院化，可避免民眾混淆不清，並釐清院、檢責任歸屬；並無『許多民眾對檢察官的不滿全誤為司法弊病，讓法官被污名化』的說法。對於　貴協會所產生的誤解，深表遺憾。」

檢察官、法官的角色

檢察官協會所謂：「法官、檢察官站在同一條船上」、「法官、檢察官在司法程序中所扮演的角色猶如車之兩輪」的說法，果眞如此？要回答這問題，就要從檢察官制度的成立說起！

看過包青天神話故事、戲劇的國人，應該不曾看過劇情中有人扮演「檢察官」的角色，因為這位青天大老爺，是一人同時身兼警察局長（或法院警長）、檢察官、法官與監獄行刑官等多重角色，可謂權力集於一身。而事實上，傳統中國法以相信地方官的賢德作為前提，確實將近代西方法上所稱的檢察與審判權力，一併交給愛民如子的地方「父母官」來行使，亦即採用所謂的「糾問制」，故不必設置專行「控訴」的檢察官。這樣一人同時肩負犯罪追訴、審判與執行等多重任務的情況，並非華人社會所獨有。基於權力分立（審、檢分立）而設置的檢察官，乃是人類基於「權力使人腐化，絕對權力絕對腐化」的歷史慘痛經驗，於十八、九世紀方始在世界各地陸續形成。

現代的檢察官制度，乃「革命之子」及「啓蒙的遺產」，誕生於法國一七八九年的大革命，正式奠立於一八〇八年的《拿破崙治罪法典》，隨後拿破崙東征西討，順勢讓這新創的檢察官制度在各地萌芽滋長。歐陸各國創設檢察官制度的主要目的，在於：（一）廢除過往的糾問制度，法官不再一手包辦刑事的追訴與審判工作，希望藉由訴訟分權模式，以法官、檢察官彼此監督節制的方法，保障刑事司法權行使的客觀性與正確性；（二）以一受嚴格法律訓練及法律拘束的檢察官，控制警察活動的合法性，擺脫警察國家的夢魘；（三）守護法律，使客觀的法意旨貫通整個刑事訴訟程序，而所謂的客觀法意旨，除了追訴犯罪之外，更重要的是保障民權。

檢察官的職責爲何？《中華民國憲法》第七章「司法」（第七十七條至第八十二條）雖就法官的職權、身分地位保障有所明定，卻未就檢察官有何隻言片語的說明。而依《法院組織法》第六十條：「檢察官之職權如左：一、實施偵查、提起公訴、實行公訴、協助自訴、擔當自訴及指揮刑事裁判之執行。二、其他法令所定職務之執行」的規定，顯見檢察官主要在從事犯罪的偵查、提起公訴與判決的執行。也就是說，在「控訴原則」下，由檢察官擔任控方，決定是否提起公訴。至於所謂「其他法令所定職務之執行」，主要是在扮演「公益代言人」的角色，像《民法》第三十六條規定檢察官得就違反法律、公共秩序的法人組織，向法院聲請宣告解散該法人。

實際上，檢察官的主要職責，還是在犯罪的偵查、起訴（提起公訴）、到庭論告（實行公訴）、上訴與判決的執行。簡單的說，檢察官因爲被害人的告訴、人民或公務員的告發、加害人的自首或其他情事知有犯罪嫌疑者，應即開始犯罪的偵查。偵查的結果，認爲被告沒有犯罪嫌疑時，應爲不起訴處分；認爲被告有犯罪嫌疑，而達到起訴門檻者，應向法院提起公訴；認爲被告有犯罪嫌疑，但在符合一定情況，且要求履行一定事項（如命被告向被害人道歉、賠償或從事義務勞務）下，則可給予被告附條件的緩起訴。被告在緩起訴處分期間屆滿後，如緩起訴未經撤銷，被告就終局獲得不起訴的利益。

其中，提起公訴的案件就繫屬於法院，由法官基於「不告不理、告即應理」的法則，就檢察官起訴的犯罪事實部分加以審判，檢察官則必須到法庭與被告、辯護人就認定事實與法律適用程序進行辯論。而在認定事實過程中，常常需要調查證據，檢、辯雙方交互詰問證人即是最主要的工作內容之一。到了法庭辯論的最後階段，檢察官還可以視情況對被告具體求刑，不過，檢察官的求刑並無拘束力，僅是促請法官注意而已。法官作成判決後，檢察官、被告如不服，都可以依法提起上訴。俟該案未提起上訴或用盡救濟管道而判決確定後，法院就將案件移回檢察署，由執行檢察官依有罪、無罪情形而分別執行判決的結果。

法官、檢察官站在同一條船上？

由此說明可知，現代刑事訴訟制度是採行「控訴原則」，其基本原則是「無控方之起訴，即無法官之裁判」，即所謂的「不告不理」原則（「不告不理、告即應理」）。因而，檢察官理所當然成爲控制法官裁判入口的把關者，肩擔大任，自此法官被侷限於被動消極的角色，因爲沒有檢察官的偵查、起訴，法官即無從裁判。而既然是審、檢分立（分別設置），彼此間是權力分立與監督制衡的關係，檢察官不服法院判決時也可以提起上訴，爲何會有賴院長所稱「檢察署去法院化」的問題？

原來，《法院組織法》第六十一條雖然明定：「檢察官對於法院，獨立行使職權」，但因爲各法院與檢察署通常合署辦公（同在一棟大樓內），而且各檢察署都在名稱前面加上「某某法院」字樣（如「台北地方法院檢察署」），難怪司法院所做「九十九年一般民眾對司法認知調查」結果顯示：能完全了解法官和檢察官的行政隸屬及職權範圍的民眾僅占一成八。其中，職權範圍回答正確者有八成一；行政隸屬僅一成九回答正確，高達七成二民衆誤認檢察官隸屬司法院。

檢察官不是隸屬司法院嗎？不是！

我國檢察機關的組織原理，自清朝制定《法院編制法》以來，即透過日本仿效歐陸法制，採行由上而下的階層式建構，即國內通稱的「檢察一體原則」，這與法官職務的強調「審判獨立原則」，完全不同。因此，我國自有檢察制度以來，檢察官都是隸屬行政部門（法務部）。在此依行政機關建構的組織下，上命下從，上級檢察首長就下級檢察官不但有職務監督權，也有職務收取權與職務移轉權，下級檢察官則有相應的服從義務與報告義務。不過，爲避免政治勢力介入檢察事務，目前通說認爲法務部長僅有「檢察行政事務」（如預算編列、分配及人事）的指令權而已，「檢察事務」指令權是由最高法院檢察署檢察總長所掌理。

審、檢分隸的歷史

其實，誤解檢察官隸屬法院、司法院的，不只是普羅大衆。筆者的法官助理就任不久時，即曾誤以爲「台北地方法院檢察署」是「台北地方法院」的一個內部單位，甚至也曾在法庭上聽到辯護律師向筆者稱：「『貴署』檢察官的起訴書」。而造成這種問題的根源，除了名稱外，也與我國的司法、檢察歷史有關。茲將最高法院檢察署網頁上對該署沿革的說明臚列於下：

我國昔日舊制，行政統攝司法。清末變法，光緒三十三年定大理院官制，將原有之大理寺改為大理院，為全國最高終審機關，置總檢察廳與之對立，相當於今日之檢察署。民國十四年國民政府成立於廣東，設大理院，配以總檢察廳。民國十六年國府奠都南京，於十月二十五日公布《最高法院組織暫行條例》，依該條例第六條規定，最高法院置首席檢察官一員、檢察官五員，依法令之所定處理關於檢察之一切事務。民國十七年十一月十七日國民政府公布《最高法院組織法》，而於該法第六條規定，最高法院配置檢察署。目前最高法院檢察署之名稱，始見諸於法律明文……。在審級上仍與最高法院同列於第三審地位，但在行政系統上隸屬於行政院所屬之司法行政部，最高法院則隸屬於司法院。自六十九年七月一日實施審檢分隸，最高法院檢察署連同台灣高等法院檢察署及其轄下各級檢察署正式隸屬法務部，原隸屬司法行政部之高等以下各級法院改隸司法院，使我國司法制度邁入新境界，期能共同達成維護法紀，弘揚法治之神聖使命。

由上述說明可知，在「六十九年七月一日實施審檢分隸」以前，台灣高等法院以下各級法院原隸屬於司法行政部（現今的法務部）。也就是說，在三十六年實施憲政後，《憲法》第七十七條雖明定：「司法院爲國家最高司法機關、掌理民事、刑事、行政訴訟之審判及公務員之懲戒」，惟掌理民、刑事訴訟審判的各級法院，仍沿襲舊制，由行政院的司法行政部監督，致台灣高等法院仍隸屬於行政院。

職司審判工作的法院竟隸屬於行政部門，明顯與《憲法》第七十七條規定的精神不合，經司法院大法官於四十九年八月十五日作成釋字第八十六號解釋，闡明：「憲法第七十七條所訂司法院爲國家最高司法機關，掌理民事、刑事訴訟之審判，係指各級法院民事、刑事訴訟之審判而言。高等法院以下各級法院及分院，既分掌民事、刑事訴訟之審判，自亦應隸屬於司法院」後，前司法行政部才開始推動審、檢分隸工作。延宕近二十年，終於自六十九年七月一日起正式實施審、檢分隸（分別隸屬不同組織部門），高等法院以下各級法院遂改隸司法院監督，開創我國司法史上嶄新的一頁，使司法制度更臻健全，審檢功能益見發揮。

檢察署去法院化是朝野共識

話說回來，法院、檢察署要不要分家？其實，立法委員早已注意到這個問題，九十五年十一月間呂學璋、雷倩、劉盛良、尤清、郭林勇等五十五位跨黨派的立法委員，即提出《法院組織法》修正案，主張檢察署去法院化。該提案的主要理由是：自六十九年審檢分隸以來，各級檢察署是隸屬於法務部的獨立機關，與司法院或各法院間僅有業務上往來，並無從屬關係，且法官與檢察官的職掌不同，角色功能亦異，有分別定位的必要。如果這項修法成功，現行的台北地方法院檢察署，將更名爲台北地方檢察署；台灣高等法院檢察署，將更名爲台灣高等檢察署；最高法院檢察署則改爲最高檢察署。可惜的是，該提案始終未能完成立法程序。

究其原因，乃是法務部的反對。法務部反對的主要理由，其實並非法務部政務次長陳守煌在回應賴浩敏院長所說的：「國內法律知識已有提升，不會有兩單位混駁的誤解，沒有檢察署名稱『去法院化』的必要」，而是法務部或多數檢察官擔心一旦檢察署「去法院化」，立法委員或民意的下一步，一定會推動「檢察官去司法化」。屆時，檢察官失去「司法官」屬性，不僅政治力更容易介入檢察事務，連帶現有薪資中的「司法加給」，可能也會一併被拿掉。而法官、檢察官的薪水中，本俸並不比一般公務員高，高的是司法加給。如此豈非權、錢兩失？

原來，我國繼受歐陸法系許多國家的作法，承認檢察官具有「司法官」屬性，並將法官、檢察官並稱爲「司法官」。其中，司法院釋字第十三號解釋即闡釋：「憲法第八十一條所稱之法官，係指同法第八十條之法官而言，不包含檢察官在內。但實任檢察官之保障，依同法第八十二條及法院組織法第四十條第二項之規定，除轉調外，與實任推事同」，其目的即在保障檢察官的人身與事物之獨立性，不受任何外力的不當干預。

另外，配合審、檢分隸政策而制定的《司法人員人事條例》，即於第三條規定各級法院、檢察署的法官、檢察官均屬於「司法官」。同時，該條例第九條、第二十七條明定經司法官考試錄取人員，於接受司法官的學習、訓練後，得派任為法官、檢察官。至於其訓練事宜，則由司法院會同考試院及行政院設訓練委員會決定其訓練方針、訓練計畫及其他有關訓練重要事項，交由法務部司法官訓練（已改名為法務部司法官學院）所執行。而依據《法務部司法官學院司法官訓練規則》的規定，司法官訓練期間定為一年六個月至二年，訓練成績及格者，由司法院及法務部依相關規定分發各地方法院或檢察署服務。

如何決定司法官訓練及格者應派任為法官或檢察官？目前的作法，是由學員依結訓成績依序選填志願。如果未能如願者，因為《司法人員人事條例》第十七條明定：「法官、檢察官之互調辦法，由司法院會同行政院定之」，因此，司法院、法務部每年都會辦理法官、檢察官的互調。而在過去，尤其在審、檢分隸以前，院、檢一家，法官、檢察官的人事遷調事務統一由司法行政部負責，常可見某人在法官、檢察官職務間不斷調動，才會讓人有法官、檢察官一家親的錯覺。

以身爲檢察官一員爲榮

法官、檢察官兩者在角色、功能與倫理分際上，確實不同，彼此間甚至還是監督制衡的關係，而因爲歷史因素與名稱問題，多數國人誤解兩者的角色與行政隸屬關係，也是事實。正本清源之道，自然是檢察署「去法院化」。而審、檢分隸實施近四十年，卻猶未能完成改革，問題當然在於審、檢系出同源，也就是同樣的司法官考試及格、一起集中訓練所產生的期別倫理文化。正因爲大家礙於情面，無法斷然割捨，以致人民迄今仍然搞不清楚院、檢，總誤以爲檢察官起訴，即意味被告已經被定罪，甚至誤以爲檢察官的求刑，即是被告被判的刑度。

然而，當《法官法》制定通過後，推動多元化法官進用管道，已是既定政策，在可預見的未來，將有爲數不少的法官是出身律師或學者；而且依該法第七條：「初任法官者除因法官、檢察官考試及格直接分發任用外，應經遴選合格」的規定，未來法官、檢察官不能再直接辦理互調轉任，亦即檢察官申請轉任爲法官時，必須經由法官遴選委員會的遴選合格，則在學者、律師、考試院代表等外部委員占多數的法官遴選委員會審查時，審查的標準將是著重在候選人的人格特質、品德操守與敬業精神上，系出同源的因素將減至最低。據此，顯見在後「法官法」時代，檢察官的心態必須有所調整，必須認知到應該靠自己的敬業樂群，贏得人民的信賴，而不是將自己的職業尊榮依附在「司法官」這虛名上。

在賴院長主張檢察署「去法院化」的新聞見報後，一開始雖引起不少檢察官的質疑聲浪，卻也有樂在摘奸發伏、伸張正義工作的檢察官，發表了正氣之論。芝加哥大學法學博士、長期在家鄉服務的澎湖地檢署吳巡龍檢察官，即在《檢察官論壇》發表〈地檢署去法院化有什麼不好？〉一文，引起檢察官們的熱烈迴響。他的一番高論，為這場爭議下了最好的定論。筆者特別擇要轉載吳檢察官的文章於下，並藉此向他表達敬意：

有什麼職位像檢察官一樣收入無虞並可盡力維護公益、伸張正義……檢察官工作充滿挑戰，可指揮司法警察積極多作有益社會之事，只要有心，檢察官工作會把我們訓練成勇敢的戰士……分權制衡乃為民主法治的大原則，不僅行政權需要分權制衡，司法權也需分權制衡……檢察官即是在司法分權之需求下所產生之制度，與法官分別擔任追訴者及裁判者之角色……我以在地檢署上班、身為檢察官一員為榮，不想沾法官的光，也不願被誤以為在法院上班……我並不擔心檢察官會喪失司法屬性，我認為台灣社會已深刻了解檢察權非常關鍵，不可能修法使檢察官成為完全上命下從的行政人員……這十多年來檢方雖然丟掉許多強制處分權，但也增加起訴裁量權（緩起訴處分）。人生百態，我個人對權力消長無悲無喜，順其自然。

截至目前為止，一如其他司法改革議題，所謂「檢察署去法院化」的改革法案，多年來不見蹤跡。其中原因除了司法沒有資源、掌聲，政治人物棄之如敝屣外，更重要的原因則是我國採取五權分立制，我國有舉世罕見的雙元司法行政系統，也就是司法院、法務部各掌有一部分的司法行政業務，以致許多改革議題都因為機關本位考量、「院部之爭」而遲遲無法推動。「檢察署去法院化」既然涉及法務部的執掌，司法院、法務部必然爭執不休，怎可能排得進立法院會審查。而這種法官、檢察官之爭，已經吵了一百多年了，何時才有個終止之時？

一〇三年年底九合一大選後，修憲議題浮上檯面。除了研議選舉年齡降為十八歲外，修改政府體制也成為朝野人士倡議的話題，尤其是檢討五權分立之制。從前面「部院之爭」的說明可知，五權分立制確實該廢止了。筆者希望在修憲時檢察權能夠入憲，以確保檢察權行使能不受政治部門的干預，但檢察權還是應該放在行政體系，並授權制定攸關檢察官身分、職權行使的「檢察署法」、「檢察官法」。至於司法院則應廢除，另行成立憲法法院，並將它原先掌有的法律提案權回歸法務部，其餘權限則劃歸最高法院，成為名副其實的最高審判機關。如此，方能建構一個真正符合分立制衡、權責相符、以確保人權為終極目標的審判制度，並終結百餘年來的部院之爭、院檢對抗的情況。

從檢察總長遭判刑看檢察權與政治的互動

紛紛擾擾多時、引爆所謂「九月政爭」的黃總長洩密案，宣判了！一如法界的預期，黃總長因爲違反偵查不公開、無故洩漏監聽所得的資料，而被判處有罪。本件判決的最大意義，在於昭告檢察官們：辦案時不可以爲了追求實質正義，而罔顧程序正義。

黃總長因爲偵辦國會議長關說案件而遭判刑，他的前任陳總長也因爲與政商名流間邀宴往來，而遭彈劾解職。二位總長都是經總統提名、立法院同意後任命，如今竟都因爲與政治力間往來互動的問題，而必須在任期屆滿前去職。究竟檢察體系出了什麼問題，作爲關心台灣社會法治發展的人，實在應該詳細探究。

檢察總長經由國會審查，原是爲配合成立特偵組而於九十五年間修法的。它的制度原意，是希望讓總長的任命更具民主正當性，更具超然獨立的性格，確保他得以不受政治或其他勢力的影響；特偵組的設置，則意在搭配總長任命方式的改變，建立一個性質上接近「獨立檢察官」制的組織，以確保檢察官能集中資源，有效打擊高官權貴的貪腐行為。也就是說，新制原是希望讓檢察權與政治力保持距離，以確保檢察權的獨立行使。這法案的通過，是我國於清末民初創設檢察官後的最大法制變革，當然有其時代背景，也就是過往政治力對於檢察權嚴重干涉的不光榮歷史。

然而，檢察權行使與政治間本具有高度的糾葛關係，甚至是緊張、相生相剋的關係，因為檢察權負責犯罪的追訴，其績效良莠，深深影響一國刑事政策的落實與社會治安的好壞，則負有執政成敗責任、該定期接受選民檢驗的政治人物，當然不希望檢察權獨立。何況握有權勢的政治人物如果想要為惡，總覺得檢察官有如芒刺在背；如果想要利用檢察權打擊異己，則想將之納編為己用，也都不容許檢察權完全超脫於政治部門的控制。

兩位總長先後遭到彈劾、判刑，都是因為與政治力間糾葛不斷而起。這告訴我們：「政治」是對權力的競逐，「法」（或司法）與「政治」之間本就注定難分難解；與其刻意的與政治保持距離，或追求莫名所以的「檢察獨立」，還不如思考該如何以合理的方式，在具體案件中實現法規範的要求，而不摻雜不應考量的因素（如政黨政策、檢察人事鬥爭等）。

如何確保法規範的適用不被政治利益所操弄？台北大學法律系教授陳愛娥即表示：「檢察權行使涉及法律的解釋與適用，自然應善用以法釋義學為核心的法學論證方法。法釋義學追求的法律適用目標就是根據合理的、可得事後審查的程序來取得結論，以確保法律的明確性與可預見性，而不只是爲決定而爲決定。」也就是說，檢察官應該以合理論證來確保檢察權行使的「政治中立」，恪守他於個案中實現立法決定的職務要求。

基於這樣的認知，就可以知道黃總長以《憲法》第四十四條作爲向馬總統報告的依據，是多麼的荒誕不經，因爲少有法政學者認同這樣的解釋。而依照法務部的資料顯示，八十九年迄今，即便設置爲偵辦重大貪瀆案件的黑金中心或特偵組，檢察體系偵辦貪瀆案件定罪率偏低的情況，並未有所改善。原因無他，「檢察官辦案，就好像放煙火一樣，只要剎那間光芒四射即可，後面的結果是法院的事」的辦案文化，深植檢察官之心，也就是檢察官從不思以縝密的偵查、周延的法律論證說服法院。

總而言之，黃總長洩密案告訴我們：檢察權與政治之間，不用刻意的保持距離，只須遵守正當法律程序，以合理的方式，在具體案件中實現法規範的要求即可。

讓「檢察官治國」留在歷史記憶裡

檢察總長黃世銘將尚在偵查中的案件資料、後續偵查作爲計畫，拿去面報馬總統，被依洩密罪起訴。對此，有人提出種種的陰謀論，說總長是總統的打手、起訴總長是斷尾求生等等；但我們何不妨藉此檢視檢察官的辦案文化出了什麼問題，該如何謀求解決？

從清朝頒布《大理院審判編制法》，引進檢察官制度以來，迄今已百餘年。這段期間固然曾有人主張檢察官不主動追訴犯罪而應廢除檢察權者，但其實絕大多數時候檢察官是積極追訴犯罪的。多數國人所擔心的，反而是檢察官可以主動偵辦案件，又享有強大的強制處分權力，如果控制不當，成爲脫韁野馬，尤其檢察官常會遇到政治人物的案件，一旦成爲執政者的統治工具，屆時社會將面臨難以承受的動盪。

這次特偵組監聽國會議長疑涉關說司法的事情，引起了所謂的「九月政爭」，難怪很多人擔心「總長是馬總統的打手」。不過，這顯然是不了解台灣檢察制度發展的歷史及當前檢察體系的辦案文化、問題所致。

「檢察官治國」之譏

在以前國民黨威權統治的時代，勵行「黨化司法」政策，司法院長是國民黨中常委，各級檢察長有許多人是中央委員，歷任總長中任期最長者，確實也是國民黨黨工所轉任。然而，隨著解嚴、政治民主化的發展，八十年代起陸續發生「還我自治權」、「檢察人事制度民主化」等司改、檢改運動後，法院、檢察體系已經陸續回到法治常軌，扮演其憲法所賦予的審判獨立、檢察官中立的角色。否則，如果說檢察官還是統治者的工具或檢調都是偏藍的，該如何解釋扁政府時期既起訴了馬英九的特別費案，又起訴了吳淑珍的國務機要費案，何況這並非單一個案。

只是，回到檢察官中立的角色，只是檢察權正常化的第一步，人們對檢察官的期待，還有「力求眞實與正義」。因此，檢察官不應只片面的追求實體正義，而更要在乎程序正義。畢竟檢察官的權限強大，稍一不愼傷害的絕對是無辜人民的名譽、自由。

可惜的是，長期以來多數檢察官們只在乎實體正義，爲達目的，不擇手段，更缺乏憲政思維。以這次監聽國會議長爲例，明明涉及隱私權保護、國會自律、權力分立等憲政問題，黃總長竟以法務部自行訂頒的辦法，成爲糾舉行政不法、面報總統的依據。而這種追訴狂、法匠思維，不僅讓許多無辜人民受害，也常發生羈押、起訴了許多政商名流、朝野政治人士，最後卻紛紛被法院判決無罪，而且要成爲總統候選人都要先經過檢察權的洗禮，難怪會有「檢察官治國」之譏！

當年，檢察官起訴了調查局長，情治首長只知效忠執政者的局勢終於改觀，完成了法院、檢警調只忠於國家、人民的最後一塊法治拼圖。而今，台北地檢署起訴了檢察官的龍頭，希望所有的檢警調人員都能深記程序正義才是法律人辦案的天條；同時，也期望檢察體系這一權力自走砲終於能夠納入憲政秩序的常軌，讓檢察官治國留在歷史記憶裡！

偵查秘密底下可能隱藏的違法濫權

九十八年十月間，我參與了一件社會矚目卻詭異的開庭。說它詭異，是因爲辯護律師們連起訴書都不敢拆封、閱覽，他們擔心連起訴書都被核定爲國家機密時，不僅會遭限制出境，還要負擔無法預期的責任。起訴書攸關刑事被告的資訊請求權、受律師協助權，卻可能被核定爲機密，實在少見，可見本件涉及極重要的國家機密。第一次開庭由三位法官合議審理，目的即在解決哪些文件是屬於機密、如何閱卷等事宜。

既有如此爭議，作爲陪席法官的我，當然是在開庭時，才第一次看到起訴書。這是唯一的一次，日後因爲調庭的關係，我沒有再參與這案件的審理，起訴書也繳回了。但是，當我當庭看完起訴書後，心中即起了疑惑：按照相關的卷證資料，可以判被告有罪嗎？果然，經過一審同仁審理後，判決二位被告無罪，檢察官上訴後，二審維持，最後該案即以無罪定讞。

怎可爲了當辦案英雄而洩密

案情是這樣的……喔！我要事先聲明，以下簡介來自媒體的報導，我怕目前無人可以制衡、秘密與否由他們說了算的檢察體系，也像對付周占春法官一樣，以洩密罪起訴我。因爲周法官無罪確定後，當年「仰承上意」起訴周法官的李嘉明檢察官不僅沒有任何責任，還高升爲高檢署檢察官。話說回來，在本案中，檢方指控前國安會秘書長邱義仁捏造「安亞專案」，詐領五十萬美元，前外交部次長高英茂配合，指示外交部撥款，二人涉犯詐領公有財物罪。檢方並以重罪、有串證之虞爲由，聲請羈押邱義仁，法院於九十七年十月三十一日裁准。

「辦倒」了高官要員，按照台灣檢調的辦案文化，必有「英雄」出現！不出所料，十一月二日的《聯合報》報導：「市調處清查『安亞專案』相關經費流向，起初未發現五十萬美元旅行支票在拉斯維加斯賭城兌現，但女調查員劉晉嘉『辦案心思細膩』，在過濾資金明細時，發現旅支背後蓋的賭場公司英文戳章，因而查出邱義仁詐領公帑的事證。同日的中天新聞跟進報導：二十九歲辣妹女調查員，逮前情報頭邱義仁。」而今，上YouTube還可查到這則新聞報導。

這種違反偵查不公開的行爲已經要不得了，還有更嚴重的！十一月六日出刊的《壹週刊》進一步報導：「邱義仁所執行的『安亞專案』，主要用於買通前WTO秘書長蘇帕猜。正在偵查中的機密外交竟遭媒體披露，不僅牽涉到是否洩露國家機密的問題，也嚴重影響WTO聲譽及台灣的外交推展。」因此，同一天中央社即有一則報導：「特偵組今天立即簽分洩密案，追查公務員洩密及記者是否違反『國家機密保護法』，近日將傳喚相關人員到案說明。」然而，特偵組在同日提訊被告後，翌日的《中國時報》仍報導：「據了解，邱義仁仍堅稱五十萬美元確實資助泰國政要蘇帕猜。」

檢調的違法濫權應受到究責

許多教科書告訴我們：「檢察官是最客觀獨立的公署，可以監督法官、制衡警調人員，以保障人權、捍衛社會公益。」然而，台灣的檢察體系更像不受控制的權力自走砲，辦案時屢屢無辜傷人。除了本案外，他們起訴了李登輝、馬英九、呂秀蓮、彭百顯、謝清志、葉昌桐、石守謙……等等，甚至連他們昔日的長官施茂林都起訴了。這些人或是國家元首，或是縣市長、部會首長、總司令、社會名流，一個個被起訴後，都獲判無罪了。有哪個國家的檢察官可以如此技拙人膽大？出了這麼多錯後，卻沒有人受到問責！

案發當時林濁水先生曾投書媒體，指出他們曾經按鈴申告特偵組洩密。這些洩密案辦得如何？誰知道！邱義仁在獲判無罪確定後，聲請了刑事補償。如今，冤賠早已確定多時，司法體系依法啓動了究責機制。而負責撰寫調查報告的高院庭長黃瑞華不護短，指出本案檢調人員疑涉有濫權追訴的問題。請問，調查結果完成這麼久了，犯罪偵查程序啓動了沒？請公布起訴、不起訴結果，別再行政簽結，也別又隱藏在自己說了算的偵查秘密底下了！

行政簽結中影案 檢察官經得起檢驗？

眾所矚目、疑涉犯罪的國民黨黨產處分案，也就是俗稱的「三中」案，在經過七年多的偵查後，最高檢察署特偵組以「未發現有涉嫌犯罪之具體事證」爲由，簽報他結。特偵組雖然一反檢方慣例，提出洋洋灑灑近四十頁的新聞稿，說明查證結果，並製作問題說明對照表，卻仍引來「特偵組用國難護航國民黨不當黨產，法界也強烈質疑簽結時機」的批評。

簽結時機不對？何時簽結才恰當？這種批評不值一哂！然而，以筆者承審過中影案的經驗來看，檢方確實並未完全釐清爭議。由筆者擔任受命法官的合議庭在受理中影公司自訴被告吳成麟等三人涉嫌僞造文書的案件時，雖然因罪證不足而判決被告三人無罪，仍於一〇〇年間就其中發現疑涉犯罪的事情，向士林地檢署提出了告發。

其一，曾任中影公司董事長的蔡正元於九十年間設立、增資阿波羅投資公司時，於股款匯至公司帳戶完成驗資後，隨即將資金轉出，與其他未實際繳納股款而違反《公司法》的犯罪情節雷同。該案經檢察官起訴後，因相關帳冊已逾保存期限，且證人不復記憶，加上蔡正元提出他將所持有阿波羅投信公司股票出售予阿波羅投資公司的相關事證，法院遂判決他無罪確定。基於「罪證有疑，利於被告」的法則，這判決結果可以被接受。可是，依國稅局提出的資料，蔡正元出售股票後，當事人申報繳納證交稅的股權金額，與阿波羅投資公司設立登記的資本額，相差八百萬元，也就是短報證交稅。請問，當事人有補繳證交稅並接受裁罰嗎？

其二，針對中影公司經營權之爭，台北地方法院另案選派洪姓會計師爲檢查人，檢查中影公司的業務帳目及財產情形。會計師檢查報告書「綜合結論」欄中載明：「九十五年度中央投資公司出售持股，乃是中影公司爭議之焦點及導火線，其中蘊含著驚人的利益及可操作性」，並舉出九大疑點。

其中，較爲重要的包括：一、賣方於買方付出第二期款後，即轉讓全部股權，買方全面掌控中影，可運作以資本公積無償配股轉增資，並立即減資退回現金，再用該現金去繳各期買賣價款，意味買方零出資而擁有龐大股權利益。二、以十元現金增資是否合理？有否圖利特定人士？三、中影公司擁有可觀的房地產，主約訂有利潤分享條款，言明在某項資產售價超過某個金額時，賣方可分得利潤，且有優先介紹他人承購之權。中影公司是有良好會計制度的公司，它出售資產後錢入公司，如何能分配利潤予賣方？是否隱含著暗盤交易的存在？

以上是一位理應公正、客觀、具專業的會計師所出具的報告內容，意味就中影公司股權交易及蔡正元入主中影公司後所爲增、減資決策，有違反一般交易習慣及經營常情的疑慮。法院受「不告不理」原則的拘束，只能移由檢察官查明眞相。孰料，特偵組的新聞稿卻是：「中影公司以資本公積轉增資無償配股，再以該配股同樣數額減資取得現金，去繳各期股款……經台北地院選認之中影公司檢查人洪○德會計師於九十六年六月十二日檢查報告書載明並到庭證述在卷，且相關交易過程查無不法。」如此理由說明，經得起檢驗？已釐清會計師的質疑？

中影案有沒有人涉嫌犯罪？筆者並不知道。只是，特偵組以程序有爭議、用說理不足的方式結案，難杜悠悠之口！監察院早於一〇一年間通過糾正案，指出法務部以行政規則准他案以行政簽結，不僅違反法律保留原則，而且妨礙被告防禦權、證人拒絕證言權及告訴人訴訟權益，並發生各檢察署藉故拖延未結的缺失。原是爲解決各地檢署面臨濫告、微罪所發展出的行政簽結制度，怎會成爲特偵組冗長偵查後的結案方式？難道是擔心證據攤開來後，無法承受公衆的檢驗？

華人社會久浸於包青天文化，之所以引進檢察官之制，在於認同孟德斯鳩所言：「要防止濫用權力，就必須以權力約束權力」，故有必要審、檢分立，讓法院、檢察官彼此監督、制衡。而今，在沒有經過法院任何審查的情況下，檢察官的不起訴處分有終局的確定力，其正當性早已備受質疑；而行政簽結更是連正式對外公開、給當事人書面資料都沒有，特偵組竟用以終結遭詬病已久的「三中」案！誰說適宜？檢察官們，如果自認偵查已經完備，同時爲避免當事人他日再面臨訴追的危險，不妨大膽的起訴或不起訴，接受各界的檢驗吧！

如果繼續縱容檢警人員放話——割喉案的眞相

媒體報導曾向警方嗆聲「殺一、二個人不會判死」的割喉案主嫌，繼一審之後，二審也同樣獲判無期徒刑。對此，引起不少民衆的憤慨，類似「司法已死」、「恐龍判決」的言語，再度出現在衆多的公共論壇。

如果你是法官或陪審員，看到被告持刀隨機對兒童割喉，你會不會判他重刑？當然會！會不會判他死刑？如果你是理性的，你應會依照相關規定，審酌被告的犯罪動機、目的、品行、生活狀況、犯後態度等各種狀況，再做決定。

如果你知道被告從小父母離異，國小畢業後開始當童工養活自己，因爲長期從事焊工，以致眼睛壞掉、肩膀習慣性脫臼，並患有潛伏型精神分裂病、重度憂鬱症；先前曾有四次自殺未遂經驗，案發前因爲與女友分手而病情加重，想要自殺卻又怕死，聽聞有人殺害兩、三人被判死的訊息，遂起意想要殺害較無抵抗力的幼童，以便達成受死的目的時，你會不會判他死刑？如果你有悲天憫人的情懷，相信這是一個難以抉擇的課題，久久無法做成決定。

內心何必這麼煎熬與交戰！當檢察官或警察私下接受記者採訪，透露被告說過：「殺一、二個人不會被判死刑」、「要吃免錢的牢飯而殺人」的話，再經由傳媒報導時，想必是群情激憤，衆人皆曰可殺。這種經由檢警調人員放話而形成輿論審判的戲碼，台灣社會可是屢見不鮮、一再上演。問題是：「事情有這麼簡單嗎？」具有理性思辨與判斷能力的你，是否該先釐清事實發生的脈絡？被告是在什麼情境下講出這樣的話？他的眞意爲何？

還好，法官沒有隨著輿論而起舞。二審法官仔細的勘驗被告在偵訊時與檢察官對話的內容，查得實情是：被告擔心「只殺一人，計畫失敗」，如果沒被判死刑怎麼辦？於是用比較輕蔑的口氣，說殺人動機是「想吃牢飯」，想引起檢察官的反感，當檢察官回他：「想吃牢飯！如果被判死刑，不就吃不到了？」時，被告的反應卻是「眼睛一亮」。也就是說，經由當庭勘驗的結果，幾位學有專精的鑑定醫師一致認定：被告殺人是爲自殺的說法可信，殺人吃牢飯的說法不可信。

被告犯罪的動機釐清了，你認爲被告還是該被判處死刑？每個人有不同的價值取捨，但顯然不再會是檢警人員放話時所產生的群情激憤。檢警人員的放話行爲違反偵查不公開，顯而易見。本案符合偵查不公開的例外，也就是籲請民衆協助、澄清視聽、向逃匿嫌犯傳達訊息、宣示政府查緝犯罪的決心或維護公共利益嗎？顯然沒有，反而是傳達錯誤訊息而製造出偏頗的輿論審判環境。

如果本案發生在美國，放話的人是檢察官的話，將會以違反倫理規範爲由而被懲處，因爲他的「司法外陳述」產生「重大偏頗」的情形，侵害了被告接受公平審判的權利。如果是警察所爲，因爲檢察官對於警察具有監督功能，具有類似「保證人」的地位，除檢察官自己要「明知或合理應知其司法外陳述將會藉由大衆傳播公開，而相當可能對審理程序產生重大偏頗者，不得爲之」外，也要求檢察官應盡合理注意（如發布適當警告），防止司法警察發表類似的「司法外陳述」。

對正義的追尋，是人類社會的共同願望。但台灣社會對於實質正義卻有過度的渴求，也就一再容任檢警人員罔顧程序正義。如果我們繼續縱容，不僅刑事被告人權受到戕害、社會紛亂，藍綠政客更會繼續以檢察官做爲工具，台灣社會的「檢察官治國」現象就會繼續演下去。

請檢察官們管好你的爪牙

「據了解，辦案人員偵查全案已費時三年，一開始蒐證對象是曾任中央部會政務次長的重量級人物，目前辦案人員仍持續對這名政治人物蒐證」、「辦案人員形容，如果他被辦到，現在檯面上高官，至少有十多人會倒台」、「辦案人員透露，早在政風狗仔隊時代，就鎖定這名比葉更具影響力的政治人物，進行監聽、行動蒐證，廉政署成立後持續偵查，至今已有三年多」。

以上內容，是廉政署偵辦桃園縣副縣長葉世文涉犯貪污案後出現的新聞報導。由於新聞聳動，各媒體持續追蹤報導，「政治風暴，風雨欲來」、「查向高官？簡○○、林○○、蕭○○否認」等內容，陸續出籠，名嘴、媒體辦案風潮又開始了！每有重大刑案，類似劇情、戲碼一再上演，難道這就是台灣社會的宿命？

媒體爲滿足閱聽大衆知的權利，對於相關重大刑案持續追蹤報導，本無可厚非。然而，身爲執法人員，總該遵守應有的正當法律程序與職業倫理規範。辦案人員透過媒體如此放話，符合偵查不公開嗎？在台灣社會目前普遍瀰漫不信任公權力的心態時，本案可能涉及高官犯案，或許有人認爲偵查不公開正好給予高官權貴們上下交相賊、湮滅罪證的機會。到底偵查不公開的目的爲何？

偵查不公開的目的，一般認爲包括：一、就被告的保護而言，偵查僅是剛開啓刑事程序而已，犯罪嫌疑尚未經過檢驗，如偵查機關任意公開相關訊息，即容易誤導爲「媒體公審」，影響被告接受「公平審判」的權利，並損及犯罪嫌疑人的其他權益；二、就相關人士的權利保護而言，關係人向偵查機關透露案情，可能涉及自身隱私、名譽乃至身家性命，在案件正式起訴之前，應有免於資訊外流的利益；三、就國家機關而言，資訊優勢關乎破案先機，如有資訊不當走漏，常會造成保全被告或保全證據的阻礙。同時，偵查不公開也較有助於人民對國家司法的信賴，因爲一旦媒體大幅報導相關資訊，縱使最後當事人無罪定讞，但人民心中既已存在不良觀感，仍不免減損人民對於司法的信賴。

以本案而言，高官、建商大老闆涉嫌收賄、行賄，對於許多網路鄉民來說，談「被告有接受公平審判」的權利，或許顯得過於高調。但如果本案確實有更大咖的官員涉案，辦案人員在媒體前大談：「一開始蒐證對象是曾任中央部會政務次長的重量級人物，目前辦案人員仍持續對這名政治人物蒐證」，豈不是讓資訊不當走漏，影響後續的偵查作爲！

爲平衡兼顧人民知的權利，偵查不公開本有例外，就是「依法令或維護公共利益或保護合法權益有必要者」，本案有符合這種要件，讓辦案人員可以公開揭露偵查中所知悉的事項嗎？顯然沒有！在我國法制中，檢察官爲唯一偵查主體，則檢察官在犯罪偵查階段就受其指揮監督的檢察事務官、司法警察官與司法警察，自有督促他們遵守偵查不公開原則的義務。

「爪牙」一詞，按照教育部重編國語辭典網路版的資料，針對該詞的解釋，計有下面三種：一、動物的尖爪和利牙（如荀子．勸學篇：「螾無爪牙之利、筋骨之強，上食埃土，下飲黃泉，用心一也」）。二、比喻勇士（詩經．小雅．祈父：「祈父！予，王之爪牙」；喻世明言．卷八．吳保安棄家贖友：「李都督雖然驍勇，奈英雄無用武之地，手下爪牙看看將盡」）。三、比喻仗勢欺人的走狗（如史記．卷一二二．酷吏傳．張湯傳：「是以湯雖文深意忌不專平，然得此聲譽，而刻深吏多爲爪牙用者，依於文學之士」）。也就是說，「爪牙」一詞可以比喻爲勇士，也可以比喻爲仗勢欺人的走狗。

犯罪偵查機關作爲國家權力的巨獸，一言一行影響人民權益至深且鉅，還請檢察官們管控好你的爪牙，讓他們成爲辦案定罪的驍勇、睿智之士，而不是仗勢欺人、亂政誤民的走狗。如此，法務部、廉政署才不用事後忙著發新聞稿，否認相關報導內容。

正視檢察官人事階級化的危機

司法節到了，這不該只是慶祝的日子，更是反省的時機。話說我國繼受西方法制一百多年來，雖然仿效建立了許多制度，但在過去的威權體制下，法律至上、自由、平等等法治理念，始終不曾內化為法律人的職業信條，而只會罔恤民艱，萬葸鈍惰，自然得不到人民的信賴。解嚴後，雖然法律人自省地推動許多改革，但因為未曾確實推展轉型正義，加上強調講理、建立批判性思考，並以人權保障為核心價值的全民法治教育始終未曾落實，以致司法公信力依然低落。

如今，許多民主轉型後成長的新世代陸續進入法界，改革派法官、律師也都完成換血，並持續一波波的改革浪潮，讓人們看見司法的未來。唯獨檢察體系的改革，自從檢察官改革協會倡議的改革法案於九十五年間獲得通過，明定：「檢察總長任命應經國會同意、設置特偵組與負責檢察官人事審議事宜的檢審會」後，檢察體制改革活動完全熄火，即便體系內問題重重，卻依然像個大燜鍋，看不到前景。

檢察體系的改革完全熄火

一〇三年台灣社會最受矚目的，莫過於太陽花學運事件。在這事件的效應擴大上，檢察體系做出了「貢獻」——聲請羈押學生魏揚。如果各位知道這新聞一出，許多檢察官馬上到《法官論壇》留言，希望承審法官發揮道德勇氣，力抗政府強權而駁回羈押聲請時，就可以知道這個聲請是多麼地荒謬，連檢察官同僚們都看不下去。還好，台北地方法院法官挺住了。然而，承辦檢察官還是因爲仰承上意，榮升主任了。

仰承誰的上意？目前頂新政治獻金案鬧得沸沸揚揚，馬總統還提了告。事實上，台北地檢署在一〇二年偵辦頂新ＴＤＲ案時，早已發現魏應充應立法院長王金平的請託，自永豐金公司退還的佣金中，拿了五百二十五萬元贊助國民黨高雄市市長候選人黃昭順選舉之用，這筆錢沒有出現在頂新的帳務上，也不曾申報爲政治獻金。如果這筆錢是頂新的，魏應充予以挪用，涉有背信罪嫌；如果運用合法，也已超過政治捐獻的上限。

按照黃世銘在九月政爭中所提：「檢察官對於行政不法，應該予以舉發」的說法，檢察官應該查辦。本案承辦檢察官有沒有追查？沒有！以馬、王長期的權力角逐，加上後來九月政爭、頂新毒油案的發生，仰承上意的檢察體系不是更該追查嗎？結果還是沒有，然而該名檢察官也榮升主任了。這顯示檢察體系並不全然是仰承上意辦案，關鍵在於檢審會經過多年運作後，配合檢察體系的層級制度，形成了檢察官階級化、紀律化與馴化的問題。

檢察官的階級化、紀律化與馴化

怎麼說？檢審會成員由法務部長推派、總長推薦與檢察官票選而產生，它的原始用意是要讓三方勢力彼此制衡。但因爲成員都具有檢察官身分，決策時只考量檢察官本位立場，濫權追訴的檢察官只要是辦案「英雄」、有亮點，還是比較有機會獲得拔擢。再者，由於票選代表比官派委員多一票，票選代表才能決定入圍名單。如何決定誰入圍？就地分贓！也就是按照各檢察署的人數比例來分配。如何分贓？通常尊重檢察長、主任檢察官們的決定。

重大案件給誰承辦由檢察長決定，誰可以派主任也由檢察長決定，加上被拔擢爲主任、高檢署檢察官後享有職位尊崇、辦案量少的優渥「福利」，基於人性的趨利避害，誰想去當檢察體系的「烏鴉」，當個不討喜的內部改革者！這告訴我們，檢察體系沒有做出符合權責相符、民主可問責性的制度改革，不僅會繼續扮演統治者的工具，更會成爲權力的自走砲。還望社會各界正視檢察體制的變革。

期待更多「白目」的檢察官

士林地檢署檢察官、同時也是檢察官人事審議委員會（檢審會）委員的蔡啓文，因爲未獲其他票選檢審會委員的支持，爲了檢察官人事遷調案，於一〇四年七月間向台北高等行政法院聲請對法務部長「假處分」，以期暫時凍結羅瑩雪的人事圈選權。這一史無前例的「鬥法」行爲，看似茶壺內的風暴，其實對於台灣的檢察體系、法治文化影響深遠，值得各界重視。

一〇二年前的「九月政爭」案，攤在檯面上的爭議，是總統與立法院長之爭，起因卻是法務部長與檢察總長的人事權之爭。檢察官人事何以重要？過去在國民黨威權統治時期，政治力可以透過法務部長控制其人事，檢察官成爲統治者工具，被當作打擊政敵的利器。而因爲未曾推動檢察體系的轉型正義，這種檢察官充當政治打手的情況，並未隨著台灣的民主轉型而改變。

以一〇三年爲例，檢察官在三一八學運期間聲請羈押衝進行政院的魏揚，在九合一大選期間大力偵辦柯P辦公室的竊聽事件，並聲請羈押徵信業者。結果魏揚、徵信業者都因爲不具備法定的羈押事由，而被法院無保請回，檢察官們也都甘服，沒有提起抗告。這意味什麼？這表示作爲公益代言人、具備法律專業的檢察官們，明知不具備法定要件，卻爲了政治目的——震懾抗爭學生、影響選舉，於是迎合長官意志，選擇向權力靠攏。

長官如何貫徹其意志？長期以來，政治力控制檢察體系的兩大利器：人事控制、案件控制。人事控制的目的，是爲了幫助案件的控制。九十五年修法時，爲了減少政治力的介入，明定法務部設檢審會，成員由部長推派、總長推薦與檢察官票選而產生，它的用意是希望讓三方勢力彼此制衡。但因爲並無外部人士的參與，於是決策時只考量檢察官本位立場，濫權追訴的檢察官只要是辦案「英雄」、有亮點，獲得升遷拔擢的機會還是較大，這產生了另一問題：「權力自走砲」。

這意味檢察官在政治案件中成爲統治者的工具，在一般案件中常有濫權追訴的權力自走砲現象。本是爲擺脫政治力操控而設的檢審會，何以製造出更多的問題？原因除了法制規範不清外，更在於錯誤認知：部長及其指定人選不可信，票選檢察官才可依恃。於是，票選代表比官派委員多一票，票選代表才能決定人事入圍名單。

既然票選代表這麼重要，每逢選舉期間，各檢察署莫不拉幫結黨，以期自己的候選人能夠當選。而一旦當選，爲國舉才、擇優選派等等，不會是主要考量因素，反而是以捍衛所屬檢察署、地域、期別及審級利益爲職志，透過分贓方式決定入圍名單。

如何分贓？通常尊重檢察長、主任檢察官們的決定。而蔡委員會有聲請假處分之舉，其實在他參選時已可預料，因爲他在競選時即以推翻這套人事潛規則爲政見，並表示不在乎自己的升遷，因而獲得許多有改革意念、跨地域的檢察官們的支持。

坦白說，在現行分贓選派的文化中，票選代表推出的人事名單是否較爲妥適，筆者持懷疑的態度；而且在民主問責的原則下，本該賦予法務部長一定的人事權。眞正該改革的，其實是推動檢審委員組成的多元代表性，並讓其人事審議更公開、透明。無論如何，蔡委員的這番「白目」之舉，打破檢察體系一向鄉愿和諧、黑箱作業的文化，讓社會各界正視檢察人事的問題，値得肯定。期待更多這種不在乎升遷的「白目」檢察官挺身而出，才能翻轉這階級化、馴化與工具化的檢察體系。

檢察體系該典範移轉了

華人社會向來行政、司法不分，清末民初引進檢察官制度，一方面在廢除糾問制度，藉以監督法官、警察，他方面在藉以追訴犯罪、保障民權。多年下來，卻因爲檢察官「憑藉其地位、摧殘民權、濫押無辜」，以及不主動追訴犯罪、武斷行使處分權，於民國二十四年舉行的全國司法會議，學者專家多有主張廢除檢察制度者。

在貫徹權力分立、保障人權的意旨下，檢察制度當然應該維持。但檢察官在行使職權時，也應善體德國刑事訴訟法改革先進米德邁爾的至理名言：「檢察官應盡力求眞實與正義，因爲他知曉，顯露他片面打擊被告的狂熱，將減損他的效用和威信；他也知曉，只有公正合宜的刑罰，才符合國家的利益」。

近來，因爲特偵組疑涉監聽立法院，輿論屢有廢除特偵組的呼聲。其實，特偵組不起訴案件後，當事人缺乏再議的機會，早被認爲違反權力分立。何況現任黃總長被提名後，於立法院接受審查時，自己也表示：「我的看法就是主張特偵組應該像日本的特搜部一樣留在一審，不應該學韓國的大檢察廳留在三審」，則特偵組的存廢問題，是再清楚不過了！

檢察官呈現片面追求打擊犯罪的追訴狂

另一個該檢討的，反而是檢察體系的典範移轉問題。因爲檢察總長改由總統提名、經立法院同意後，迄今所產生的二位總長，一位已遭彈劾而去職，一位也正陷入越級報告的風暴中。如果說陳總長因爲處世圓融而遭質疑無法公正執法，則馬總統口中「律己嚴格，治事嚴謹，剛正不阿」，有「司法鐵漢」之稱的黃總長，怎也會陷入如今可能遭彈劾去職的地步？這些經拔擢的特偵組檢察官，不該都是檢察體系的菁英嗎？

問題的所在，還是在於檢察官有片面追求打擊犯罪的追訴狂，曾有檢察官提出：「我起訴被告並不一定要讓他在法院被判刑，而是要讓他得到教訓」的說法，即是明證。試問最近幾屆總統大選時，候選人都要先經過犯罪偵查的洗禮，不正是「檢察官治國」的錯誤示範！在過去，檢察官辦案就是要起訴、辦大案，這樣才可獲得高升、當選十大傑出青年。有這樣的心態，還能依照法律與良知辦案嗎？而這樣的人，目前可還都是檢察體系的領導人物。

正如司法體系一樣，檢察體系是個講究倫理期別的封閉環境。目前檢察體系面對前所未有的危機，唯有改變習慣、觀念突破、價值移轉，根本改革檢察官的人事與辦案文化，檢察權才有振衰起敝的一天。

檢評會爲程序正義做出最佳示範

針對黃總長等人被檢舉濫權監聽國會、關說等事件，檢察官評鑑委員會於受理聲請後，於一〇二年間做出下列決定：最高檢洪書記官長身兼黃總長親近幕僚，須全程迴避；委員中二名檢察官代表、具司改會成員的代表共四人不得加入審查小組，但可參與討論與決議。相較於法務部自己可能也是該被究責的對象，卻自己成立調查小組，被譏爲「東廠查西廠」的作法，檢評會可算是爲程序正義做了最佳示範。

幾千年的專制統治，華人社會一向只重視實體正義，罔顧程序正義，爲了發現眞實，可以不擇手段。從目前各種民調顯示，緣於特偵組監聽法官疑涉貪污，卻監聽到立法院長涉嫌向檢察官關說司法案件時，黃總長遂向馬總統報告，馬總統乃以總統之尊要求王院長去職，因而引發憲政爭議的這件事，本最該被究責的關說之人，已經被視爲次要，國人最不能認同的，反而是行政、檢調部門。因爲馬總統、黃總長的作爲，已經嚴重違反了程序正義、權力分立與比例原則。如果說台灣社會因爲這事件的最大收穫，應該是國人更重視程序正義了！

什麼叫程序正義？就是當我們要釐清事實眞相，並對違反規範的人究責時，爲了蒐集資訊、做出決定時所必須踐行的正當程序，因爲我們是人不是神，難免有七情六慾，唯有程序的公正，才能確保我們儘可能做出正確的決定。因此，我們必須檢驗所蒐集的資訊是否完整？是否可靠？有沒有通知相關的人？利害關係人可否有效陳述？程序的進行是否可以預測？至於在檢驗做決定的方式方面，則必須注意：是不是公正不偏袒？過程是不是公開？能不能發現並修正錯誤？

這次檢評會所做的決定，即涉及部分委員可否公正不偏袒的問題。雖然我國相關的訴訟法都有迴避的規定，但過去司法實務操作的結果，很少有聲請迴避成功的事例，因爲法界總是基於承辦人如果被聲請迴避獲准，他留下的案件由誰來處理？也就是說，法官、檢察官是基於勞役問題的考量，嚴格限縮迴避制度的適用。

依照現行法律規定，其實長官部屬、同僚關係根本不構成迴避事由，爲何筆者贊成洪書記官長要迴避？且看看下面這則案例：一〇二年所爆發涉嫌貪瀆而遭羈押的台灣高等法院台中高分院胡姓法官，他曾因爲重利罪被起訴，一審、二審、更一審都判他有罪，如果判決確定，他將失去法官職位；結果更二審由他以前合議庭的二位同仁參與審理時，卻改判無罪，並因而確定，也因此他得以回任法官。法界即就此提出疑問：這二位法官是因爲證據抓得比較嚴，所以改判無罪？還是因爲曾是同僚，所以放了他一馬？

誰是誰非？筆者不敢妄下定論！但有了這層關係及改判結果，難免讓人產生不公正的疑慮。而以華人社會重人情的情況，審判者遇到類似個案時要迴避，應該是比較適宜的。傳統中國法雖然比較不重視程序正義，至少注意到這個問題，自從唐朝建立「換推」（即迴避）制度以來，歷代法典都要求承審官員在遇到當事人中有親屬、配偶、仇嫌、師生、長官部屬關係時，應該迴避案件的審理。

在本案中，司改會是個案評鑑的聲請人，該會成員迴避確實較妥。至於洪書記官長及另二位檢察官雖與被評鑑人並無法定迴避事由，但以檢察體系封閉、論資排輩的文化，加上華人社會固有的人情文化，這三位委員的迴避，毋寧較能避免偏袒、不公正的質疑。希望藉由這樣的示範，能讓台灣社會更體認到程序正義的眞諦。

檢察長不該違法搞「紅牌檢察官」

在過去國民黨威權統治時期，政治部門透過檢察體系的人事控制與案件控制，使檢察官成爲統治者的工具。政治力對於檢察體系的控制，最終目的無非希望使案件的偵查、起訴或不起訴處分，都在符合執政者對社會管理的目的下受到控管。這種對檢察體系的控制，依法就是透過檢察總長、各級檢察長的檢察事務監督權限，包括所謂的案件指分權、立案權、指揮命令權、職務收取權與移轉權、協同辦案人選指定權、結案權等權限的行使來達成。

只是，正如法院體系在八十二、三年所推動的「還我自治權」運動一樣，各地檢署的檢察官事務分配與分案制度，其實更是從源頭發揮案件控制的目的。因爲檢察署雖有輪分或抽籤的規定，也有專職分組的情況，但檢察官的分組辦案，就可以使檢察長能掌握的人分配到具有較大社會影響力的肅貪、重大經濟犯罪等專組，形成所謂的「紅牌檢察官」；而檢察長的指分權，也可以讓案件一開始，即分配到檢察長可以掌握的檢察官手中，不必等到出狀況才行使職務收取權或移轉權。尤其專股案件常涉及政治、地方派系或有財勢者的利益，依照目前地檢署處務規程的規定，事務分配是於年終會議時擬定，再由檢察長核定，如果檢察長的案件指分權沒有受到適當節制，關鍵案件一律指分給心腹，公平正義難期。

檢察事務分配不該由檢察長說了算

以現行法制為例，《地方法院及其分院檢察署處務規程》第二十四條規定：「檢察官配受案件，按收案順序輪分或抽籤定之，案件性質須有特別知識或經驗者，由事股檢察官以輪分或抽籤為之。但檢察長於必要時，得親自辦理或指定檢察官辦理。指分案件及相關之分案標準，由各檢察署定之。檢察官已配受之案件，因故不能或不宜辦理者，由檢察長核定分配與次一符號之檢察官或改分其他檢察官辦理。主任檢察官認為檢察官配受之案件因故不能或不宜辦理者，得報請檢察長指定檢察官辦理。第一項、第三項及前項情形，檢察長之指定應以書面附理由為之，並附於卷內或另卷保存……」，而《檢察案件編號計數分案報結實施要點》也有類似規定。據此，產生的疑問是：既然檢察體系早已有輪分制度，並且要求檢察長對於案件指分應予客觀化、制度化，為何還會有所謂「紅牌檢察官」的問題？答案就在於檢察官事務分配的決定權、案件配受權是由檢察長說了算！

主要條文於一〇一年七月六日開始施行的《法官法》，已仿效法院體系有關法官會議的相關規定，於第九十一條明定：「各級法院及其分院檢察署設檢察官會議，由該署全體實際辦案之檢察官組成。檢察官會議之職權如下：一、年度檢察事務分配、代理順序及分案辦法之建議事項。二、檢察官考核、監督之建議事項。三、第九十五條所定對檢察官為監督處分之建議事項。四、統一法令適用及起訴標準之建議事項。五、其他與檢察事務有關之事項之建議事項。檢察總長、檢察長對於檢察官會議之決議有意見時，得交檢察官會議復議或以書面載明理由附於檢察官會議紀錄後，變更之。檢察官會議實施辦法，由法務部定之」，也就是各級檢察署檢察官事務分配、分案辦法應由檢察官會議決定，為何還是由檢察長說了算？

檢察人事升遷圖應予以破除

原來，立法當時為了避免與檢察一體原則產生衝突，檢察官會議的職權僅是年度檢察事務分配、代理順序及分案辦法的「建議事項」，最後核定權仍在檢察長。又檢察官應是資歷愈深、歷練愈精，更可以其經驗為社會服務，但在目前檢察體系所形塑「檢察官→主任檢察官→二審檢察官→三審檢察官」的人事升遷文化下，在一審只要當上主任檢察官，就可以減輕辦案負荷，檢察長則幾乎不辦案，而二審檢察官除了內亂、外患、妨害國交等罪外，也幾乎不用辦案，至於三審檢察官則完全與偵查脫離，龐大的案件量都積壓在一審檢察官身上，檢察官們自然以跳離地檢署爲目標，檢察行政系統得以利用大家的這種念頭，爲所欲爲的控制檢察官。也就是說，在目前檢察體系的人事升遷文化下，多數檢察官有升主任、派上級檢察署檢察官的人性需求。而因爲有「亮點」——辦大案（社會矚目案件）的檢察官較容易獲得拔擢，則能否進入黑金專組或辦理矚目案件的「紅牌檢察官」，檢察長的關愛與否成爲其中的關鍵。

檢察官事務分配的最後核定權在檢察長，能否獲得檢察長關愛眼神成爲升遷的重要決定因素。在這種人事升遷文化下，絕大多數檢察官被「馴化」了，尤其是都會區檢察署更是如此（較有機會偵辦矚目案件，獲得升遷的機會較多）。因此，即便類似《法官法》九十一條的規定早已存在多時，且《法官法》施行迄今已有幾年，絕大多數地檢署根本連檢察官會議都沒有召開，遑論將檢察官事務分配議案送交檢察官會議討論。通常的作法，是主任檢察官秉檢察長之命，於年度檢察官事務分配之前，詢問各檢察官的意願後，即由檢察長做最後的核定。

其實，依照《法官法》第九十一條第二項：「檢察總長、檢察長對於檢察官會議之決議有意見時，得交檢察官會議復議或以書面載明理由附於檢察官會議紀錄後，變更之」的規定，關於檢察官事務分配事宜，還是應由檢察官會議通過後，由檢察長予以核定，否則不會有「復議」的規定。至於「以書面載明理由」的規定，僅是爲釐清責任歸屬而已。在當前人事管理思潮講究內部民主、理念型領導的時日，只要檢察官敢據理力爭，殊少檢察長還會「乾綱獨斷」！既然如此，爲何檢察官敢怒不敢言？這當然與台灣的法學教育、國家考試制度及司法官訓練模式塑造出法律人「馴化」、「重視檢察行政績效」、「循著體系內遊戲規則往上爬」的「好學生」性格有關外，更重要的因素則是檢察體系的「人事升遷圖」。

檢察組織的扁平化、人事的平等化

如何破除這種「人事升遷圖」所造成檢察權行使的問題，當然是使檢察事務的分配能適才適所，並減少檢察官的階級化、組織的扁平化。以黑金專組檢察官或資深檢察官的選任而言，其實可以仿效台北地方法院金融專庭法官的選任方式，事先採取徵詢署內全體檢察官的意願及推薦的方式，檢察長原則上應依此方式遴選，僅在例外情況下可予以調整。而有關主任檢察官一職部分，在六十九年推動審檢分隸以前，檢察體系本無主任檢察官的設置，可見主任檢察官一職並非必然應有的職位設置。因此，在近年來檢察體系貫徹主任檢察官任期制後，卻仍然無法改變檢察體系的人事升遷文化、勞逸公平性問題時，還不如廢除主任檢察官一職，改設資深檢察官制，負責經驗的傳承與協同辦案的主持；檢察行政事務的監督與協調事宜，則視檢察署規模大小，設一至數名副檢察長即可。至於案件分配事宜，應貫徹現行規定，原則上按收案順序輪分或抽籤定之，專組案件也應由專組檢察官輪分，如檢察長要指分，應以書面附理由爲之。

其次，則是檢察組織的扁平化，以及檢察署分偵查、公訴組而分組辦事的問題。目前台灣檢察體系依法院體系的地院、高院、最高法院三級制，分別設計有相對應配置的地檢署、高檢署、最高檢察署，如此不僅造成檢察體系不良的人事升遷文化，而且影響檢察權的有效行使，實在沒有必要。因爲法院設三級制，乃審級救濟制度使然，而參照前面的說明，目前資歷愈深辦案經驗愈豐富的檢察官，幾乎都「高升」到高檢署、最高檢察署，不再負責案件的偵辦，如此即形成寶貴檢察人力資源的浪費。另外，如依照本文的建議，改採偵查主體二元化後，原則上由司法警察從事犯罪偵查的工作，檢察官的主要職責變成法律控制與實行公訴，則目前各地檢署分組辦事的情況，即無必要。

可行之道，就是廢除高檢署這一層級的組織，僅設置二個層級的檢察組織；並且從根本改變檢察體系的組織分工模式，由承辦檢察官負責實際公訴論告的工作，而且是從起訴、論告到三審定讞。因爲在偵查主體二元化的制度下，檢察官的主要職責應該移到法院審理庭的公訴活動。如此做法，不僅可以精進起訴品質（現有高檢署的資深檢察官回到地檢署，可以協同資淺檢察官一起辦案）、減少檢察資源的浪費（承辦檢察官負責所有審級的公訴事宜，可以減少其他檢察官重複閱卷的時間浪費），並且落實權責相符的精神（承辦檢察官負責到庭實行公訴事宜，在起訴時就會慎重決定，以免在法庭上遭到辯護人的詰問與民眾的質疑）。

尋求檢察獨立與民主可問責性的平衡

最高檢察署特別偵查組於二〇一三年九月六日發布新聞稿指出：「檢察官發現立法委員柯建銘涉嫌介入關說假釋案，且有不明現款流入他的帳戶，疑涉有貪污罪嫌，乃向法院聲請對柯建銘的手機通訊監察而獲准，在監聽過程中，意外發現法務部部長曾勇夫、台灣高等法院檢察署檢察長陳守煌涉嫌接受立法院院長王金平、柯建銘的關說，為立法委員柯建銘被訴背信罪嫌一案，違法向台灣高等法院檢察署承辦檢察官林秀濤指示而未予上訴，致該案無罪判決而定讞。」這則新聞披露後，馬英九總統召開記者會，要求王金平為關說案辭職下台，並以國民黨主席身分主導、開除了王金平的黨籍，社會各界才知悉檢察總長黃世銘曾就此事向馬總統報告，遂引爆了「王金平黨籍假處分」、「總長洩密」等訴訟事件，黃總長並因此遭到起訴。

作為一位關心台灣社會法治發展、文明演變的人，在相關司法案件尚未釐清事實眞相而判決前，實不宜妄下評論。然而，近幾年來由於檢察官濫權追訴問題不斷，屢有「檢察官治國」之譏，不僅辦案時常無辜傷人，而且老是被批評有成為執政者統治工具的問題。以本案為例，黃總長被起訴後，有人提出種種的陰謀論，說總長是總統的打手、起訴總長是斷尾求生等等。我們不能排除有這種可能性，但與其老是有這種陰謀論，我們何不妨藉此檢視檢察制度、檢察官辦案文化出了什麼問題，該如何謀求解決？

依良心與法律確信辦案又何必杜悠悠之口

我們先看看林秀濤在特偵組作證時是怎麼說的？她說：「是檢察長建議我不要上訴」、「（問：檢察長如果沒有這樣的指示，你是否可能會上訴？）是，我會上訴，即使我知道他上訴審可能會判無罪，我還是會上訴，以杜悠悠之口」。正因為她的證詞，黃世銘認為陳守煌於接受當事人關說後，竟於承辦檢察官尚未收受判決書時，即以指揮監督長官身分「建議」林秀濤勿提起上訴，這一指示明顯違反《法官法》及《檢察官倫理規範》，所以將陳守煌送付個案評鑑。

問題來了，依照司法院大法官相關解釋、法律規定及學界通說，一致認為台灣的檢察官具有司法官屬性，這也是檢察官們一再堅持的。而依《法官法》授權訂定的《檢察官倫理規範》第二條、第九條的規定，檢察官必須依照良知與法律確信獨立辦案，不以使被告定罪為唯一目的，則如果林秀濤認為高院就柯建銘案判決無罪是妥當的，爲何還要上訴？爲何要「杜悠悠之口」？

另外，陳守煌身爲高檢署檢察長，依《法院組織法》第六十三條、第六十四條及《法官法》第九十二條規定，本有指揮、監督所屬一、二審檢察官的職責。陳守煌就柯建銘案是否上訴，本有指揮監督的權限，而這幾年來台灣社會屢有檢察官濫權起訴、上訴的質疑，則陳守煌「建議」林秀濤勿提起上訴，不也是其法定職權的行使？某程度來說，這種節制檢察權的做法，不正是避免人民一再纏訟所必要的？

當然，如果陳守煌是在接受立法委員的關說後，才指示林秀濤不用上訴，陳守煌的行爲自屬違法犯紀。然而，依照《法官法》第九十三條第一項規定，黃世銘身爲檢察總長，爲全國檢察事務的龍頭，如果認爲柯建銘案的二審無罪判決確有不當，也就是有事實足認陳守煌、林秀濤執行職務違背法令或顯有不當時，本得依《法院組織法》第六十四條規定，親自處理或將該事務移轉於他所指揮監督的其他檢察官處理，怎可放任林秀濤「濫權」不上訴，而去啓動監聽機制？

檢察事務的指令權該由誰行使？

由於有這類問題，就有「黃世銘三年前不准北檢上訴拉法葉案，是兩套標準」的質疑。立委提出特偵組在九十九年十一月七日發布的新聞稿指：「轟動一時的拉法葉弊案，一審判決後，黃世銘密集約詢相關檢察官後，雖然台北地檢署檢察官極力主張要上訴，黃世銘卻以檢察大家長之姿強勢主導，力主不上訴，台北地檢署基於檢察一體，最終不得不退讓，使該案被告雷學明等人逃過二、三審法院的檢驗。」然而，如果仔細推敲當時特偵組新聞稿的說明：「縱使本案行政處置上有諸多違失，但積極證據不足，爲免耗費司法資源，造成被告訟累及折磨，因此不上訴」，則黃世銘裁示拉法葉弊案不上訴是有道理的。

因此，問題的關鍵，不在於檢察一體，而在於檢察首長的指揮監督權限如何行使？其分際爲何？以及指令權的頂端應由誰掌控？對此，一〇二年九月六日特偵組的新聞稿特別指出：《法官法》第九十四條第一項第一款規定，法務部部長監督各級法院及其分院檢察署，惟同條第二項但書規定，法務部部長不得就「個別」檢察案件對檢察總長、檢察長、檢察官爲具體的指揮、命令。又該法第九十三條明定檢察總長、檢察長的個案指揮、監督權限，足認法務部部長僅得就檢察一般行政事務爲行政監督，不得就檢察個案事務進行指揮監督，亦即不得就個案爲起訴、處分、上訴與否的決定，此爲法務部部長與檢察體系的檢察總長、檢察長的職務分際，亦爲目前我國、歐陸法系檢察實務運作的現狀。

爲何要有檢察一體？

也就是說，黃世銘做爲檢察總長，身爲台灣檢察體系的龍頭，以他爲代表的檢察體系普遍認爲：「法務部部長僅得就檢察一般行政事務爲行政監督，不得就檢察個案事務進行指揮監督」，並認爲這是目前我國、歐陸法系檢察實務運作的現狀。只是，筆者必須嚴正的指出，黃世銘的說法雖然符合當前台灣法律的規定，但法務部部長就檢察事務不得進行指揮監督，也就是就犯罪偵查案件沒有指令權的做法，卻是台灣社會「獨獲的創見、發明」，不僅與我國一向師夷的法、德、奧、日本等歐陸法系不符，更不是英美法系所採取的，純乃近來的錯誤立法所致。

歐陸法系、英美法系不採，難道台灣社會就不能發明新制？當然可以！但要禁得起相關憲政主義、法理的檢驗，諸如權力分立制衡、權責相符等等。而要確認我國現行法制是否經得起檢驗，首先要釐清的是：「何謂檢察一體？爲何要有檢察一體？」

基於分權制衡的需要，我國繼受西方法制引進了檢察官之制。大法官早就在釋字第三九二號解釋：「司法權即審判權，具正義性、被動性、公正第三者性及獨立性之特徵，與檢察權之公益性、主動性、當事人性及檢察一體、上命下從特徵，截然不同。」而無論是英美法系發源國的英國，或近代大陸法系主要起源的法國，他們的檢察官都是起源於「維護國王利益的代理人」，因此檢察官自始就與政治擺脫不了關係，被批評爲「統治者的御用工具」。其後，英、法成爲憲政主義國家後，檢察官已轉型爲「公益的代表人」，追訴犯罪、保障民權。由於檢察官可以主動偵辦犯罪，又享有起訴裁量的權限，如何控制檢察體系，使其不致成爲脫韁野馬，也就成爲各國共同面臨的難題。

美、法檢察權行使最終必須受民意的監督、制衡

以美國爲例，由於採取對抗型的訴訟制度，檢察官是國家的訴訟代理人，帶著濃厚的律師色彩，被定位爲單純的行政官。美國檢察制度可謂是「三級雙軌、相互獨立」，並未形成上下層次分明、結構嚴密的單一獨立檢察體系。聯邦司法部長即是聯邦檢察總長，九十四個聯邦司法管轄區的檢察官（在我國相當於檢察長之職）是國會通過後任命，多數州或郡檢察長則是轄區內公民選出，絕大多數案件都是由代理或助理檢察官處理，並以檢察長名義爲之，其決定是否起訴、求刑都會考慮人民的觀感，否則任期屆滿即無法連任或再次當選。可見美國檢察官根本不強調所謂的司法官屬性，其任用、連任與否，甚至就個案是否決定起訴、上訴，自始即需考量民意，也就是最終受民意的監控。

我國所繼受的法國法制，檢察官則被定位爲居於行政權、司法權間的司法官署。

法國自一九五八年開始迄今的第五共和時期，始終將其定位在自相對立的「身分與功能上的司法權角色確認」及「對於司法部長隸屬性的堅持」這兩原則上。也就是說，法國一方面讓法官、檢察官一起考試、受訓與分發，兩者職務並可時常相互轉任；他方面《法國司法官身分組織法》第五條第一項則明定：「檢察官受其上級及司法部長節制與指揮之」，該國《刑事訴訟法》第三十條更規定：「檢察署置於司法部長的權力之下」、「司法部長領導由政府決定的公衆追訴政策。他監督政策在法國領土內的統一適用」。司法部長既爲政治官，他代表檢察權所爲的各項追訴政策及作爲，自然受到代表民意的國會的監督制衡。

在這種規定下，法國憲法委員會認爲司法部長得基於國家政策的需要，對於檢察官下達公衆訴追的指令。檢察總長的任務只在於維護刑事案件適用的法的一致性，對於該國高檢署與地檢署的檢察官，並無指令權。司法部長享有指令權，意味法國並無檢察官獨立的思維，如果有的話，也只是檢察長獨立而已。因爲法國各檢察署是以檢察長名義對外進行訴追，各檢察署內的所有檢察官都是檢察長的代理人，以檢察長的名義在運作。而依法國《刑事訴訟法》的規定，直接賦予檢察長獨占全部專有個人的名義進行訴追，上一級的檢察長並無權限取代檢察長的權限而運作。這意味法國只有檢察長可以不理會上級命令而追訴，同時也可以違反上級的命令而不追訴。

法國司法部長享有指令權，實際運作結果造成他有權無責的情況。該國遂於二

○○四年三月間修訂《刑事訴訟法》，明文限制司法部長的指令權：一、只能命訴追，不得命不訴追；二、僅能以書面及程序下達。另外，法國基於對檢察官中立性、獨立性的種種疑慮，該國偵查程序採行調查法官主導模式，檢察官反而淪爲配角。而雖然檢察官與政治之間始終糾纏不清，但法國左派或右派寧願看到的，最多僅僅是「檢察自治」而非「檢察獨立」。因爲僅有檢察長獨立而沒有檢察官獨立，加上各檢察署是以檢察長的名義在運作，所以並沒有類似我國的檢察一體、職務收取權及職務移轉權等規定。

法國司法部長享有指令權，如果檢察人事又完全控制在他的手上，所謂的檢察自治或檢察長獨立也將成爲奢談。依其舊制，檢察人事由司法部長提請任命，檢察官的職級晉升受政治力影響，加上部長就具體個案可以發布指令，易啓政治力介入案件偵辦的機會。有鑑於此，法國成立了最高司法會議，有關檢察官的任命，應遵循該會轄下檢察事務委員會的意見，該委員會由總統、司法部長、檢察官、法官、行政法院院長及六位不屬於國會、行政或司法機關的人員所組成。而爲了強化司法運作的獨立性，二○○八年最新修憲規定更將總統、部長排除在外。

建立多元參與、向人民負責的檢察人事制度

分別代表兩大法系的美、法的法制，兩國對於檢察官的定位、人事任用完全不同，但都有相對應的問責機制。因爲案件偵辦就是以檢察長名義爲之，沒有所謂的檢察一體，也沒有所謂的職務收取權及職務移轉權，檢察長應就案件負終局的責任，自然可以達到權責相符、節制檢察官權力的作用。

反觀我國，檢察獨立、檢察一體喊得震天價響，實則兩者乃自相矛盾的說法。實際運作的情況更是：一方面檢察長、主任檢察官常基於檢察一體，濫行要求承辦檢察官起訴、上訴，結果讓人民纏訟多年後，卻沒人該負責！因爲這不是出具名義的檢察官的意思，加上強調所謂的司法官屬性，也不用負責；至於檢察長本非起訴名義人，更不用負責。另一方面，有些檢察長、主任檢察官或力有未逮，或顧慮情誼、期別倫理，明明法院已經詳細交代無罪理由，而實行公訴的檢察官也認爲判決合理，但承辦檢察官爲了自己的「辦案成績」，堅持提起上訴，最後無罪定讞了，還是無法究責！

近來台灣社會無分藍綠、不論平民權貴，有多少人被羈押、起訴，最後判決無罪的！可曾聽過檢察體系的反省？可曾有檢察官受到問責？少之又少！原因何在？除了前述檢察一體、檢察獨立的虛像與實像問題外，另一原因就是負責檢察人事升遷的檢察官人事審議委員會，其成員完全是檢察官，在辦案就是要辦大案、就是要起訴的主

流思維下，檢察官們怎會認爲這有什麼大不了的！是以，對照美國、法國法制，我們需要的是建立多元參與、向人民負責的檢察人事制度。

3

法律就在生活中

司法離人民還有多遠？

台灣推動安寧緩和醫療二十多年，好不容易在一〇二年三度修法，讓末期病患可以不一定要接受不必要的急救，安詳離世；但法令通過至今，醫院或照護機構仍躺滿插管病人，醫師不願意輕易拔管，問題到底在哪？國內安寧緩和醫療之母的成大教授趙可式是癌症病人，最大心願就是在離世前能看到法令順利施行；但因爲台灣人的傳統觀念，達到目標似乎還有一段路要走。因爲國人傳統觀念認爲長輩即使病重，晚輩放棄急救就是「不孝」，幾乎沒人願意承擔這罪名。

這個事例告訴我們：台灣雖然已經是個民主法治、強調個人主義的社會，傳統中國法制的價值，在某些地方至今仍舊影響著我們的生活。按照政治大學法律系教授陳惠馨的說法，傳統中國法所強調的三綱五倫生活價值觀，至今在台灣並沒有因爲現行法律體制的歐陸化或美國化，而遠離我們的日常生活。一般人的想法很多還深受傳統中國三綱五倫觀念或對於法律想像功能的影響。在生活的各種衝突事件或法院的審判中，傳統中國法制的價值與理念，總會在某些特殊事件突然呈現，影響著人們對於事情的處理態度。例如：死刑是否廢止、通姦應否除罪化、應否肯認性交易。

以同樣面對生命終結的死刑制度爲例，九十九年三月間法務部長王清峰發表一篇〈理性與寬容——暫停執行死刑〉的文章，不僅表示將暫停死刑的執行，更傳達寧願爲死刑犯下地獄的心聲。她這種「寧入地獄以渡人」的胸懷，卻激怒社會的集體情緒。在朝野一片叫罵聲中，王部長下台了！新任法務部長曾勇夫馬上要面對的，就是批准已暫停多年的死刑執行。果然，先後接任的部長曾勇夫、羅瑩雪在上台後，這次被激發出來的保守民意，不但封閉了任何理性討論的公共空間，也使得人權運動者所要追求的和平、寬恕與正義等價值，越來越不容易實現。

做爲長期爲弱勢奔走請命的人權律師，做爲推動廢死的社會運動者，王清峰就任部長的一年十個月期間，沒有更積極的推動廢死的配套措施，並與社會溝通對話（在她主張廢死的同時，隸屬法務部的檢察官還有求處死刑的事例），在還沒有成功營造出來穩固的社會基礎前，就先以政治力量試圖取得廢死的成果。她這種社會運動者急於實現理念的粗糙作法，卻讓我國社會出現了「走回頭路」的危機。

台灣社會的「走回頭路」氛圍

這種「走回頭路」的情況，不只出現在廢死爭議上。類似反制動員的現象，也出現在我國各種社會運動中。教改運動者好不容易終結聯考制度對於教育的扭曲，但多元入學方案的實施，卻引發要求「恢復聯考」的保守輿論。這些現象，正如台灣大學社會系教授何明修所說：「兩次政黨輪替之後，社會運動者都有機會取得政府職位，社會運動者將精力放在政治場域，他們積極遊說政治人物、參與立法過程，卻忽略了與更廣大社會公衆對話、宣導與啓蒙的工作。」

因爲人民的價值觀才是社會改革的動力來源，改革過程中如果略過了改造既有文化的歷程，採取國家主義、由上而下的改革，只依靠科層體制的命令管道及權威性的資源分配，有朝一日民意即容易成爲政客操弄反制的動員力量。因爲法治是人治的相對概念，要求國家應該由法律治理，而法律必須經由民意代表組成的國會同意，意味法律治理即是人民治理自己。而任何的改革措施如果沒有獲得社會的集體認同，這樣的改革措施就不可能建立穩固的基礎。

當前我國法治的根本問題，即是法治文化的問題，因爲法律制度移植不難，制度下面的價值觀要與被移植社會的價值觀契合，需要施以相當大量的法治教育。問題是依照成功大學法律系教授許育典的研究卻指出：「即便到了今日，由於整個法律是繼受自西方社會，而且幾十年來一黨獨大的威權統治模式，強調人權尊重、政府依法行政、獨立思考判斷能力養成的法治教育，從未在教育體系中受到應有的重視，反而強調乖順、服從的『順民教育』。」

前台灣大學社會系教授林端也認爲當前我國的法律運作現況，存在著國法與民間活生生法律的割裂，而且存在著國法與活生生法律背後所支撐的儒家倫理的割裂。因爲儘管國家已繼受外國法制，將許多法治理念明文化，並具有將理念付諸實際社經制度的能力，但其理念並非蘊育自傳統中華文化、與儒家倫理息息相關的、固有傳統意義下的自然法則下，所衍生出來的法律基本原則，而是西方社會裡產生出來的，與實定法及責任倫理所不可分的法律基本原則。

國家法與民間習俗的落差

因爲相較於國家頒布施行的「國家法」，民間社會可能仍存在某些相當普遍被認爲應遵守，以維持共同體秩序的規範，但因爲已不被國家（立法及執法機關）所採納、承認及執行，故僅能依靠受規範者自發地遵守的「民間法」。如果這些「民間法」是出於當事人自願又不違背公序良俗（如以傳統漢人「房」的觀念，而非民法典關於繼承、應繼分的規定，來就父母遺產進行分配），倒也無可厚非；但如果因此嚴重背離憲政理念或公序良俗（如爲了表示公開道歉賠罪，對妨害婚姻或名譽的人施以司法權不彰時代的「洗門風」道德制裁手段，要求在公衆場所罰跪、請吃檳榔等），甚至產生對司法權的錯誤認知時，即有加以導正的必要。

因此，除了在學校教育中積極推展公民、法治教育外，正如司法院副院長蘇永欽所指出的，司法改革必須掌握這個關鍵問題，體會到司法其實正是深化法治最有效的工具，法官、檢察官及律師透過他們的法庭及法庭外活動，都可以成爲最好的法治教育推動者，則改革可以用最低的成本達到最高效果。這也是爲什麼筆者希望在判決書中，結合人情與義理、理論學說與司法實務見解，將歷史思維、經驗事實引入法律論證中作「法的發現」的原因，也是筆者時常在報章媒體發表評論文章的主要緣由之一。

可惜的是，十幾年來領導司法改革的人，寧願花大成本作制度改革，而較少從事更急切的社會文化改革。因此，類似的廢死問題，終將因缺乏社會的集體認同而屢生爭議。至於被認爲有「出賣正義」疑慮的認罪協商制度，在許多地檢署幾乎已關起協商的大門，讓一個在有效監督下仍具意義的認罪協商制度，形同具文。眞不知推動這樣的制度改革，到底是爲了誰？

台灣霹靂火燒出什麼問題？

常看美國電視影集或好萊塢電影的國人，對於戲劇中常出現法庭活動的情節，應該不陌生。其中原因，一方面固然是因為美國「交互詰問」的訴訟制度，提供「洛城法網」這類節目許多揮灑的空間；另一方面也由於美國人普遍的法治素養整齊，人權觀念發達，遇有紛爭習慣於透過中立客觀的機制理性解決，因而讓社會正義最後一道防線的司法，提供不少的案例素材可供拍攝，如環境保護的「永不妥協」、菸害防治的「驚爆內幕」等電影。

華人社會的包青天情結

相較之下，我國在長期的君主專制統治下，法律被當作統治者的工具，因此人民對於執法者向無好感。在這樣的法治背景下，多數國人迄今仍欠缺對法治精神所應有的認知，於是遇有紛爭時，視上法院「打官司」為畏途，而傾向於採取自力救濟的方式；對於執法者的期待，則停留在「神格化」的包青天身上，因此辦案嚴重違背程序正義的包公電視劇，成爲收視熱門的節目。

其實，本名包拯（九九九年—一〇六二年）的包青天，宋史〈包拯傳〉僅記錄其辦理過一件微乎其微的「斷牛舌」小案，卻因正史記載其既忠且孝、既廉且能、無畏權勢、勇於上諫的形象，遂被小說家、編劇「部分」借用，充作小說或連續劇的主人翁，衍生出包拯辦理過各式各樣的沈冤奇案，甚至連鬼神紛紛出現公堂之上的超自然奇案。這些除展現人民對於正義的渴求欲與滿足感外，也突顯華人社會所受儒家倫理薰陶的影響，及對司法審判所需程序正義觀念的缺乏認知。

雖然「包青天」已經好久沒演了，但國內仍少有關於現代法庭活動的電視節目出現，直到三立電視台在九十一年開播「台灣霹靂火」。這個節目一開始即聘請刑事警察陳豐盛先生擔任顧問，走在法律之前將「臥底警察」可能衍生的社會問題編入劇情中，並進而將劇情導入不少的刑事偵查及法庭活動中。

由於該劇劇情的高潮迭起、人際交往的錯綜複雜，以及劇中人物對白的生動誇張，不僅收視率勇冠無線四台，在延燒了一年後，劇情仍然沒有止歇的現象。不過，在曲折、誇張的劇情安排中，我們也不禁爲其所傳達的諸多錯誤法治觀念，深以爲憂。礙於篇幅，茲僅就筆者斷斷續續觀察印象所及，舉其中二例加以說明。

審、檢的分立與制衡

首先，基於「權力使人腐化，絕對權力絕對腐化」的理念，現代法治國家關於犯罪的追訴及處罰，參酌政府體制的權力分立、制衡設計，是採取審（法官）、檢（檢察官）分立的制度，由包青天同時扮演警察、檢察官、法官、執行官多重角色的時代，業已遠颺。也就是說，現代司法制度是由檢察官做爲國家法意志的代表人，主動偵查及追訴犯罪；法官則維持客觀中立的地位，遵守「不告不理」原則，必須有檢察官的起訴或人民的自訴，法官始得就被告的犯罪事實依法審判。

由於法官、檢察官是彼此分立、制衡，檢察官並非法官的下屬，法官沒有權限也沒有能力干涉檢察官的人事安排，更不可能在刑事警察局主導犯罪的偵查。然而，台灣霹靂火的劇情中，不僅「鄭淑芬」法官可以在刑事警察局中指揮檢、警辦案，「林秀如」檢察官是否回復主任檢察官的身分，還要靠「鄭淑芬」向上級說項，如此顯然誤導人民關於審、檢分立的法治觀念。

公正不阿的司法青天形象

其次，法官爲維持其司法中立的形象，法庭上、法庭外的言行舉止，必須嚴守分際，知所檢點。以本節目播出時司法院所定作爲法官倫理規範的《法官守則》爲例（《法官法》通過後，司法院已於一〇一年另定《法官倫理規範》取代《法官守則》），第一則、第三則即分別明定：「法官應保有高尚品格，謹言愼行、廉潔自持，避免不當或易被認爲不當的行爲」、「法官應避免參加政治活動，並不得從事與法官身分不相容的事務或活動」。這些不得從事足以影響審判獨立、法官倫理的事務或活動，不僅指不得上酒家、制服店之類的風化場所，即便是參加他人的飲宴，也應知所節制，尤其是參加所涉審判案件當事人安排的飲宴、活動，更應避免。

可惜的是，台灣霹靂火的劇情安排中，一方面突顯「鄭淑芬」公正不阿、依法辦事的司法青天形象，他方面卻又安排「鄭淑芬」參加其所審判刑事被告「李正賢」的婚禮，即顯得扞格不入。其他像是「鄭淑芬」與被告律師「馬阿敏」、被害人「方平」在案件審判進行中，於法庭外所爲的聯誼、互動，也與現代司法青天的形象有違，因爲「鄭淑芬」所爲嚴重違反法官守則。

戲劇節目應避免傳達錯誤法治觀

戲劇節目基於收視率的考量，在劇情鋪陳上難免誇張、聳動，而人們在整天繁忙的工作之餘，於娛樂休憩之際觀看這類戲劇節目，如果還過於嚴肅看待，未免顯得太沉重。做爲戲劇製作門外漢的筆者，本不敢妄置一詞，但由美國的經驗告訴我們，一齣法治觀念正確卻又熱門賣座的節目，是可以並行不悖的。曲折、誇張的劇情，不代表要扭曲現行的法律制度及理念。

筆者相信「台灣霹靂火」製作群並無刻意誤導的意思，原因出在於他們也不知道正確的法治觀念，這或許與國內的法治教育長期不彰有關。只是，戲劇越賣座，影響力也越大，做爲戲劇節目的製作者，如果寄望於廣大的華人市場，並有長遠的歷史眼界與社會責任的胸懷，是否也該花些許的錢，聘請法律顧問指導劇中關於法庭劇的內容，以免燒出錯誤法治觀念的這把火，而燒出意外。

星光幫、規則與法律文化

九十八年一月間電視節目「超級星光大道」播出第二屆總決賽後，疑因計分方式不公、冠軍爆冷門等爭議問題，引起觀眾的熱烈討論。對此，筆者嘗試從一位觀眾與法律專業者的角度，說明其間所隱含的規則與法律文化問題。

從未上過KTV唱歌

筆者是從未上過KTV唱歌的人，之所以會觀看該節目，起因於六歲的大女兒在偶然機會下，看到第二屆的比賽後，從此迷上該節目。在獨樂樂不如眾樂樂的情況下，該節目成為我們闔家觀賞與共同討論的話題，堪以撫慰在這政黨惡鬥、社會紛亂下苦悶的心情。

主要原因，在於該節目主持人充滿幽默、風趣，主角們又多有精湛、各具特色的表演，加上評審們專業、洞悉人性與發人省思的評語。更重要的是，透過PK賽、敗部復活賽的安排，不僅提高比賽的精彩度使之高潮迭起，讓選手們保有持續努力不懈的鬥志，也深具勵志的教育啓發作用，因此該節目成爲筆者全家人唯一收看的綜藝節目。

其實，「超級星光大道」並非國內首度出現的歌唱比賽節目，該節目所以收視長紅，除前述原因外，筆者認爲比賽過程的公平、公正與公開，也是重要因素。因爲依照筆者的外甥女，也就是曾拿過上百個歌唱比賽冠軍、之前數度參加過其他電視歌唱比賽節目的說法，多數比賽多有內定人選、評審不公的問題。即便曾是歌唱比賽長青樹的「五燈獎」電視節目，也曾發生主辦單位未按規則頒發獎金，參賽者因而向法院提起訴訟的事例。

計分不公疑雲

這次「超級星光大道」之所以引起計分方式不公的爭議，主要在於對外公布的計分方式有兩種，而且改變了總冠軍的名次。即便主辦單位一再宣稱計分方式從頭到尾只有一種，而且參賽選手也事先知道了，但一個經過數個月比賽的節目，卻由總冠軍賽最後一輪占百分之六十的計分方式，是否與該節目所要傳達「人必須時刻努力、隨時精進與奮鬥不懈」的理念有所衝突，顯然是不言可喻的。

再者，相較於其他四位參賽歌手，乍看前半段比賽過程，或可認爲林宜融確實是自己選錯了曲目，因此敗下陣來。但隨著後半段主持人請其演唱無從表演的第二首歌曲後，卻發現與前四名第一階段所表演的一樣，也就是載歌載舞的內容，不得不讓人懷疑僅因選錯表演形式，即將之前數月努力付諸流水的比賽規則，是否符合公平、正義。另外，截至總冠軍賽第一輪均保持領先的梁文音，在最後一首歌也表現不差的情況下，卻因計分比率的問題而敗下陣來，也讓人爲之惋惜，深覺比賽不公。

正如筆者平時一再說的，「法律即是生活，生活即有法律」，而歌唱比賽的遊戲規則，就是生活法律的一環。因爲人們既然過著團體生活，人與人間勢必有所衝突、競爭，而無論是遊戲規則、風俗習慣、倫理道德或法律，都是用以定紛止爭的社會規範。這些社會規範都不應只是冰冷生硬的內容，而必須是切實可行、符合正義理念，且都有一個共同的特色，就是內容必須公平、公正與公開。

遊戲規則的公平與公開

依筆者的觀察，以往「超級星光大道」在外觀上至少都維持著公平、公正的形象，因爲看不出主持人、評審有刻意偏袒某位選手的情況。但總冠軍賽的過程，則明顯讓人產生遊戲規則違反公平、公開的疑慮。其中有違公平的部分，已如前述，至於有違公開的部分，在於比賽規則公開的問題。

因爲人類歷史或許經歷過秘密法時代，但在數千年前早有巴比倫王國漢摩拉比國王（約西元前一七九二年—前一七五〇年）將其新頒布的法律（世稱《漢摩拉比法典》）刻在一塊巨大的玄武岩石碑上（一九〇一年爲世人發現，現藏於法國巴黎羅浮宮博物館），並放在公共場所，以便讓所有人能看見的事例；而中國在春秋時代的西元前五三六年，也有鄭國大夫子產「鑄刑書於鼎」的事例。我國現行《憲法》第一七〇條也規定：「本憲法所稱之法律，謂經立法院通過，總統公布之法律。」可見無論是古代將法令刻鑄於石碑、鐘鼎昭示世人，或是現行法律經國會通過後，必須經由元首公布才能發生效力的情形，目的都是一樣的。

一個法律制定後，必須經過公布的程序，讓全民知曉，才能正式施行。這種採行公示主義，以便人民知曉法律內容、有預測可能性而定行止的情況，也應該適用在各種遊戲的規則上。不過，擺在眼前的事實，卻是「超級星光大道」節目觀衆所知道的遊戲規則，與主辦單位實際用以計分的方式不同，如此即有違公開的程序。即便參賽選手都已知道遊戲規則，但這是一場現場轉播的總決賽，閱聽大衆有權事先知道正確的比賽規則。

收視率冠軍、廣告銷售滿檔的節目，無論爲名或爲利，製播單位當然希望節目能長長久久。如果「超級星光大道」製播單位希望節目能夠持續吸引觀衆，而不像其他歌唱節目的曇花一現，那麼比賽的公平、公正與公開，是一定要的啦！

師生戀，政府應否管制？

九十三年十一月間，媒體報導指出，因應《性別平等教育法》的公布施行，並符合該法的授權規定，主管機關教育部正研擬校園性侵害或性騷擾防制準則。在該準則草案中，有意規範大學師生戀，要求教師要有專業倫理，如果戀情對象是自己的學生，應主動迴避，以免因「性徇私」，影響其他同學權益。

對此，不少大學生或教授表示大可不必，因爲大家都成年了、時代已不同，只要兩情相悅，男未婚、女未嫁有什麼不可以？更有學者在報紙爲文指出，將師生戀放在有關性侵害與性騷擾的準則內，顯然嚴重混淆「兩情相悅」與「單方強迫」的企圖，是建立在對女性身分的母權保護主義上，反而剝奪了年輕女性的性自主。而恰在此時，台北縣汐止市爆發國中教師與學生發生師生戀的事件，正好提供機會讓我們檢視政府在師生戀的政策是否妥當。

古墓戀情新解

本來，男女因心靈契合、靈犀相通而情愫漸生，進而相戀相愛，是人們情感自然流露中最富浪漫的活動，一向是被歌頌的。如今，卻要動用具有強制力的國家法令加以規範，似乎有那麼點「煞風景」。不過，不論古今中外，有許多男女的戀情，因宗教信仰、種族、階級、人倫等因素，不僅不被祝福，兼且被辱罵、詛咒，甚至被科以刑責。

例如，金庸武俠小說「神雕俠侶」中小龍女、楊過的師徒戀情，因不見容於當代社會，在歷經百般波折後，最後只好黯然在古墓中廝守終身。而一九九七年美國小學女教師李圖娜因與十二歲男童法洛的師生戀情，被以二級性侵害兒童罪名判處七年半徒刑。雖然李圖娜在二〇〇四年服刑完畢，並與成年後的法洛結婚，但該段師生戀情，顯然也不被美國社會所接納。

性自主決定權

爲什麼師生戀不被我國傳統社會所接受，主要原因當然是天、地、君、親、師這類人倫綱紀的束縛。雖然隨著社會的進步，許多傳統的倫理道德觀念已不再受到重視，甚至遭到揚棄，但教師與未成年學生間的戀情，仍然是法所不容許的。針對與未滿十六歲的未成年人爲性交、猥褻行爲者，我國《刑法》第二二七條即設有處罰規定；而徵得未滿二十歲男女的同意，使其置於自己實力支配之下，並脫離家庭或其他監督權人的監督者，也構成《刑法》第二四〇條的和誘罪。至於教師利用權勢或機會與自己學生爲性交或猥褻行爲時，根本不應認爲是師生戀，而屬於《刑法》第二二八條利用權勢性交猥褻罪所要論罪科刑的對象。

《刑法》所以設此規定，在於未滿十六歲的未成年人的身體、心智發展尚未成熟，思慮淺薄，對於爲性交或猥褻行爲欠缺完全性自主決定的判斷能力，爲保障其性行爲自主決定權，即便該性交、猥褻行爲已獲得該未成年人的同意，仍應加以處罰。我國《民法》第九八〇條雖規定男性滿十八歲、女性滿十六歲即可結婚，但因爲《民法》第十二條規定人民滿二十歲始成年，意味子女在滿二十歲前，他們的父母（或監護人）對之均有監護權。因此，爲保護家庭對子女的監督權，即便是徵得該未滿二十歲未成年子女的同意，只要未經過他們的父母的承諾，使其置於自己實力支配之下，並脫離家庭或其他有監督權者，即應依和誘罪相繩。

由此可見，教師與未滿十六歲的未成年人發生戀情，進而爲性交、猥褻行爲時，縱使是在兩情相悅的情況下，依其情節的不同，即可能分別觸犯準強制性交、猥褻罪；而如果教師發生戀情的對象是未滿二十歲的學生，也可能觸犯和誘罪。這意味類似美國李圖娜教師的事件發生在我國，該名教師也將被科以刑責。不過，如果與教師發生戀情的是十六歲以上的學生，在法律已尊重其對於性行為有自主判斷決定的能力，且成立和誘罪又不容易的情況下，教師與十六歲以上學生發生戀情時，現行法律是沒有其他處罰規定的。

禮教、專業倫理與法律

在強調個人主義的現代民主法治社會中，學生滿十六歲既然已經有性行為自主權，如果因為兩情相悅而與教師發生戀情，即屬於個人私領域的範疇，如果未涉及其他公共利益，社會大眾即應予以祝福，國家也不宜再以過去的倫理道德觀念介入干涉。因此，類似小龍女、楊過的師徒戀如發生在當今社會，在楊過已滿十六歲，且父母均已過世時，由於未涉及他人權益，他人實無理由以「禮教」的大帽子，硬扣在他們身上。

不過，這並非意味學生家長無權干涉，也不表示學校不可以訂定較法律更高標準的自律規範。主要原因在於現代學校教育的制度設計，基本上是一個師生眾多的環境，而且因為有學位授予的問題，這時發生的師生戀情，恐怕不是古墓派中一師一徒的戀情如此簡單。

怎麼說呢？如果教師戀愛的對象是自己授課的學生，這時教師即可能無法公正、客觀的評分，而損及其他學生的權益；而且可能在學位授予上放水，而造成國家名位的濫用。現代民主法治社會因記取「權力使人腐化，絕對權力絕對腐化」的教訓，因而有權力制衡的制度設計，則這類弊端既然涉及他人權益或公共利益，依據「利益迴避原則」的法理，即應該有一定的社會規範加以約束。

其實，這種涉及專業倫理的問題，本應由學術社群依據學術自由、各級學校根據教師專業自主權的自律機制加以解決。在學術社群及各級學校無法自律的建立專業倫理規範時，由政府在訂定的校園性侵害或性騷擾防制準則中，要求各校在自行訂定的防制辦法中規定，大學教師要有專業倫理，如果戀情對象是自己的學生，應主動迴避的內容，無論從情、理、法層面來看，都是適當的。而各級學校也應該訂定較爲具體的行爲規範，否則動輒以「行爲不檢有損師道」這種不明確法律概念作爲解聘教師的理由，在法理上恐怕是站不住腳的。

師生戀、性侵害與性騷擾

必須說明的是，將師生戀的規範放在性侵害與性騷擾防制的準則內，主要是主管機關、法律規定不同使然。因爲我國現行法律中涉及性侵害、性騷擾的法律，主要包括《性侵害犯罪防制法》、《兩性工作平等法》及《性別平等教育法》等三法，其中前兩者的主管機關是內政部，只有《性別平等教育法》是由教育部主管。而教育部所以訂定該準則，依據筆者的判斷，是因爲《性別平等教育法》第二十條的要求，在沒有授權，也沒有必要另行訂定其他準則的情況下，只好將規範師生戀迴避的部分訂定於該準則中，倒不是教育部刻意如此。

另外，《性別平等教育法》所要加以規範的，主要在建立性別平等的教育資源與環境，以及防制學生遭受性侵害、性騷擾的申訴與處理程序，如學生遭受性侵害已涉及犯罪問題時，即應由性侵害犯罪防制法加以規範。至於如何避免校園中其他性徇私（如行政人員、教師相較於主管、校長的弱勢地位）事例的發生，由於教育場所也是一個職場，當然適用《兩性工作平等法》的規定，並非只假設女學生的脆弱性。前面所提美國女教師的案例，告訴我們師生戀問題不只發生在男教師與女學生而已，即無學者所稱是建立在對女性的母權保護主義上的問題。

總之，現行法律雖未特別針對師生戀有所規範，但因爲一體適用的結果，還是有相關規定可以規範，只是仍有不足而已。筆者贊成教育部的作法，也就是教師如果與已經具有性自主決定能力的學生因爲兩情相悅而發生戀情，在彼此已經沒有師生關係的情況下，我們應該予以祝福；如果彼此有授課或指導的師生關係，因爲事涉他人權益及公共利益，請發揮教師專業倫理的自律精神，主動迴避。

保留法律追訴權？

台北縣坪林鄉公所針對北宜高速公路設置交流道議題所進行的公投，引發行政院院會對於諮詢性公投合憲性問題的激辯。由於六位發言人學、經歷及專業背景相當，使得全場辯論激烈而精彩，加上學者專家對此議題的關切，可預見這項議題仍將受到相當的關注與討論。

筆者無意對這個公投議題做任何論斷，卻對本事件所引發馬英九市長指控行政院林佳龍發言人斷章取義的插曲，覺得可以從法治教育面的立場，說明林發言人事發後於九十二年九月十八日所發的聲明中所突顯出來的問題。這主要包括：一、國內時常流行的一句話——「保留法律追訴權」，是否具有意義？二、隱私權的意義是什麼？公務員執行公務時所保有的隱私權範圍爲何？三、政府機關將特定消息給某家報社作爲「獨家新聞」，是否有違政府資訊公開、禁止行政行爲差別待遇的原則？

追訴權無法保留

首先，林發言人在第四點聲明中提到對於不實的指控，他要「保留法律追訴權」。保留法律追訴權是國內電視新聞報導常見的一句台詞，凡是政客間彼此攻訐後，常常有這麼一句話。久而久之，一般民衆受到影響，遇到紛爭時也會說上這句話，好似這句話具有特殊的作用及意義。問題是它具有法律上的意義嗎？既然稱爲「保留」法律追訴權，必須因爲說了這句話，而使得他的法律追訴權得以保留，才具有意義。如果不具有意義，說了也是白說，何必特別用上這麼一句專有名詞。

可惜的是，依照《刑事訴訟法》第二三七條第一項的規定，關於告訴乃論的罪行，它的告訴期間必須自得爲告訴之人知悉犯人之時起，在六個月內爲之，並沒有規定可以保留的問題。也就是說，告訴期間因爲六個月時間的經過，即不得再行告訴，縱使被害人事先聲明「保留」，時間還是照樣進行，並不會因此讓告訴權時間得以停止進行。

同樣的，如果被害人想要提起的是侵權行爲損害賠償的民事訴訟，依照《民法》第一九七條第一項的規定，必須自知悉損害及賠償義務人時起，在二年內行使，如果在期間內不行使，權利還是照樣消滅，也無法因爲事先聲明而「保留」。

既然法律追訴權無法因爲事前聲明而「保留」，「保留法律追訴權」這句話在法律上就沒有任何意義，說了只是突顯自己對於法律的錯誤認知罷了。被指控者爲了讓自己暫時得以面對他人的質疑，用以作爲公開場合的「制式語言」，或許並無傷大雅。但林發言人身爲國家最高行政機關行政院的發言人，本身又是出身美國名校的博士，學、經歷及涵養等各方面俱佳，如果眞是爲了維護政府公信力，在認爲自身確實遭到不實指控，而該當民、刑事責任時，就應勇於提起告訴，實在不宜以行政院發言人的身分，不能免俗地做出錯誤示範。因爲如此不僅繼續誤導一般民衆的法治觀念，更有損國家形象。

公務活動豈有隱私權可言

其次，林發言人說沒有立即公布當天會議的錄音帶，是爲了維護首長的隱私。然而，所謂的隱私權，是指對於個人領域內事務的控制權。「個人領域」指的是個人在公共生活或涉及公共事務以外的生活領域，個人得以自由決定生活目標及追求人格發展的保留空間。也就是說，隱私權所要強調的，是個人在其個人領域內享有完全的自主權，可以自由形成其生活形態，只要不涉及公共或他人利益，個人的權利應該受到完全的尊重。

不過，公務員因爲他們的職務或行爲直接涉及公共利益，那麼在執行公務時，就沒有保護他們的隱私權的問題。以隱私權理念相當發達的美國而言，一般在談公務員隱私權的問題時，通常是指新聞自由侵犯了公務員私的領域的行為自由。而即便是針對公務員非公務時間內的行為，只要涉及公共事務者，美國司法判決仍然容許新聞媒體得對此加以報導，遑論是執行公務時的行為。

違反禁止差別待遇的獨家新聞

最後，關於提供「獨家新聞」一事，依照我國《行政程序法》第四十四條規定，行政機關持有及保管的資訊，以公開為原則，限制為例外；第四十五條同時也規定，行政機關保有或保管包括合議制機關的會議紀錄在內的八種資訊，應主動公開。行政院院會既為合議制，而且行政首長在該會議提案或發言討論，也是依法執行公務，即無維護首長隱私權的問題。

行政院院會遇有會議成員指控發言遭到斷章取義之際，本應即時主動公布全部會議內容的錄音帶，怎可事先僅讓某報以「特殊管道」取得會議紀錄加以刊載，事後又僅播放其中內容的片段，而且以維護首長隱私權作為搪塞之詞。如此作為，不僅有違政府資訊公開、禁止行政行為差別待遇的原則，且與保障隱私權的法理不符。

本案爲典型的政治操作手法

「依法行政」是現代立憲主義國家憲法要求的基本原則之一，行政機關是否依法行政，更是檢驗一國是否爲民主法治國家的重要指標之一。九十二年九月十七日的行政院院會，本是針對諮詢性公投是否合憲的單純憲政學理之爭，行政院發言人事後將馬市長發言簡化爲「公投等同文革」的說法，已可預見將招來各方爭議，即應該依法將院會發言紀錄公開，豈知行政院卻刻意新聞操作，只交給對自己友善的新聞媒體，作爲該媒體的「獨家新聞」，已是違反依法行政原則在先。再以保護行政首長隱私爲由，作爲自己當初未公布行政院院會紀錄的藉口，更是錯引隱私權保障的學理。何況明知只是單純的認知差距問題，卻又引用在法律上不具任何意義的「保留法律追訴權」，企圖模糊問題的焦點，以便讓事件繼續流於口水之爭，更是傳統的政治操作手法。

凡此種種，都爲我國的民主法治教育做出最錯誤的示範，林發言人在事隔一個星期之後，在九月二十四日所爲的發言，顯然仍然沒有學到「教訓」。台灣選舉頻繁，每逢選舉之際，候選人爲了抹黑對手或爭取選票，類似的政治操作將更爲明顯。國人必須睜大眼睛，好好檢視這些政治人物的各項作爲，千萬別因爲自己的意識型態或黨派認同，誤解了問題的焦點。

我又沒喝酒，警察憑什麼施以酒測？

九十四年四月十五日電影明星馬景濤醉拳襲擊警察事件，起因於同車駕駛明星李婷宜遇到警察攔停後，堅持不肯下車受檢，並表示：「我沒有喝酒，為何要酒測？」因為警察繼續拍照蒐證，同車的馬景濤見狀，「跳」下車來英雄救美，因此發生了辱罵並毆打警員的不法情事。依照警員的說法，是因為李婷宜駕駛的銀色小白車在見到警察所設的酒測臨檢站時，車速刻意緩慢下來，警察見狀揮手要求停車，當車窗搖下時，一陣濃郁的酒味撲鼻而來，才要求對駕駛人李婷宜實施酒測。

李婷宜的主觀認知是自己又沒有喝酒，事後檢測結果，李婷宜的呼氣酒精濃度每公升僅零點零一毫升，並未構成公共危險罪的移送標準，甚至也未達到當時行政罰鍰所要求零點二五毫升以上的標準（本裁罰基準事後已修正），警察憑什麼實施酒測？問題是警察真的不能對李婷宜施以酒測？警察有無違反依法行政原則？

警察攔停作酒測的依據

其實，相關法律已有規定。依照《警察職權行使法》第八條規定，警察依客觀合理判斷，得對易生危害的交通工具實施攔停，並對駕駛人實施酒測，該規定爲：「警察對於已發生危害或依客觀合理判斷易生危害之交通工具，得予以攔停並採行下列措施：一、要求駕駛人或乘客出示相關證件或查證其身分。二、檢查引擎、車身號碼或其他足資識別之特徵。三、要求駕駛人接受酒精濃度測試之檢定」、「警察因前項交通工具之駕駛人或乘客有異常舉動而合理懷疑其將有危害行爲時，得強制其離車；有事實足認其有犯罪之虞者，並得檢查交通工具。」

警察依法攔停的標準中，「已發生危害」的判斷標準，較無問題；至於「依客觀合理判斷易生危害之交通工具」，顯然是不確定的法律概念，即易生爭議。因爲何謂「依客觀合理判斷易生危害之交通工具」，基本上是依照警察執法時自己的主觀認知，來加以判斷。那誰來判斷警察的主觀認知是否合乎法律規定？警察濫權時誰來加以監督？這涉及利益衡平及價值抉擇的問題。

由於警察是公務員，受過專業訓練，違法執行職務時並將遭到懲戒，原則上應推定警察都會依法執行公務。何況社會上發生拒絕攔停而衝撞警察，甚至槍殺警察的事例，並不罕見。如果不賦予警察裁量權限（或稱自由心證），警察如何維護公眾安全、如何維持交通秩序，更如何保障自身生命的安全。因此，當然應該賦予警察在值勤時判斷的餘地，決定是否攔停、施以酒測。

萬一警察濫權時

當然，過去警察濫用權力的情況，也時有所聞。爲了兼顧人民的權益，並確保公務執行的正當性，法律已做了相關的制度設計，讓人民在警察值勤之際，可以當場表示異議，以便警察有自行檢討的機會。如果警察還是堅持應實施酒測，人民可以向警察要求提供書面紀錄，嗣後並得提起訴願及行政訴訟，由司法做最後的仲裁者。

《警察職權行使法》第二十九條明定：「義務人或利害關係人對警察依本法行使職權之方法、應遵守之程序或其他侵害利益之情事，得於警察行使職權時，當場陳述理由，表示異議」、「前項異議，警察認爲有理由者，應立即停止或更正執行行爲；認爲無理由者，得繼續執行，經義務人或利害關係人請求時，應將異議之理由製作紀錄交付之」、「義務人或利害關係人因警察行使職權有違法或不當情事，致損害其權益者，得依法提起訴願及行政訴訟。」顯見在警察值勤時，如果民衆因此有所疑慮，甚至發生爭執，只要彼此以理性、平和的態度，依照法律規定的程序處理，即可減少辱罵、毆打警察等爭議的發生。

以本案而言，如果警員所說的情況可以採信，也就是：「李婷宜駕駛的銀色小白車在見到警察所設的酒測臨檢站時，車速刻意緩慢下來，警察見狀揮手要求停車，當車窗搖下時，一陣濃郁的酒味撲鼻而來」，警察當然可認定爲「依客觀合理判斷爲易生危害之交通工具」，而對駕駛人李婷宜實施酒測。何況依照常理，警察在深夜值勤時，應不可能看見影星在車上，才故意加以攔停。

理性、和平是不二法門

由此可知，雖然駕駛人對於自己有無喝酒最清楚，但警察身爲執法的公務人員，爲了維護自己及社會大衆的安全，必須在短時間內做出判斷，值勤時難免有未見周全之處。「警察職權行使法」的制度設計，就是在兼顧個別人民的權益及社會大衆行的安全的公共利益所做的平衡決定，雖未盡如人意，卻是爲謀全體人民和諧安樂生活所作的不得已安排。

這事件告訴我們，遇到紛爭時，理性、平和的態度，才是解決問題的良方。別妄自托大，也別低估法治社會所做的制度安排與紛爭解決機制。畢竟所有的法律規範是集思廣益的成果，是所有人類社會經驗的智慧結晶。

爲什麼沒有法官當選十大傑出青年？

每年的三月八日是國際婦女節，九十八年三月八日婦女節當天，舉辦了中華民國第二十屆十大傑出女青年頒獎典禮。十位當選人中，其中一位是板橋地檢署檢察官簡美慧。

近幾年十大傑出青年公布時，其實也有檢察官當選，法界卻少有公開祝賀的情況。相較之下，簡美慧檢察官的獲選，卻在檢察官論壇中揚起一片頌讚聲，例如：查緝色情犯罪與性侵害案件，不畏恐嚇威脅，成效卓著；非常優秀的檢察官，辦案認眞，不喜歡上媒體博版面，得獎是實至名歸等等。如果連司法體系的人都讚揚不已，看來她眞的是衆望所歸，當選傑出女青年當之無愧了。

十大傑出青年與十大傑出女青年的不同

看了十大傑出青年、十大傑出女青年的頭銜，不禁令人好奇：兩者有何不同？誰在推動選拔？筆者經由搜尋相關資料，才知道兩者大有不同。十大傑出青年的產生，起源於一九三八年美國青商會開始「十大傑出青年男子」選拔活動，一九八四年以後因加入女性會員，才改名爲「十大傑出美國青年」。其後，一九六二年國際青商會世界總會在香港舉行的世界大會中，通過一項決議案，要求各會員國仿效美國青商會的經驗，各自在所屬國內推動「十大傑出青年」選拔的活動。

在此決議下，五十二年國際青商會中華民國總會在成立十週年時，開始推動「中華民國十大傑出青年」的選拔，每年舉辦一次，迄今已舉辦四十六屆。而爲了堅持十傑選拔活動的傳統精神與理念，擴展十傑選拔的社會影響力與時代意義，更於八十五年六月在歷屆得主的支持下，成立「財團法人十大傑出青年基金會」，做爲永續推展這項活動的機構。

相較之下，十大傑出女青年於五十五年開始選拔，每二年舉辦一次，主要承辦單位原爲中國青年反共救國團（八十九年更名爲中國青年救國團）。救國團爲社團法人，而社團法人是由社員所組成，本就可能因爲人事更迭而影響其組織運作及宗旨，加上救國團原本屬於特定政黨的外圍團體，因此在民進黨執政時期，曾有六年期間中斷十大傑出女青年的選拔活動。這次第二十屆十大傑出女青年是由中華民國歷屆十大傑出女青年協會、財團法人眞善美基金會及救國團所共同主辦。

十傑候選人的資格

不管是十大傑出青年或是十大傑出女青年，目的都是希望選出青年的典範。而依據十大傑出青年基金會公布的候選人資格，職業、性別都沒有限制，只要二十歲以上、四十歲以下的中華民國國民或華僑即可。至於選拔標準，則只要所從事的工作是對社會、國家或全人類具有相當的影響性、改革性或創造性的成就者，都是選拔對象。不過，特別注意候選人的品德，希望傑出青年不僅是工作與事業上的成功者，同時也是家庭與社會上的模範。

在這樣的資格要求下，從九十三年至九十七年的五年期間，連續五年都有檢察官當選，而且都是女檢察官，更都是從公共行政類中脫穎而出的。因爲十大傑出青年是有分門別類的，計分爲：科技發展類、基層勞工類、企業經營類、國民外交類、醫學研究類、社會服務類、教育體育類、藝術文化類、公共行政類與農漁環保類等。而檢察官扮演摘奸發伏、打擊犯罪的角色，容易贏得社會的讚許與人民的認同，當選十大傑出青年的機率如此之高，也就不足爲奇了。

引人好奇的是：與檢察官同樣出身法務部司法官學院（前身是司法官訓練所），做爲社會正義的最後一道防線，負責定紛止爭的法官，怎麼近年來就沒有聽過有當選十大傑出青年的事例？按理，我國法官年紀未必較檢察官爲長，自不可能因爲超過四十歲而失去候選人資格。何況，隨著近年來許多重大社會矚目案件的審判，也成就不少法官的名聲。可見沒有法官當選的事例，應該另有緣由。

審判無英雄

事實上，過去並非沒有法官當選十大傑出青年的事例，曾任最高法院院長的王甲乙、吳啓賓、楊仁壽先生等人，在青年才俊之時（也可能是專制威權時期執政者的有心栽培，但這涉及轉型正義的問題，在此不予深論），也都曾當選十傑。除此之外，也還有其他法官當選人。既然如此，爲什麼近年來沒有十傑的法官當選人，這就涉及「審判無英雄」的道理。

因爲法官從事審判工作時，必須超然、獨立於自我、偏見、主觀意識、激情、利慾之外，不受任何的威脅與利誘。我心如秤，不偏不倚，依據良心與法律，獨立、公正與客觀的審判。因此，即便輿論是一片「曾參殺人」的聲音，或是衆人皆曰可殺，法官仍然必須依據法律確信做出公平與公正的審判，確定人是誰殺的、該判決怎樣的刑度，不能憂讒畏譏，屈服於輿論審判壓力之下。這使得審判工作雖然寂寞，卻是法官的憲法誡命與倫理規範要求。

在這種意義下，如果容許將十大傑出青年獎項頒給法官，則不能排除個別法官在這頭銜或其他名位的利誘下，為了迎合一時民意，而做出有違其良心與法律確信的判決。是以，自不能頒發十傑獎項給法官，甚至將法官列為十傑候選人。而八〇年代陳前總統在擔任立法委員時，也曾舉辦過優良法官的選拔，當選第一名的林勤綱法官（後來轉任檢察官，在陳前總統所涉國務機要費案中擔任公訴檢察官），應該也是在「審判無英雄」的認知下，拒絕受領該獎項。

早期有法官當選十傑的事例，是過去法治不彰、民智未開下的產物。近十幾年來不再有法官當選十傑，筆者猜測是主事者體認到「審判無英雄」的法治教育意義。畢竟財團法人十大傑出青年基金會的第一屆董事長，就是曾任最高法院院長的王甲乙先生，對這些理念應知之甚詳。至於曾當選十傑的法官們，這是時代下的產物，不應加以苛責。因為，過去我國的司法發展經驗中，可是檢、審不分，也就是基於歷練、職務安排的需要，司法官常在法官、檢察官職務中輪調，自然沒有這樣的思維。

別祝福法官升官、發財

法官必須屏除一切的慾念與誘惑，難怪英、美法系國家的法官要從律師、檢察官中選拔產生。因為律師、檢察官執業已有一段時間，即不致過於年輕，也有了一定的歷練與經驗，對於自己要什麼、不要什麼，早已心有定見，也就傾向於將法官一職當作人生的終點，不會也不必再追逐名位。如果眞的在乎，也只是自己的歷史地位，在乎自己是否能夠做出符合人情與義理、傳頌久遠的判決。

當然，光靠法官自己的認知與覺醒是不夠的，還必須有整個法治環境及具體的規範要求。以美國爲例，基於判例法的傳統，加上法官是透過選舉產生，法官被期許在沒有先例可循的情況下，因應社會去積極造法，則法官的判決，往往可以引領社會思潮、立法或法學進展。相較之下，歐陸法系國家法官是透過考試產生，被當作是公務員的一環，施以統一的訓練，重視實務見解的統一與經驗的傳承，又是成文法國家，採取體系與條文演繹方法，因此法官從事審判時大都恭命爲謹，少有做出發人深省的判決。

在法官從事審判的憲法誡命與倫理規範要求方面，我國僅於《憲法》的第八十條規定：「法官須超出黨派以外，依據法律獨立審判，不受任何干涉。」至於更具體的操作標準，依《法官法》授權訂定的《法官倫理規範》，很多規範內容抽象，欠缺具體、明確的操作標準，還有賴於個案累積而細緻化，而且許多條文內容都是繼受自國外法制。

相較之下，無論是美國法曹協會（American Bar Association，下稱ＡＢＡ）所訂定的《司法行爲模範法典》（Model Code of Judicial Conduct），抑或是美國聯邦司法會議所公布的《美國法官行爲守則》（Code of Conduct for United States

Judges），都有詳細的規定。如ABA規範即規定：「法官應維護與促進司法之獨立、廉潔、正直與無私，避免不當或易被認爲不當之行爲。」規範二也明定：「法官應公正、稱職而勤勉地執行其司法職務。」規則則要求：「(A)法官不應因群衆鼓譟或懼怕批評而猶豫不決；(B)法官的司法行爲或裁判不應受到家庭、社會、政治、經濟或其他利益或關係之影響；(C)法官不得傳達或允許他人傳達某人或某組織處於可影響法官之地位的印象。」而美國法官行爲守則也有類似的規定，並有相關註釋，使該規範內容更臻明確化。

這些倫理規範要求，無非在要求法官應保持司法人員的人格完整與獨立自主，不僅應避免不當與看似不當的所有活動，避免濫用司法職務的名望，更應超然、獨立，不受他人關說或干涉，不因家庭、社會、政治、經濟或其他利害關係，或可能遭受公衆批評議論而受影響。而法官的人格完整與獨立自主，則有賴法官行事的毋庸畏懼或施惠，因此法官在審判事務上並無任何長官可言。

基於這樣的理念，法院雖然有法官、庭長、院長職稱的不同，只是所扮演角色的不同而已，並無職位高低之別。曾任司法院人事處處長的周占春法官，在卸任處長職務後，放棄擔任院長、上級審法官或庭長等職務的機會與司法慣例，而自願到地方法院擔任「陽春法官」，即是在彰顯法官無職務大小、官位高低的理念，值得令人敬佩。而立法院於一百年間通過《法官法》後，明定法官不設官等、職等，沒有考績制度（改採職務評定制度，法官的表現只有良好、未達良好二個標準），即是在貫徹這樣的理念。

我國人民常將法官轉任庭長、院長或一審法官改任二審、三審法官，視為法官的「升官」，即屬誤解現代民主法治社會的司法權功能。因為法官之所以受人尊崇，不在學歷高低、職務大小，而在於克盡自己的職責，善盡憲法所課予的義務。是以，下次碰到法官朋友時，記得別再恭喜他「升官」、「發財」，即便是逢年過節的應酬話，也應避免。因為「升官」意圖會阻礙法官的人格完整與獨立自主；「發財」則有暗示、鼓勵法官接受賄賂的意思，只會讓法官面臨牢獄之災。

法官的名片

法官不應該隨便接受社會頒發的頭銜、避免濫用司法職務的名望，那法官可不可以印名片？前法務部政務次長、檢察總長黃世銘先生因為他的女兒所撰寫的〈父親的名片〉一文，而讓外界對這位「法界鐵漢」（當然，如果「鐵漢」封號是為達實質正義目的而不擇手段、罔顧程序正義所贏得，日後終將付出代價），有了更多的認識。這篇文章以名片為軸，說明黃總長雖因職務的調動，而有一張張新的名片，而且往往是高升，卻希望家人盡可能的低調，不張揚不炫耀。即便在擔任某地檢署檢察長期間，女兒因夜晚在浴室滑倒摔斷牙而就醫時，黃總長也不曾送出名片，只是在人滿爲患的急診室候著，因爲他不願意別人知道他的身分而給女兒特權。

黃總長這種剛正不阿、律己嚴格、公私分明的作風，贏得社會各界的高度讚許。相較於黃次長的不送名片，各位所不知的是，法官圈有個更保守的傳統，就是法官不印名片。這雖然未曾形諸文字或《法官倫理規範》，卻成爲法界的潛規則，爲多數法官所奉行。每當筆者參加外界舉辦的座談會或擔任演講者，與會成員交換名片時，都要一再說明「法官不印名片」這件事，以免讓人誤會不懂禮數。

爲何有「法官不印名片」這種潛規則？詳情已無從探究。依照一般的理解，過去因爲審判獨立的社會氛圍尚未形成，關說盛行、司法黃牛問題不斷，法官爲了避免自己的名片被司法黃牛拿去成爲詐騙的工具，本就傾向不希望別人知道自己的職業，加上法官必須屏除一切的慾念與誘惑，則印名片這種彰顯頭銜或名位的作爲，自然爲多數法官所排斥。在一代代口耳相傳下，就成爲多數法官們奉行不渝的準則。

然而，雖然《法官倫理規範》強調法官應該謹言慎行，法官的行爲標準也應高於一般大眾，但這並非意味法官應該與社會斷絕一切聯繫，從此不食人間煙火，過著僧侶般與世隔絕的生活。因此，法官參與職務上許可的社會事務，從事無害於司法信譽或法官形象的職務外活動，不僅是法官做爲公民的基本權利，有時更符合公眾利益。而法官既然要與社會有所聯繫、互動，則做爲人際互動工具之一的名片，即無禁止法官印製的道理，所要禁止的，只限於「法官應避免濫用司法職務的名望圖自己或第三人的經濟利益，或容許別人也這麼做」而已。

優良法官的選拔

必須說明的是，目前的確有優良法官的選拔活動，而且是由司法院依據自行訂定的《優良法官遴選要點》來加以推動，這是依據司法院於八十八年三月三十日開會所作「司法改革具體革新措施」的結論辦理。該結論在具體改革措施二提到：「培養法官高尚情操，恪遵法官守則，樹立法官倫理，經驗傳承，互敬互重，並蒐集表揚優良司法事蹟，以為後學典範」。

司法院舉辦優良法官遴選活動，與前述「審判無英雄」的理念有無違背？其實，司法院舉辦這項活動的主要目的，原本在於希望培養法官高尚的情操，以期樹立法官倫理，顯見立意良善。而且因為僅能由司法院所屬機關、法官二十人以上連署，或由法官協會、女法官協會推薦，也就是優良法官僅能由法官社群中推薦遴選產生，即不致發生「個別法官在頭銜或其他名位的利誘下，為了迎合一時民意，而做出有違其良心與法律確信的判決」的情況。

問題是誠如蔡新毅法官所說的，法官倫理屬於「非自明的自然律」，也就是並非明白、淺顯的倫理自然律，而必須根據法律職業的對話與專業需求，經過不斷反省、對話與溝通，方能逐漸形成共識的職業倫理。由於法官倫理本身不甚明顯，必須在邏輯學及認識論有受過訓練的人才能發現，有時甚至連受過訓練者也不免發生錯誤，而帶有「對話倫理」的性質，即不可能單靠優良法官的選拔，而樹立法官倫理。

何況依照司法院所定遴選要點的規定，負責遴選優良法官的審查會，是由司法院正、副秘書長、各業務廳廳長、人事處處長及前一年優良法官所組成。而每一年度的優良法官，是經由審查會推舉人選後，提報司法院院長核定。這幾年經由司法院核定產生的優良法官，雖不少人品、學識與經驗令人景仰之士，卻更可能是司法行政部門基於特定目的選出的「看板人物」，而非法官社群所公認的「法官典範」。

過去做爲我國法官倫理的規範，是司法院於八十四年所訂頒的《法官守則》，屬於職權命令的性質，並不符合對話倫理的性質。而從它的規範內容、形式來看，多爲期望、激勵式的倫理訴求，而且內容抽象，欠缺具體、明確的判斷標準。何況法官倫理的具體內涵及優良法官的圖像，不能僅侷限於超然公正、品格高尚、廉潔自持、勤勉刻苦等幾近道德式的要求。依據《法官法》授權而訂定的《法官倫理規範》，雖然條文內容還是不夠具體、明確，但該規範同時明定司法院得設諮詢委員會，負責本規範適用疑義的諮詢及研議。目前該委員會不定時公布經由多元代表組成的委員會所研議的決定（由法官社群與法律人、社會大眾不斷對話所取得的共識），相信經由個案的累積與具體標準的訂定，有助於尋得相對可得確定的規範內容，使法官有一個賴以遵循的行爲準則，而且有助於提升人民對於司法的信賴。

十傑的愼重選擇

話說回來，檢察官當選十傑有無問題？之所以有這樣的提問，是因爲我國過去推動《法官法》立法工作的最大阻力之一，就是檢察體系希望檢察官能比照法官職務，享有司法官屬性。而在延宕立法已超過二十年後，最後通過的條文還是讓檢察官比照適用《法官法》。然而，既然檢察官要求具備司法官屬性，則中立、無偏私，應屏除一切的慾念與誘惑等司法權特性，即應爲檢察官所遵循。

其實，檢察官做爲國家法意志的代言人，關於檢察官的屬性與角色定位，各國有不同的制度設計，很難一概而論。不過，如果我國檢察官仍然隸屬於行政體系的法務部門，必須要奉行檢察一體原則，那麼將檢察官等同法官，認爲也具有司法官屬性，即與其所應扮演的角色格格不入。畢竟檢察官是刑事訴訟的一方當事人，負責犯罪的追訴與處罰，要求中立、無偏私本就強人所難，而且無檢察獨立的空間。

基於這樣的認知，檢察官就是檢察官，不應該具有司法官屬性，要保障檢察官的身分、地位，應該尋求其他的法理基礎，而非將法官、檢察官綁在一起，而這也是許多筆者與民間團體一再倡議另行制定《檢察署組織法》、《檢察官法》的主要原因。是以，檢察官當選十大傑出青年，並無問題，我們也應予以祝福及肯定。至於過去檢察體系在辦理人事升遷時，辦過大案、上過報而成名的檢察官較易獲得升遷的機會，以致許多檢察官喜歡辦大案、違反偵查不公開原則而透露案情的作爲，不僅違反法律規定，也違反檢察官倫理規範。有無檢察官爲了爭取十傑的頭銜，而採取類似的作爲，這是社會各界必須注意的。

尤其十大傑出青年的選拔，在選出青年的楷模，但如果盡在做錦上添花的工作，或採取分配似作法，則其選拔的客觀、公正性，也就令人懷疑。因爲這幾年當選十傑的檢察官，在法界人士的認知中，並非每個人都是實至名歸。而且連續五年當選的檢察官，都是女檢察官，這對於那些認眞、傑出的男檢察官也不盡公平。至於都是由檢察官占據公共行政類的十傑人選，也將打擊其他優秀公務人員的士氣。

經由嚴謹的評選過程，選出眞正傑出的社會翹楚，做爲現代年輕人學習的典範，應是推動十大傑出青年選拔活動的最主要目的。如果主辦單位不能深刻體認在心，深入比評、考核當選人的作爲與品德，而只會看名氣選拔，則類似伍澤元、施治明這些當年也是青年才俊，也曾當選十傑的人，最後卻因爲違法犯紀而有牢獄之災的事例應該殷鑑不遠。而遺憾的是，號稱「司法鐵漢」、也曾當選十大傑出青年的檢察總長黃世銘，當年因爲一味地追求實質正義，固然爲他博得「好」名聲，但不擇手段的法律追訴狂作風，終也讓他在一〇一二年間爆發的「九月政爭案」中付出慘痛代價（雖然免去牢獄之災，卻也是第一位遭判刑定讞的檢察總長），誠值得法律人與社會各界深思。

傾聽法官眞性情流露的聲音

由於我國是採取職業法官制，一般人民並沒有參與審判的機會，而且法官是經由考試產生，大都年輕、缺乏閱歷即進入司法體系，兼以長期以來公務員心態的審判文化，以致所做的大多數判決，充斥法律形式主義、「法匠」式的論述風格，這成爲一般國人對我國司法的普遍認知。因此，因不滿類似玻璃娃娃的判決，而提出「法官來自黑暗星球」、「司法版的一萬個失望」等批評司法的論點，也就屢見不鮮。然而，其實已有越來越多的法官勇於突破窠臼，在「法律的聲音」外，做出符合法、理、情的理由論述。

男人永遠是中間的夾心餅乾

「結婚是女人生命最重要的一次遷徙，女人要從原來的家移到另一個地方，人們稱為『歸宿』的地方。當女人進入新家庭，女人擔負起延續這個家庭的責任，女人也逐漸從生活照顧中，從每一件抹布的挑選，每一件衣服的摺法，碗盤收藏的方法等等，逐漸將這個家庭占為己有。但是女人經營家庭，不似男人經營事業有固定職場工作規則可依循。經營家庭的規則模糊難辨，付出的多寡難以衡量，沒有清楚的方向，於是糾紛不斷，摩擦頻生。媳婦在生活中最大的對手，就是婆婆、妯娌、大姑、小姑等。」

「當女人克服一切，眞正擁有她自己的家庭時，她又要面對這個家庭的解散，注視著當年與她踏入相同命運的女人，一步步攻城掠地。當年她如何從婆婆手中接收領土，如今也要同樣交出。這樣的情節，在中國社會永遠不斷上演。男人永遠是中間的夾心餅乾，兩方面的壓力都湧向男人身上。於是當男人累積過多壓力時，不無採取暴力發洩的可能。」

這段話出自一件家暴令的民事裁定，由於內容深刻描繪出女人在婚姻關係中的角色，而且是出自一位男法官之手，遂引起媒體的廣泛報導，而名噪一時。事實上，該則裁定對於家暴令的聲請，是裁定准許的，葉明松法官實在無庸花費篇幅論述男、女角色的不同，尤其是提及家暴丈夫「永遠是中間的夾心餅乾」的關懷論點。法官所以這麼做，除了可以讓當事人了解司法是依據法條文義認事用法外，更要彰顯他對人性的洞悉、對世事的透明，這樣就能讓人們看見司法權在法律判斷的終極性理性基礎。

依被告誓詞接受上天的懲罰

如果讀者以爲這是特例，再看看以下這段論述：

「本件被告雖確實有趁機出手撫摸被害人胸部、臀部之行爲……僅係趁被害人不注意無法防備時而觸摸得逞，與前述刑法第二二四條之強制猥褻罪之構成要件應不相符……於道德上雖應加以嚴正譴責，且違反『社會秩序維護法』第八十三條第三款之規定，然並無刑法規定得以處罰，依刑法罪刑法定原則，本院自無法繩以刑責……被告行爲後毫無悔意或歉意，態度惡劣，仍應予道德譴責。且如同被告於本院審理時所陳明：『我可以對天發誓，如果我有半句虛言，我願意接受上天懲罰』等語，本院既然無刑法依據足可處罰被告，只能由被告依其誓言接受上天懲罰，以稍彌補被害人身心所受之傷害。」

這段話摘錄自一件男對女襲胸、撫臀是否該當強制猥褻罪的刑事判決。因爲媒體錯誤報導、婦女團體刻意遺忘立法歷史，讓社會各界誤解法院是以「襲胸十秒時間短，不足以引起性慾」的理由判決無罪的事例，相信是多數國人耳熟能詳的。在類似情況的本件判決中，法官雖然依法判決被告無罪，卻也指出應予被告道德上的譴責，並聲明「由被告依其誓言接受上天懲罰」。

財政部怠忽法律課予的職責

另外，再舉一件近日社會各界爭論不休的信用卡循環利息應否調降問題爲例，筆者早在九十三年間的判決理由中，即提及：

「本院雖爲社會正義之最後一道防線，但仍須受個案審查之拘束。……何況法院仍須依法審判，必須受許多訴訟法理之拘束，在消費者未加以爭執，且民法僅規定發卡機構就超過年息百分之二十計算之利息無請求權之情況下，法院即無權亦無法介入審查形式上尚未逾約定最高利息之循環信用利息是否合理之問題。……何況財政部所應加以規範者，在於發卡機構濫用契約自由原則，透過定型化契約長期以固定利率向消費者收取高額之循環信用利息，而非訂定齊一、標準化之利率要求各發卡機構遵守，即無違反利率自由化之問題。」

「財政部是否因另有政策考量或其他正當事由，致未對此問題加以規範；或係誤解民法、消費者保護法之上開規範意旨，致怠忽法律所課予之職責，而任令發卡機構以定型化契約剝奪消費者之權益，此屬於行政機關是否已盡其行政管制職責之問題，基於權力分立制衡之憲政法理，應由其他監督制衡之憲政機關（如立法院、監察院）依法處理，尚非本院所得審究，附此敘明。」

這則判決理由，是筆者在審理清償信用卡債務的民事事件中，依職權酌減違約金後，有感於國內金融機構濫用契約自由，主管機關卻遲未積極作爲，在法院無權介入審查循環利息是否合理的情況下，所做的理由論述。相信這幾則判決理由，應該可以令那些誤以爲我國法官都是不食人間煙火、只知機械式解釋法律條文的人，有耳目一新的感覺。

法院判決應作情與理的體察

本來，司法做爲社會正義的最後一道防線，其權威性意味應以保守性爲前提，因爲只有穩定的體制及程序，才能賦予司法乃至法律本身的可預見性，俾以發揮定紛止爭的功能。也就是說，司法不應隨便與時俱進，必須固守諸如平等、自由及人權等法律的基本價值，不能因「一時民意」而放棄法律理性，尤其是司法院大法官所執掌的違憲審查功能，更帶有「反多數決」的特性，是以背離暫時民意爲常態。

不過，司法的保守性不必然與人情、義理發生衝突。因爲對於共同生活的人間事行使勸諭之責，恰好是法官及專業道德推銷員（如宗教人士）的共同之處，也是獲得社會認同的正當性基礎。畢竟，在重要的法律命題之後，總可以追溯到一種倫理價值命題，而賦予法律判斷的終極性理性基礎。何況對於永恆變動的社會生活中的情與理的體察、義與利的權衡、曲與直的思辨，是司法的法理成長的活水源頭，更是從事審判的「法官大人」的法律理性用武之地。

台灣大學法律系教授王泰升即指出：「法學之有別於其他人文社會科學者，在於法學非常重視具有『實踐理性』特色的規範論證。」因爲法律規範在一個共同體中被期待的角色，就是以國家強制力爲後盾，解決社會生活當中個體與群體或個體之間利益或價值的衝突。至於爲什麼應該被接受？一種在邏輯上必須先被接受的說法，是因爲它以言語來論證它具有正當性，而不是因爲傳統、權威或武力。

因此，法律學門使用法釋義學的各種說法或推論方式（文義、體系、目的、歷史等解釋方法），就是爲了實踐理性。除此之外，法學更應導入「可認識」的法經驗事實，將歷史思維、經驗事實引入法律論證中，以便補充或強化這項「理性」的內涵，使法律論證更能說服人們接受法律規範所蘊含的利益衝突或價值判斷的妥當。這是爲什麼美國社會法學倡導者之一的霍姆斯（Oliver Wendell Holmes, 一八四一—

一九三五）會提出膾炙人口的：「法律的生命不在於邏輯，而在於經驗」的原因所在。

問題是，前述三則法院判決的說理方式及論述風格，是否能爲多數國人所接受，尤其是一向封閉又拘泥於法條文義解釋的上級審法院，則不無疑問。何況在對於法官的角色、功能有不同看法時，各法官判決理由的落差，又豈可以道里計。

法官角色功能的認知差距

以第二則判決理由爲例，主張法官應該公正、客觀而依法審判的人，會認爲法官既然已判決被告無罪，怎麼可以提出刑罰以外的道德譴責論；反之，認爲法官是人不是神，也有七情六慾，在認定被告有做出違反社會規範的行爲，卻又毫無悔意的情況下，雖然基於刑罰的最後手段性及罪刑法定原則而判決被告無罪，但人生在世除不得違反法律外，仍然應該遵守倫理道德、風俗習慣等社會規範，則法官做爲社會紛爭的裁判者，在判決理由中就此予以指摘，反倒應該認爲是善盡職責。相較於該案被告後來遭到上級審撤銷而改判有罪，筆者倒認爲原審法官才是「依法審判」。

再以前述筆者所撰寫的第三則信用卡判決爲例，民意調查顯示未成年少女大多知道有援交，卻不知信用卡有循環利息；其他多數國人也是一樣，只在乎開卡禮、紅利贈品等服務，少有在乎循環利息的多寡。因此，我們看到原具有信用貸款性質、應加以徵信的信用卡業務，在大街小巷擺攤設櫃、叫賣推銷，主管機關卻任令金融機構未善盡告知義務且浮濫發卡於前，發卡後再不當委外催收造成卡奴自殺問題叢生於後，這樣的社會悲劇不知發生了千百回。

筆者遂在九十三年間寫下上百件類似的判決理由，而且多次撰稿刊登於報紙，相關政府部門卻文風不動，法官同仁間也都說這涉及政策決定，並非法院所得審究。由於被誤認是個別法官的「偏見」，主管機關正好來個相應不理。

正因爲如此，因卡債而瀕臨破產的國人數以萬計，立法院只好在九十六年間通過《消費者債務清理條例》。而該條例的通過施行，正意味已產生「三輸」的結果：消費者、銀行及法院都是輸家。因爲主管機關未能仔細聆聽法官眞性情流露的聲音及依法所做的法律論述，任令金融機構繼續浮濫發卡及收取高額循環利息，造成卡奴大增，因此消費者是輸家；而金融機構因卡奴付不出款項，而提列大筆呆帳，以致虧損連連，金融機構當然是輸家；又法院因受理卡奴聲請的更生或清算程序，造成案件激增，法院也淪爲輸家。

當然，並不是所有的主管機關都對於法官的判決理由置之不理，筆者在另一則藥房販賣空姐所攜入的維他命是否該當販賣禁藥罪的刑事判決中，質疑維他命應否以藥品管制，即獲得行政院衛生署的採納，將部分市售維他命改列爲食品。不過，由於所處審判環境的封閉、不理世事，類似的判決理由能否在合議庭通過，甚至獲得上級審的支持，其實在未定之天。在有過多次的挫折經驗後，筆者有時也不禁懷疑起自己對於法官的角色、功能與職業倫理的見解是否妥適？

不吐不快的法官內心話

直到看到這本《不吐不快的法官內心話》的書稿，才讓筆者有如獲知音的深刻感受。原來筆者所認知因爲缺乏內部獨立性而比我國更顯封閉、保守的日本法官，竟會說出：「我了解你想早日解脫的心情，或許繼續活下去是很艱辛的也說不定。好好看著地獄，希望你去承受重罪之苦！」更不用說提及：「暴走族是暴力團體少年組。狗糞尚且能做肥料，難道你們不是比產業廢棄物還糟的無用之物嗎？」這類的論調。

當然，最令筆者想趕快拿去跟同仁交流意見的，其實是書中前言提及東京地院、大阪地院於共同處理「藥害ＨＩＶ訴訟」時，在判決「附言」中嚴厲指摘行政機關處理此事的遲緩，因而使國家及地方自治團體加速採取正確法律行動的事例。

透過本書作者的努力搜集，大家可以聆聽到日本法官眞性情流露的不同聲音，這對於想要了解法官的內心世界或審判文化的讀者，應該有相當的助益，尤其是國內從未出現過類似的書籍。而透過該書的介紹，才讓筆者知道一向被認爲應該爲該國封閉、保守的審判文化負最大責任的日本最高裁判所，竟會在它所制定的《刑事訴訟規則》中，賦予法官「說喻」的權力，也就是賦予審判長在宣示判決後，對被告的將來施以適當的訓誡的權力，那麼前述第二件我國判決理由摘要的道德譴責論，在日本無疑具有正當性基礎。至於筆者所撰寫的信用卡或維他命判決，也可歸類爲「附言」或「旁論」。顯見各國法官所面臨的制度、案例事實雖有不同，所做判決理由卻有異曲同工之妙。

必須說明的是，各國雖然因爲各自歷史背景、社會環境及法官產生方式的不同，有著不同的審判文化，封閉、保守不必然是絕對的錯誤，但公正、客觀無偏私應是法官共同的誡命，是以法官對被告說出類似「難道你們不是比產業廢棄物還糟的無用之物嗎」的論點，是否妥適，即有斟酌的餘地，這是讀者所必須深思的。此外，讀者對於書中相關案例事實的不熟悉，也可能影響自己對於書中判決理由、附言或說喻的理解的隔閡，也是值得注意的。

無論如何，透過本書可以讓我們對於日本法官的工作與審判文化有更深刻的了解，也可藉此反思我國審判制度問題之所在，則無疑問。筆者一向在工作之餘積極的推動法治教育，而本書無疑是一本具有法治教育意義的書，故樂於爲之推薦。

羈押魚肉

九十六年三月間在南二高烏山頭交流道發生襲警奪槍殺人案後，輿論沸騰，警方迅速在幾小時內逮捕「兇嫌」之一的陳榮吉。在陳某落網後，陳母自覺無臉見人，一度否認是他的媽媽，並宣稱只是房東，指陳某是房客。由於目擊員警指證歷歷，而且有共犯在逃，法院遂裁定予以羈押。時隔三日後，警方才發現抓錯了人，陳榮吉與本案毫無關連，是被冤枉的，也就是陳榮吉無辜被關了三日。

九十六年金鼎獎入圍作品的完結篇《流浪法庭三十年！》一書，寫的是第一銀行押匯官司的故事。話說六十八年二月間，一銀發現被人以押匯的方式，騙走八百八十萬美金，大約占當年台灣外匯存底的千分之六，消息曝光，立刻震驚全台。檢警調隨即展開偵辦，其後起訴十五名被告。本書三位主人翁原本是前途看好、正值壯年的一銀主管，因本案遭羈押多年，一審最長者被判處十一年，被告不服上訴，官司在二、三審之間來來回回。直到九十六年八月三審無罪確定，歷時二十八年有餘，三位被告壯年的人生歲月，就這樣被司法毀了。

羈押魚肉還是雞鴨魚肉

這二則發生差距近三十年的事例，主要的共同點是有缺陷的羈押制度，把人民當成了魚肉。雞鴨魚肉，是多數人們餐桌上的必備佳餚；「羈押」，則是法律上的專有名詞。雖只是諧音，負責人犯羈押的看守所可視爲禁忌，年節加菜時，所方總會避免把雞、鴨列入同一份菜單中，以免兩個字合起來變成「羈押」，讓迷信的人犯視爲不吉利。

過去，除了犯罪嫌疑人或其親友外，一般人聽到「羈押」二字，可能會誤以爲是雞鴨魚肉的「雞鴨」。不過，近年來隨著國內貪污、重大經濟犯罪等社會矚目案件的偵辦，許多高官要員或知名財經人士一夕間遭到羈押，「羈押」一詞已不再是那遙不可及的語彙，而成爲我們日常生活中的共通語言。問題是大家對於「羈押」到底知道多少？

所謂的「羈押」，是指將犯罪嫌疑人拘禁於「看守所」，防止被告逃亡及保全證據，以完成訴訟並保全刑事程序爲目的的強制處分。按照我國《刑事訴訟法》規定，「羈押」區分爲一般性羈押與預防性羈押，兩者都必須具備三項要件：犯罪嫌疑重大、有羈押的事由及羈押的必要。至於「羈押」的事由，一般性羈押包括：逃亡或逃亡之虞、湮滅證據或勾串共犯、證人之虞、涉犯重罪等三種；預防性羈押則指涉犯特定罪名而有反覆實施同一犯罪之虞。

由此可見，「羈押」的要件非常簡略，賦予法院相當大的裁量權，造成司法實務操作上有極大的落差，如具保免予羈押有交保三億五千萬元的天價，但也有交保三百元的紀錄。至於地院、高院法官因心證不同，而一再上演地院交保、高院撤銷的事例，更是屢見不鮮。如社會矚目的中信金控紅火案，地院、高院來來回回大戰了五回合，最後在一審宣判時，距離起訴已超過一年半後，關於移審人犯究竟應否羈押的問題，竟仍懸而未決。

高等撤銷發回法院？

更別說陳前總統所涉及的國務機要費案，地院裁定交保，檢察官抗告後高院予以撤銷發回，認爲應該予以羈押；待地院重新裁定准予羈押，被告抗告後高院仍然予以撤銷發回。那到底陳前總統是該交保還是羈押？高院見解豈可前後矛盾？高等法院因此被譏諷爲「高等撤銷發回法院」。然而，在院檢、地院高院大戰的背後，可是牽涉被告的人身自由，豈可不謹愼爲之！

「羈押」是法院在對犯罪嫌疑人作出有罪判決定確定前所爲的拘禁處分，與有罪判決確定後將被告拘禁於監獄來執行徒刑，並不相同。由於在有罪判決確定前，即將犯罪嫌疑人先行拘禁的特性，羈押與無罪推定原則間即具有高度的緊張關係。如果濫用羈押做爲追訴犯罪的手段，等於顛覆無罪推定原則，則如何權衡有效追訴犯罪與節制國家權力而落實無罪推定理念、確保被告人權，成爲法院最重要的任務之一。

可惜的是，由於不少國人缺乏對於羈押制度的正確認知，常有莫名所以的「群情激憤」，於是每當有聳動的重大犯罪發生後，縱使案情尚未釐清，爲了即時安撫社會大衆及被害人迫切的應報需求，司法機關即時常羈押犯罪嫌疑人，俾以緩和情事，以免又出現類似「警察辛苦抓人，法院輕鬆放人」的輿論批判。是什麼樣的法治環境，讓陳榮吉的母親在他被逮捕、羈押後，要否認自己的親生兒子？

前述常見地院、高院大戰幾回合的事例，深層的因素即是在民情、輿論起舞的情況下，法官能否秉持法律人的尊嚴與倫理，有擔當的依法律確信做出判斷的問題。

羈押是保全程序的最後手段

陳榮吉「只」被關了三天，未起訴即發現錯誤而釋放，或許還算幸運，一銀押匯弊案可誤了人家一生。問題是撇開《流浪法庭三十年！》一書中三位無辜老人的悲慘事例不談，我國社會可沒因此學到教訓。類似前國科會副主委謝清志因涉嫌「南科高鐵減振」弊案遭審前羈押五十九天、前高雄市環保局長蕭裕正因爲涉嫌在餐敘中爲特定候選人賄選也遭審前羈押，事後二人卻都被判決無罪，可是近幾年來著名的事例。難道我們可以容許為了滿足一時的應報需求、民情激憤，不顧事實真相為何、有無符合羈押要件，而置人權於不顧？

如果不是自己或親友涉嫌犯罪而遭羈押，一般人可能無從知悉、體會或感受羈押對於一個人權利的重大剝奪。因為羈押是將一個人自其家庭、社會、職業生活中隔離，拘禁於看守所、長期拘束其行動。這種人身自由的喪失，不僅對當事人的心理上造成嚴重打擊，對他的名譽、信用、人格權的影響，也是非常重大，屬於干預人身自由最大的強制處分，自然僅能做為「保全程序的最後手段」，必須慎重從事。而羈押制度也成為當代社會檢驗一國司法制度、法治文化的最主要指標之一。

羈押與治外法權

或許大家不熟悉，但翻翻日曆即可發現一月十一日是我國的司法節。我國之所以將該日訂為司法節，是因為在三十二年一月十一日，我國與美、英等國簽訂平等新約，廢除治外法權後，司法才得以完全獨立。而所謂的「治外法權」，指的是外國人在內國不受該國司法主權管轄的意思，在國際慣例上，這種特權僅賦予外交官，一般人民不得享有。

然而，清朝卻與列強簽訂不平等條約，授予外國使節具有領事裁判權，得處理所有與該國公民有關的民事及刑事案件的權力。也就是說，外國人在中國境內犯罪，即便被害人是中國人，仍然可以不接受我國法律的審判，而歸屬於外國派來的領事官。這種將一國的司法主權授予外國領事行使的約定，當然是對我國主權獨立的嚴重侵犯，而屬於不平等條約。

清朝當時，外國人所以極力爭取領事裁判權，主要理由是清律有三大缺失，深受外國人詬病，包括：一、死刑執行方法殘酷；二、監獄內部黑暗；三、沒有獨立的民法典等。其中監獄內部黑暗，當然影響羈押人犯的人權；而沒有獨立的民法典，則民、刑不分，對民事違法行為也會予以訴追，不僅民事原告、被告可能會被留置在監所中，甚至還會被判刑。

因此，光緒二十七年兩江總督劉坤一、兩湖總督張之洞等人會銜向清廷奏述變法所提出的九項建議中，即於第五項中針對羈押問題提出：「五曰修監羈州縣監獄之外，又有羈所，又有交差押等目。狹隘污穢，凌虐各端，鼠疫傳染，多至瘐斃，仁人不忍聞，等之於地獄，外人尤為痛詆，比之以番蠻。」

如今，我國已是完全獨立的主權國家，他國自然無法干涉我國的司法主權。然而，在人權普世性已成國際共識的情況下，聯合國規約及各國際公約所制定的相關規範內容，自應為我國所遵守。

其中，我國於九十八年五月十四日正式簽署的聯合國《公民與政治權利國際公約》，即於第九條明定：「除非依法律所確定的根據及程序，任何人不得被剝奪自由；任何因刑事指控被逮捕或拘禁的人，有權利在合理的時間內接受審判或被釋放；審前羈押不應做爲一般規則。」同時，第十條也明定：「所有被剝奪自由的人應給予人道及尊重其固有人格尊嚴的待遇；除特殊情況外，被控告的人應與被判罪的人隔離開，並應給予適合於未判罪者身分的差別待遇。」這些攸關審前羈押的相關國際規範，自足以做爲檢驗、修訂我國法制或司法實務的準據。

重羈押、輕審判？

雖然我國的看守所、監獄管理早已擺脫清朝嚴重弊端的時代，甚至有許多人性化、現代化的作爲，但仍有許多有待改進之處。然而，相較於看守所管理的問題，當前我國審前羈押的主要問題，其實是「重羈押，輕審判」的畸形現象。這情形其來有自，台中地方法院張升星法官即指出：「我國存在特有『一審重判，二審減半，三審豬腳麵線』的司法問題，因爲司法程序令人不耐、審判結果遲延不決，社會遂充斥著要求羈押被告的報復聲浪。」也就是說，既然正義永遠遲來，那就只有透過羈押被告的「假執行」，才能滿足些許社會正義的要求。

正義永遠遲來，有其司法案件氾濫、超越法院承受範圍的全球性共通問題，但也有我國所特有的：量刑政策失據以致無形中鼓勵人民上訴、事實審與上級審未各盡其本分，以及上級審法官缺乏擔當，爲了避免案件在自己手中確定，在開了幾槍、毒品包裝袋該用哪個法條沒收等枝微末節問題打轉，而讓案件一再撤銷發回無法確定等等問題。另外，缺乏現代化的電子監控保全措施或其他替代性保釋方法，也是我國動輒做審前羈押的主要原因。這些都是當前我國亟待修法解決，或司法人員應重新省思司法權功能、定位與職業倫理的司法問題。

食用腐敗、染病的雞鴨魚肉，可能戕害身體、危及健康；容許有缺陷的羈押制度存在，不僅成爲法治文明落後國家的指標，更會魚肉人民、侵害人權。總之，不管是雞鴨也好，或是羈押也好，追求健康、良善的標準是一致的，國人應愼思、愼選之！

人性、法治與無罪推定原則

「冤獄四十二載見證眞愛一世情」，這是一則媒體報導的眞實故事。事件發生在約翰·甘迺迪擔任美國總統的一九六二年，黑人柯尼被指控搶劫，因而遭判刑入獄，他的情人傑克森堅信他是清白，不離不棄，直到他沈冤大白、重獲自由爲止，已坐了冤獄四十二年，出獄時已是七十六歲的老人。距離邂逅相戀之時，已時隔半世紀，二人遂於出獄後不久註冊結婚，共度人生餘暉。

柯尼原本已遭判刑確定，事後得以沈冤得雪的原因，在於受理他上訴的德州地方法院，查明他當年遭到警方帶走後，不准他接見律師，並對他刑求逼供，柯尼最後被迫認罪。而因爲已經在警局筆錄上認罪，遂被判處無期徒刑。

服刑期間柯尼一再上訴，並曾越獄，最後撤銷他罪名的威爾森法官發現，柯尼聲稱當年遭警察刑求被迫認罪屬實，當年該轄區警察以暴力逼供惡名昭彰。更甚者，柯尼在密西西比州服刑期間，該轄區法院已於一九七三年裁決撤銷他的強盜罪名，並發函告知德州轄區法院。然而，德州轄區法院並未執行這項裁決，也未通知柯尼，這意味美國司法系統即便早已發現柯尼是冤獄，仍讓他多坐了三十幾年的冤牢。

普世價値的無罪推定原則

看了這樣冗長的情節，想必知道本文要談的，沒錯！就是「無罪推定」原則。鑑於人類審判歷史中冤獄不斷的事例，早在一七八九年的《公民與人權宣言》中，即已提及這項原則。其後，一九四八年聯合國《世界人權宣言》、一九六六年聯合國《公民與政治權利國際公約》或其他公約中，均有無罪推定原則的規定。我國於九十八年間正式簽署的聯合國《公民與政治權利國際公約》中，第十四條第二項：「凡受刑事控告者，在未依法證實有罪之前，應有權被視爲無罪。」即爲無罪推定原則的規定。

無罪推定原則並非玄妙深奧的法律概念，而是日常生活常見的詞彙，爲什麼如此地窒礙難行？因爲違反人性，違反人類的經驗法則。不要說日本高達百分之九十九的刑事審判定罪率，即便是我國的定罪率也有百分之九十以上，也就是送到司法審判系統的人，有高達百分之九十以上的刑事被告會被判決有罪，合理的情況當然是有罪推定，怎會無罪推定？尤其當犯罪嫌疑人已經在被害人遺體旁下跪求饒、警察已經貼白布條宣布破案、證人也指證歷歷時，怎麼還會無罪推定？

寧願錯殺也不可縱放？

無罪推定原則背後的基本理念，是人權的保障，也就是「寧願錯放九十九個有罪的人，也不要濫殺無辜的一人」，這跟過去專制社會「寧願錯殺九十九個無辜的人，也不要縱放有罪的一人」，是大大不同的。為什麼？因為刑罰可以拘束人身自由，將人判處有期徒刑、無期徒刑，甚至是剝奪生命的死刑，由於它制裁效果的嚴厲性，應該做為最後制裁手段性，非有必要，實在不應輕易動用刑事制裁手段。畢竟良心譴責、輿論審判、科以民事或行政的法律責任，都是處罰的手段之一，只有在罪證明確且符合法律構成要件的情況下，才應該處以嚴厲的刑罰。

由於人類智識、經驗的有限性，而且從事審判的是人不是神，即難保審判過程不會出錯，加上法院審判始終存在的制度缺陷性，我們很難確保所謂「罪證確鑿」的案例，眞的都是「無庸置疑」。雖然法院判決一個人有罪，必須達到所謂「毫無合理懷疑的確信」，也就是審判者的心證程度必須達到無庸置疑。然而，無庸置疑並不需要證明到百分之百的確定，只是必須接近百分之百的確信而已。是以，檢察官只要消除一切懷疑被告可能爲無罪的疑慮，達到通常一般人均不致有所懷疑的程度，法官即應判決被告有罪。

由此可知，即便只有一絲一毫的可能懷疑，即有「誤判無辜」的可能，則縱使事後發現這個人是無辜的，屆時人都已經執行死刑了，我們拿什麼賠償人家？這也是目前世界上已有九十五個國家全面廢除死刑的主要原因。幸運的話，當事人仍在監服刑，依照我國冤獄賠償每日三千元至五千元的標準，如果你是柯尼，你願意用每日最高額五千元的對價，而付出四十年的青春歲月嗎？家庭、感情、青春歲月、人的自我實現……等等人的自我開展的無限可能，是可以用金錢賠償的嗎？

寧枉勿縱還是寧縱勿枉？

依照中研院所舉行「二〇〇八年第二次社會意向正式有關司法議題調查」的結果，針對「法官（法院）難免會犯錯，您認為把『沒有犯法的人判成有罪』比較嚴重？還是把『有犯法的人判成無罪』比較嚴重？」的問題，回答「把沒有犯法的人判成有罪」者為百分之三十三點六四，回答「把有犯法的人判成無罪」者則為百分之四十六點九三。也就是，多數國人的認知中，並沒有無罪推定的思維，因此「把有犯法的人判成無罪」是較不能容許的。也就是說，多數國人在「寧枉勿縱」或「寧縱勿枉」的價值選擇問題上，選擇的是「寧枉勿縱」。

由此可見，雖然無罪推定原則已被公認為普世價值，但由於我國長期對於法治教育的漠視，多數國人迄今仍欠缺公民素養，因此像無罪推定、「罪證有疑，利於被告」等理念，並未成為多數國人的思維模式，大家希望「寧枉勿縱」。這也是為何許多刑事被告被檢察官起訴時，多數國人就誤認為被告已經被定罪了；判決社會矚目案件被告無罪時，即批評「法官不食人間煙火」、「法官欠缺常識」的主要原因。

無罪推定是反應「誤判無辜」與「開釋有罪」的價值取捨，是人類長期審判經驗下的智慧結晶，是不得不然的法治做法。人做為群居動物，有惻隱、是非之心，看到無辜的被害人遭到侵害或殺害，自會油然而起同理心、正義感，因為每個人都不希望成為類似的被害者。然而，我們也可能是柯尼，成為警察刑求逼供或瑕疵審判制度下的受冤者，成為「寧枉勿縱」錯誤思維下的無辜者，則將心比心，還是「無罪推定」、「寧縱勿枉」的好。

電話詐欺之一：被害人篇

高雄市一名現職國小女老師接獲冒稱高雄地檢署檢察官的歹徒來電，說她的銀行帳戶遭詐騙集團利用，要她配合一起打擊犯罪，否則會因爲犯罪被抓去關。女老師信以爲眞，不僅交出九百萬元現金，還抵押房屋、向親友借貸一千多萬元匯出，期間一家銀行發現不對勁、強力阻止，都動搖不了女老師「協助辦案」的決心，因爲歹徒再三叮嚀女老師必須遵守偵查不公開的原則，「連親人也不能洩漏，否則不僅無法功過相抵，還要去坐牢。」直到歹徒失聯，女老師才如夢初醒，但已被騙了二千一百多萬元。

女老師易騙

對此，蘋果日報社論以〈女老師易騙〉爲題，指稱被電話詐欺的人以女老師最多，原因是女老師或高知識份子生活單純、缺乏社會歷練，相信人性本善，才會容易受騙。該報並批評：「國小老師難道不看報、不看電視、不聽廣播嗎？」「老師如完全不理世事，七竅封閉，那怎麼啓發學生的想像力？怎麼教導學生社會的現狀？怎麼訓練學生適應社會的能力？」這樣的批評可謂嚴厲，卻也指明這些遭電話詐欺的被害人，或多或少是金融文盲、法治文盲。

事實上，年歲已高、從未讀過書的眞正文盲，因爲不識字無法使用提款卡或抄錄電話號碼，詐騙集團根本無法詐騙得手。只有那些識字、有能力使用銀行帳戶、提款卡匯款、提款，卻又缺乏金融、法治素養的人，才可能成爲被害者。類似的案例不勝枚舉，中研院副院長、經濟部長、名醫、明星等等社經地位高的人士，無一不是因爲缺乏金融、法治素養，而成爲受害者。

雖然利用銀行帳戶、提款卡轉帳或交易，已成爲多數國人的習慣，卻有不少人根本不知道個人資料的重要性，不知道金融機構基於交易的便利性及人事成本的考量，以往許多必須親自臨櫃辦理的業務，已可透過電話確認個人身分後，直接在電話中完成變更事宜。因此，像個人電話號碼、生日、親友姓名、任職單位等重要的隱私資料，都成爲詐騙集團得以施用詐術得逞的重要憑藉，更別說距離一般人民生活較遠、容易遭誤解的司法運作事宜。

人民並無協助辦案義務

以「偵查不公開」原則爲例，該原則是指犯罪偵查機關所主導的偵查程序應秘密行之。因爲檢警人員不像法官「不告不理」，而是負有積極主動偵辦犯罪的權限，只要發現有犯罪嫌疑，即可發動偵查作爲。由於在偵查階段犯罪嫌疑人是否構成犯罪，尚在未定之天，爲了保障犯罪嫌疑人或關係人的名譽、隱私，避免輿論審判，或擔心偵查所得資訊外洩，以致偵查人員在缺乏資訊優勢下失去破案的先機，才有偵查不公開的要求。

是以，負有偵查不公開義務者，是執法人員或律師，而非被告，該國小女老師顯然誤解偵查不公開的意義。何況人民只有依法作證的義務，並無協助辦案的責任。過去傳統中國法強制人民有舉發犯罪的義務，否則應連坐的規定，已經被強調個人主義、個人應爲自己行爲負責的現代法治思潮所揚棄。按照這位老師的年齡、智識經驗，顯然中了過去威權統治時代「檢舉匪諜，人人有責」的遺毒。

電話詐欺在民怨中名列前茅

關於電話詐欺的問題，應該是這幾年來多數國人的共同經驗與感受。九十九年初依行政院院長吳敦義指示所做的十大民怨調查結果中，電話詐欺即高居前幾名。不僅許多知名公眾人物遭到詐財（如名醫、舞蹈家），多數市井小民也因爲報案無效而自認倒楣，犯罪黑數不計其數。更甚者有不少退休人員將自己一生幾千萬元的積蓄，捧去匯給詐欺集團，當銀行人員、員警提醒不要遭騙時，還嫌員警「妨害提款自由」。筆者即便身爲司法人員，也曾在辦公室接到自稱台北地方法院官員的詐欺電話，要求筆者匯款。到底是什麼樣的社會、人民，讓我們的電話詐欺問題不斷？

其實，就像社會進化一樣，電話詐欺手法也推陳出新，不斷的進化。最早大概都是以「香港馬會」、抽獎集團或退稅理由等名義，利用人性貪婪的心理；其後，主要冒稱具有管束人民自由權限的司法人員名義，表示被害人涉有洗錢或其他罪嫌，要求監管被害人的財產；最近，則以網路拍賣、電視購物爲由，表示被害人匯款帳戶錯誤，或分期付款設定有問題，必須重新設定等等。

當然，各種詐欺手法可能交叉運用，很難切割使用時期，而且不限於這些型態的手法，完全看被害人的智識程度而定。因爲在行政部門、媒體不斷宣導下，誤以爲抽中大獎須先繳稅或退稅的手法，已難以成功，反而是利用被害人對於金融知識、法治理念的懵懂，擔心自己被司法人員追訴、帳戶款項被誤扣的情況，較爲多見。

由於電話詐騙者的詐騙工具都是人頭帳戶、人頭手機，查緝後大多只能追到提供帳戶、手機的人或取款的車手，至於遙控的首腦，則少有緝獲者。因此，詐騙手法一再翻新，綿延不斷，反正出事時只能抓到下游。可見電話詐欺犯罪的氾濫，主要是資本主義、資訊化社會的產物，是金融、電信自由化高度競爭的結果。問題是同樣是資本主義、資訊化的社會，爲何這類犯罪在東亞的日本、韓國、越南及我國等國家特別氾濫？

金融、法治文盲

原因所在，可以從幾個方面加以說明。首先，這些東亞國家人民多深受儒家文化薰陶，有勤奮、節儉的美德，因此帳戶有些儲蓄，才會擔心遭到檢調單位凍結、監管，或擔心網拍後匯款、分期付款設定錯誤時會遭扣款。如果像其他東南亞國家人民還在追求三餐的溫飽，或歐、美國家因社會福利發達、儲蓄率普遍不高的情況下，帳戶可沒多少存款，怎會擔心遭監管、扣款？

其次，個人主義、人權保障、有限政府及理性法治等理念發源自西方社會，經過幾百年的啓蒙、實踐，法治文化深植歐、美國家人民的心中。這些國家的學校教育又自小即施以憲法、法治教育（如好萊塢電影中常有學生在話劇中排演美國立國精神的情節），人民對於自己的權利、義務知之甚詳，知道自己沒有協助檢警機關辦案的義務，政府部門也不會沒緣由的凍結個人金融帳戶，則假冒檢警人員的詐騙手法，怎會得逞！

反觀深受儒家文化薰陶的人民，自古存在官尊民卑的心態，又一向奉行團體主義，凡事要求齊一、標準化的答案，加上不重視法治教育的結果，多數人民缺乏獨立思考、自主判斷的能力，習慣於服從權威，不僅對於自身權利義務茫然無知，即便對於司法機關的功能及運作模式，也是一知半解。因此，冠上幾個「偵查不公開」、「洗錢」、「執行命令」等專有名詞，也就唬得被害者一愣一愣的。即使是高學歷的人，由於未受過人權、法治理念的啓蒙，只活在自己專業的象牙塔中，難怪醫師、教師、科技人員被騙者一堆。

最後，即是資本主義、資訊化社會發達的結果。由於商業競爭的急速發展，金融機構的商業手法推陳出新，不僅高槓桿、高風險的衍生性金融商品氾濫，即便是跨行轉帳、現金卡、網路銀行等業務，也是近十年來才盛行。如果說長期負責證券、金融監理業務的美國證管會人員，都會因爲對於現代金融交易的缺乏認知，而容任美國那斯達克交易所前任主席馬多夫（Bernard Madoff）犯下史上最大的金融詐騙弊案，因而被批評爲「金融文盲」，則不少的人民更應被歸列爲金融文盲。

加害人與被害人只在一線之隔

怎麼說呢？司法實務上許多提供金融帳戶而被判幫助詐欺的加害者，其實也是被害人，其或因應徵工作或因親友借用而將帳戶提供給他人，也有不少是存摺、提款卡遺失者。筆者問他們何以將密碼提供他人？何以發現遺失不報失竊或辦理提款卡掛失手續？多數的辯解是：「反正帳戶又沒多少錢。」可見這些人根本不知道自己的身分證件資料、銀行帳戶、密碼涉及一身專屬性及隱私，很容易被利用爲詐騙工具。

加害人是如此，被害人亦然。因此，常可見路面上有人接受陌生人要求填寫問卷資料，只爲了獲得價值不高的贈品，或在網路上隨便提供自己的身分資料，卻不知自己已成爲歹徒覬覦的潛在目標。個人基本資料都不懂得保護，對於金融知識的缺乏認識，更是如此。當年許多年輕人因爲禁不住金融機構的廣告誘惑，相信「借錢是高尚的行爲」的結果，手中握有一堆信用卡、現金卡，如今不少人因此成爲卡債族、卡奴，而後悔莫及。

近來金管會倡議要在學校教育中推廣理財教育，結果引來不少學生、教師及家長團體的批評。之所以有這些批評，主要是因爲這是由金融機構團體所倡議，其中是否披著羊皮的外衣，而打算做其他的促銷行爲，當然令人生疑。擔任教育部「高中公民與社會科課綱專案小組」召集人的張茂桂教授即指出：「有鑑於發生太多卡債等消費金融糾紛問題，金管會、中華民國財金智慧教育推廣協會積極推動理財教育，主動對高中教師提供免費教材及講習，並試圖將理財教育納入公民與社會科課綱中，卻未循正當程序，而採行政介入的方式。這些遊說團體的標的及該協會與金融業者是否有利益關係，社會大衆即有進一步認識的必要。」

不過，平心而論，我國確實需要在高中或中小學推動理財或金融教育，只是不應該由這些利益團體來推動。一方面讓學生了解天下沒有白吃的午餐，各種金融商品都有它的成本；他方面則是了解各種金融工具的操作手法及自身的權益，少讓自己成爲潛在的被害人，並知悉金融帳户是具有專屬性，即便是司法人員也不能隨便凍結。更重要的是，讓學生對於資本主義社會及政府權力部門的運作有所了解，才能成爲知道如何捍衛自身權益的消費者，成爲具備獨立思考、自主判斷能力的公民。

青少年可以透過學校施以金融、法治教育，廣大的士農工商族群又該如何自保。俗話說「沒有知識，也要有常識；沒有常識，就要常看電視」，確實有其道理。因爲現代政府常透過媒體公布政令或發布重大訊息，而新聞媒體也常有類似反詐騙的報導或廣告，尤其報紙常有相關司法案件、法律制度的分析報導，如果多加閱讀、汲取，就不致因爲二、三句法律專有名詞，即輕易相信而淪爲被害人。

切記：「爲了避免自己成爲電話詐欺的加害人或被害人，別將涉及自己隱私的個人資料隨便洩漏給他人；遺失或失竊個人金融帳戶、手機、身分證或其他證明文件時，應向銀行辦理掛失或向警局報案，這是你的權利，員警無權拒絕；疑似受到電話詐欺時，迅速撥打『一六五』反詐騙諮詢專線。」總之，別期待政府隨時在你身邊、歹徒會良心發現，唯有加強自己及家人的金融、法治素養，才是自保之道。

電話詐欺之二：加害人篇

「恨那些害死我們的法官」，這是民國九十八年九月某日各大報新聞報導的標題。報導內容指出：一對因爲涉嫌幫助詐欺罪遭法院判刑的年輕夫婦，偕同患有憂鬱症的大姨子及二個月大的女兒燒炭自殺，最後只有莊姓丈夫獲救。自殺者在遺書中指控：「法官只會叫我自己去找對自己有利的證據，而他們法官只要我們找不出來，就只會判刑。法官只會用『不詳』、『某某』這種字眼就可以判我罪，都不用去找事證……最後，爸、媽如果要怪、要恨，就去恨那些害死我們的法官吧！」

要恨就恨法官吧

看到這樣的指控，從事司法審判的人都應該惕勵反省。筆者對於現行司法實務在處理類似提供金融帳戶、手機的人是否構成犯罪的多數見解，早就深不以爲然，遂於當日將該則新聞轉貼到法官論壇與檢察官論壇，並表達：「我們在做神的工作，判人生、死，不該有無罪推定的想法嗎？什麼時候法官可以用推論的方式，只要被告前後供述不一，就可以判人幫助詐欺，處以五個月的重刑？本件並非單一個案，而是整個台灣司法制度的普遍作法。」結果引來熱烈討論。

對此，有檢察官在《法官論壇》上指出：「只因會吵的孩子就有糖吃，會哭的小孩就要給予特殊關愛？為什麼不問被告自己有沒有問題？該名被告在九十五年間即曾因販賣金融帳戶涉犯幫助詐欺遭法院判刑，今天這名被告又在你面前說：『我的手機門號不見了』，你會信？這種被告明知有錯還不反省，判刑五月就攜家帶眷全家自殺，不尊重他人生命，你還要尊重他？」

另有法官、檢察官在接受媒體訪問時也提到：「當事人若自認含冤莫白，有上訴、舉證等方式救濟，自殺不能解決問題。」或說：「這些案子的刑罰都很輕，多半判以罰金或拘役，實在不應該走上絕路！」

對此，現已退休、曾任職警察大學外事警察學系的葉毓蘭教授在媒體投書指出：「乍聽之下，這些法界人士非常冷靜，分析也看似理性，但是聽在這些因為愚蠢或一時不察而被詐騙集團盜取帳戶，淪為人頭帳戶的『被告』裡，是多麼冷漠而冷血，因為他們原本就是被害人啊！」她並以自己姪女因應徵工作遭騙走提款卡，成為歹徒詐欺取財的工具，最後卻遭移送幫助詐欺為例，指控檢警、法官只偵查起訴、判決那些遭詐騙而提供帳戶的人，而各自獲得應有的績效，卻不去追訴那些眞正從事犯罪的專業詐騙者，詐騙如此猖獗，司法諸公們可曾聽見這些被誣爲被告的被害人的暗夜哭聲？

詐騙首腦大都藏身海外

關於電話詐欺的問題，是這幾年來多數國人的共同生活經驗與感受。到底誰在從事詐騙？如何詐騙？

其實，首腦大都在大陸地區遙控，指示被害人匯款或交付款項後，再指示「車手」前去現場取款或去提款機領款，這些詐騙集團成員爲了躲避追緝，因此必須取得人頭帳戶及手機。而人頭帳戶及手機的來源，早期是透過收購，以幾千元代價向帳戶所有人購買，手機門號則可購買外勞卡或其他追緝不易的；近來則以應徵司機工作的名義，要求應徵者必須交付帳戶、提款卡及密碼，理由可能是主張要徵信，確認應徵者有無債信不良、帳戶可否使用，或者表明做爲薪資轉帳之用等等。當然，因遺失、機車行李箱被撬開而遭竊的事例，也屢有所聞。

由於詐騙工具都是人頭帳戶、手機，查緝後只能追到提供帳戶、手機的人或取款的車手，至於遙控的首腦，則少有緝獲者。因此，詐騙手法一再推陳出新，綿延不斷，反正出事時只能抓到下游。是以，想要根本阻斷這類的犯罪，一方面除了必須加強國人的金融、法治素養，減少潛在被害人外，另一方面也必須在申請帳戶、手機門號時，做好控管的動作。

申請手機、帳戶身分的確認

日本與我國一樣，存在電話詐欺氾濫的問題，日本國會遂於二〇〇四年、二〇〇五年分別制定《金融機關確認客戶身分及預防帳戶不法利用法》、《手機業者確認簽約者身分及預防不法利用手機業務法》及相關配套措施。這些法律除了將提供人頭帳戶的人、收購者都予以入罪外，並要求金融機構、電信業者在申請人提出使用申請時，應該對簽約者確認身分，以便減少電話詐欺的犯罪工具。

由此可見，電話詐欺犯罪的氾濫，主要是資本主義、資訊化社會的產物，是金融、電信自由化高度競爭的結果。也就是說，由於產業的高度競爭，人們取得金融帳戶、手機極為便利，只要幾百、幾千元就可以申請，而且少有限制申請人資格的門檻。而只要有人願意或被騙而提供帳戶、手機，這類的犯罪行為即無法根除。

根本解決之道，應該回到較為原始的交易時代：禁止跨行存、提款或交易、申購手機門號要有高額的保證金等等。當然，一看就知道這主張不可行，因為在人們已享受慣了金融、電信自由化的便利後，這種改革模式可說是因噎廢食，無法獲得握有選票的人民的認同。可行的解決方案，即是仿效日本法制，要求金融機構、電信機構對於申請人的身分資料，應該嚴格加以確認。

事實上，爲防杜電話詐欺對金融秩序及民眾信心的斲傷，立法院已於九十四年間增訂《銀行法》第四五條之二，授權行政院金管會訂定《銀行對疑似不法或顯屬異常之存款帳戶管理辦法》、《金融機構開戶作業審核程序暨異常帳戶風險控管之作業範本》等規定。因此，目前新開戶者原則上要在住家附近分行始能開設，而且要提供雙重身分證明文件查核，並應錄影、拍照等，這對於減少新開戶者作爲詐騙工具，當然有所裨益。如果能再要求提高開戶金額，讓詐欺集團犯罪的成本提高，則更爲妥當。

問題是對於那些在新制之前即已經開戶的人，現行法制並沒有採取防杜作爲，許多因應徵工作遭詐騙而提供帳戶的人，或是遺失而遭冒用者，即因缺乏金融、法治素養，認爲反正帳戶已經沒有多少錢，丟了也就算了。因此，行政部門應該降低靜止戶的門檻，只要一定期間未進行存、提交易，即必須前往金融機構重新設定，才能使用，再由銀行人員提供相關的防制宣導，應該可以減少因缺乏常識而無故提供金融帳戶，以致成爲詐欺取財工具問題的發生。

另外，現行法制對於手機業者應該確認開戶者身分部分，也有法制不足之處。司法實務上即常發現查不到手機申請者眞正年籍資料的情況，甚至歹徒可以製造假的來電顯示號碼（如顯示來電者爲行政院金管會的總機號碼），讓被害人信以爲眞，因而詐騙得逞。

法界有人倡議仿效日本法制，在法律上創設一種獨立的「人頭戶罪」的做法，目的只是在減輕提供帳戶者的刑責，並無實益。因爲現行法制以不確定故意來認定是否構成幫助詐欺罪，並無窒礙難行之處。現行司法實務動輒將因應徵工作而遭詐騙者科以幫助詐欺罪，或處以重刑的做法，只是未發揮無罪推定的理念及考量罪刑相當原則而已，並非法制有所缺漏。

揚棄鋸箭式辦案手法

有這樣的認知，即可發現由行政機關採取必要的作爲，才是防杜電話詐欺的根本之道。而一旦發生電話詐欺案，檢警的偵查方向，即應該從與被害人聯繫資料，藉現代化科技方式分析著手，而非僅從最簡易、表面上的犯罪末端的帳戶資料，在查得匯款帳戶的所有人或詐騙電話申請人後，即移送這些人涉犯幫助詐欺罪，卻讓主導犯罪的眞正犯罪者逍遙法外，繼續在海外享受犯罪所得。

至於扮演不告不理角色的法官，即便社會氛圍希望嚴懲詐欺者，還是應該貫徹無罪推定原則。縱使認爲提供帳戶、手機的人的確有幫助詐欺的犯意，已可預見提供帳戶、手機將成爲詐欺取財的工具，卻無視其可能性仍然提供時，也應依據「罪刑相當」原則，科以被告適當的刑責，而不應隨著媒體、社會氛圍起舞。

回到本案，依據筆者查詢的結果，這位莊姓丈夫曾於九十四年間以三千元的代價，將自己的金融帳戶販賣與詐欺集團成員，遂於九十五年六月間被台南地方法院以幫助詐欺的罪名，判處有期徒刑五月。將具有專屬性的金融帳戶販賣與他人，有幫助他人詐欺取財的不確定故意，法院判決莊姓丈夫有罪，應不致違反一般人的法律感情，而且符合法律意旨，較無爭議。

有問題的是，莊姓丈夫販賣帳戶所得金額僅有三千元，卻被科以有期徒刑五月，顯然違反罪刑相當原則。對照新偕中集團負責人梁柏薰因掏空華僑銀行五十三億元，被法院以涉犯背信罪判刑一年定讞的事例，法院對兩者的判刑顯然輕重失衡。即便認爲法院判決梁柏薰一年有期徒刑過輕，可突顯白領犯罪的罪與罰問題，一般我國司法實務在判決眞正詐欺者的刑罰，有期徒刑五月通常都是針對詐欺數十萬元以上者，本件莊姓丈夫所獲利益僅有三千元，這樣的刑度明顯不相當。

然而，引起莊姓丈夫不滿的，並非本案，因爲他自己坦承有販賣帳戶的事實，怨不得人。眞正引起他憤慨的，是九十八年間彰化地方法院判決他有罪的另一個幫助詐欺案件。在該案中，檢察官起訴他在九十七年間提供自己申請的手機的ＳＩＭ卡，有幫助他人詐欺的不確定故意。莊某的辯稱是該手機於九十七年四月間借與朋友，後來在九十七年九月間遭竊，檢察官則認爲該手機是於九十七年十月間才申設，莊某所辯即不足採信。最後莊某可能在法官的「勸諭」下坦承犯行，再度被判處有期徒刑五月。

前後供述不一不應成爲有罪的主要憑藉

莊姓丈夫究竟有沒有提供手機ＳＩＭ卡給詐騙人員，筆者非承審法官，沒有看過卷證資料，不敢妄下定論。但從他的遺書指控：「法官只會叫我自己去找對自己有利的證據，而他們法官只要我們找不出來，就只會判刑……，都不用去找事證原因」等用語來看，顯然法官在曉諭的過程中，讓莊姓丈夫覺得法官未能貫徹無罪推定原則，只因爲自己前後供述不一，就判定自己有罪。

對此，筆者卻是感同身受，雖然無罪推定原則是普世價値，我國的司法實務，尤其是上級審老一輩的法官，卻有不少人欠缺這種思維，只要被告前後供述不一，想要獲得無罪的判決，就變得非常地困難。針對類似案件，司法實務有非常多一審因罪證不足而判決被告無罪的案件，經檢察官上訴後，卻被撤銷改判有罪，以至於目前許多地方法院的法官，爲了被告權益著想，往往以附條件緩刑的方式（如賠償被害人、提供義務勞務等），判決被告有罪並宣告緩刑。

許多法官所以有這種思維，一方面是囿於維護社會治安的考量，總認爲被告既然無法明確交代自己帳戶、手機的去處，社會上又有這麼多的被害者，被告即應負責；他方面則是我們這批自稱「專業」的法官，習慣以「專業」的角度要求不懂法律的人民在日常生活中，一定要有專業的思維邏輯：存摺或機車被撬開（存摺放在機車行李箱中被竊）一定要報警、對於日常瑣事一定要記得一清二楚（以免前後供述不一）、失業許久找工作一定要詳加調查。

審判應從一般人民的法律感情出發

問題是普羅老百姓未必有這樣的思維，在許多人的認知中，帳戶又沒錢，掉了就算了，報警還要被刁難再三！法官可以因爲他沒報警、前後供述不一，就推斷其罪刑？法官可以自己中產、智識階級的思維邏輯，強求欠缺金融、法治思維或中、下階層的人民，應該有同樣理性的生活模式？如果這些人也都有理性思維，具備完整法治素養，他們就不會是法庭下的被告，而是穿著法袍、高坐在法庭上的人了！

目前許多因爲應徵工作而提供存摺、提款卡及密碼的人，最大的原因是他們欠缺金融、法治素養，如果被告能提出報紙應徵廣告及通聯紀錄，有理由判幫助詐欺？依照民法侵權行爲損害賠償責任的規定，過失也要負賠償責任，這些被告因爲保管帳戶不周，以致被害者遭受詐騙，如果符合損害賠償責任的要件，即應負民事賠償責任。

也就是說，現行法制已有制裁規定，被害人不致於完全求償無門，有理由用最後制裁手段性的刑罰加以處罰？可以讓無數迫於生計的被害人搖身一變成爲加害人？

奉勸各位刑庭法官們，貫徹無罪推定原則，不要用自己的思維邏輯要求普羅大衆，而應以一般人的法律感情做爲認事用法的基礎。雖然法官是人不是神，不可能有機會體驗、了解不同社會階層人士的生活經驗與模式，但應基於同理心，嘗試去了解社會不同層面的人的生活經驗與經濟困窘狀況。尤其許多人在長期失業的情況下，他對於職缺的渴欲，恐怕不是高坐法庭的我們可以體會的。

尤其是負責二審定讞的老爺們（詐欺罪不可以上訴最高法院），有多少案件因爲您們的撤銷改判，讓地方法院法官爲了當事人的利益著想，只好勸被告認罪。而從事犯罪偵查的檢警人員，別忘了自己負有積極追緝眞兇的義務，僅依形式的事證，對可能的涉嫌者究責，敷衍交差了事，卻不去積極查辦眞正的上游、首腦者，只會讓案件越辦越多。

最高法院檢察署已於九十八年十月二日轉發監察院函文，要求各地檢署勿「要求被冒用的被害人舉證自己未犯罪」，顯見民意已開始反彈。法官、檢察官、警察如不能時時戒愼權力的來源，回到初始願意奉獻司法的理念與熱情，有朝一日民怨反撲，難保自己不會成爲被偵辦的對象！

NCC也該善盡監督之責

針對電話詐欺的防制問題，多數人只會要求法務部、內政部與行政院金管會加強其職能，卻少有人注意到國家通訊傳播委員會（以下簡稱「NCC」）的角色。因應民怨而由台灣高等法院檢察署在九十八年十二月召開的「避免民眾因設金融帳戶涉嫌作爲詐欺之工具涉訟，須分赴各地方法院檢察署重複應訊之勞費」專案會議中，與會官員只注意到「建請法務部與行政院金管會、銀行與電信業者聯繫，加強帳戶與手機申請的審查機制及加註警示標語」，而未慮及電信業者的主管機關，即是明證。

事實上，電信業者可區分爲第一類與第二類電信公司，第二類業者本身並沒有架設實體線路固網或無線基地台，而是向第一類業者承租來經營自己的電話或網際網路業務，目前政府對其話務轉接管理法規鬆散，以致當詐騙電話從境外透過網路電話轉二類電信公司，再轉到一類電信時，一、二類電信公司並沒有針對其所顯示的發話號碼進行檢查，而任意由網路電話發話端設定他想要顯示的號碼，造成詐騙電話來電顯示爲公部門電話，以致民眾受騙。解決之道，只有仰賴NCC訂定合宜的管理法規，才能遏止這電信亂象。

筆者於行使審判職務時，常發現有手機申請者資料不實及假的來電顯示的情況，遂於九十九年二月間發函NCC：「爲了防範嚴重的電話詐欺問題，日本國會制定相關法制，要求金融機構、電信業者在申請人提出使用申請時，應對簽約者確認身分，以便減少電話詐欺的犯罪工具。而我國行政院金管會也提案增訂銀行法第四五條之二，並於九十四年間獲得立法院通過，授權行政院金管會訂定銀行對疑似不法或顯屬異常的存款帳戶的相關管理辦法，要求申請開立帳戶者應提供雙重身分證明文件查核，並應錄影、拍照等。請問，貴會對此電話詐欺問題可有防應對策？可曾修定相關法令要求電信業者遵循？」

事隔近一個月後，還未見到回函，即在報紙上看到：「防詐騙電話，ＮＣＣ祭出阻絕器」這樣的新聞標題，內容大致是：「詐騙電話層出不窮，ＮＣＣ昨日終於提出因應對策，由於多數詐騙電話，是經國際電話路由進入台灣，號碼並且竄改爲『＋886』的市話，爲避免民眾誤以爲是地檢署等公家機關來話，ＮＣＣ將要求電信業者，在機房內加裝阻絕設備，杜絕不肖之徒魚目混珠」、「光靠ＮＣＣ與檢警單位，無法徹底阻絕詐騙電話，決定加重電信業者的社會責任，稱職扮演防制電話詐欺的把關角色。」也不知這樣時機湊巧的決策，與本院的發函有無關連。特別附記加以說明！

4

我的法律會轉彎

寵物有價，法理就在生活中

某日《聯合報》報導「撞死土狗，判賠近萬喪葬費」的判決，是筆者基於法律確信所做的決定。爲確保當事人上訴的權益，而且法院的理由已在判決書中完整交代，基於「法官不語」的慣例，本不應再發言。不過，從人民的權利意識、紛爭機制的運作、法律的與時俱轉，乃至司法的功能等方面來看，本案都是饒富討論意義的。

筆者出身教育界，自擔任法官工作不久後，即加入民間司法改革基金會法治教育小組（已於民國一百年十二月間改組成立「財團法人民間公民與法治教育基金會」），長期關心國內法治教育的推展，實不忍喪失這一與民衆對話的良機。何況本件判決已經確定，即無維護當事人上訴時「充分辯解」權益的問題。因此，筆者才撰寫本文，略爲表達該判決的一些看法。

爲權利而奮鬥

首先，原告爲替愛狗伸張正義，忍受爭取權利過程中所遭受的側目，這種「爲權利而奮鬥」的精神，我們應給予最大程度的鼓勵。因爲目前我們的社會，仍有許多人抱持「訟終凶」的觀念。事實上，訴訟是一套很花錢又浪費時間、勞力的程序，除非已用盡其他解決紛爭的方式，筆者也不太贊同民衆隨便打官司。但是，當民衆已用盡可能的方式，還是無法解決紛爭時，透過訴訟由法院判斷兩造主張的曲直，應該是較爲理想的途徑。「訟終凶」這種理念，是我國過去「禮治」社會下的傳統觀念，基本上與現代民主法治社會的看法，是有出入的。

目前，我們一方面看到許多民衆濫訴的事例，例如有人針對一、二十年發生的十幾萬元的民事事件，針對同一被告先後提起數十件民事官司，都已獲得敗訴判決後，還是不死心，現在仍有案件繫屬於法院；同時，也有人一再以不同的事由，提起數十件的釋憲聲請案，同樣都遭駁回。另一方面，我們也看到許多明明是權利受到侵害，卻不曉得利用司法解決紛爭的事例，例如國中能力分班涉及是否侵害平等權、人格權的問題，在社會對這問題紛紛擾擾之際，卻少有民衆因此訟爭於法院。許多有識之士倡議國人應該仿效美國社會，將社會議題以法律爭議的方式，透過法院訴訟確定社會的共通價值，即爲現代法治社會中司法權的性質，做了最好的定位。

在本案例中，原告的狗被撞死，基本上她的財產權已受到侵害，自然可以向加害人請求損害賠償，至於可以請求損害賠償的範圍，是另一問題，並不影響她的訴訟權益。原告為免兩造的訴訟勞累，並減少法院訴訟案件的負擔，已先行透過區公所的調解委員會調解，這是社會各界所樂見的。而兩造既然因為賠償範圍爭議過大，以致遲遲無法調解成立，那麼訴諸社會正義最後一道防線的司法，由法院來認定損害賠償的範圍，而不是以拳頭解決問題，應該是現代國民所應有的作為。

從放水流到安置靈骨塔

另外，關於本件原告可以請求賠償範圍的問題，其實現行法律已有所規定。我國民法雖然未能明確區分「人」與「物」的損害賠償範圍，但依照《民法》第二一六條的規定，原告可得請求的範圍，包括所受損害及所失利益。而所謂「所受損害」，目前是以「相當因果關係說」來認定，也就是以被告的行為所造成的客觀存在事實，依照行為當時所存在的一切事實，以及行為後依一般人的智識、經驗加以判斷，通常都有發生同樣損害結果的可能時，即認為有相當因果關係。

關於人與寵物的關係，在以往的農業社會裡，人們於家畜（如狗、貓，非現在意義的「寵物」）死亡後，大多數草草掩埋或放水流，這時如果有人請求加害人賠償貓、狗火化、安置靈骨塔的費用，依照當時一般人的智識、經驗，相信都是難以理解的。

然而，隨著都市化所造成人群關係的淡薄、頂客家庭的大量出現、單身貴族的盛行，乃至獨居老人現象的普遍存在，許多人將親密的情感繫於豢養的寵物，甚至將寵物視同「子女」時，則人們與寵物間的親密關係、人們對於寵物的愛戀程度，即非以往的風俗民情所能理解。這時，人們於寵物因他人的侵權行爲以致死亡時，基於愛戀之情爲寵物火化、安置靈骨塔所花的費用，應該認爲與財產權受侵害間有相當因果關係，自然可以請求加害人賠償。

法律是富涵生命力的行爲準則

由此可知，強調人性尊嚴的現代民主法治社會，容許多元民主、尊重不同價值觀的選擇，司法做爲社會正義的最後一道防線，自應採取寬容、與時俱進的作爲，在個人所做所爲或請求不妨礙公共秩序或善良風俗的前提下，確保每個人基於憲法所保障的基本權利。而現行的法律規定，確實也有相關的制度設計，賦予法官解釋、適用的空間。

我們的法律，不只是紙上的條文，也不是只有威嚇犯罪的刑事法規，而有更多與民眾生活息息相關，富涵生命力量的行爲準則。民事法律不像刑事審判（基於刑罰制裁的嚴厲性、最後手段性，必須受「罪刑法定原則」的拘束），法官實應體察環境時代的變遷，彌合法律與社會落差，賦予它應有的時代意義。像台灣社會存在許多的祭祀公業，按照傳統中國的習俗，其規約通常規定只有男性子孫可以繼承派下權，這明顯違反現代民主法治社會所強調的男女平等原則，法官即必須善用法律詮釋權，調整、修正這種法律關係。而《民法》第一條：「民事，法律所未規定者，依習慣；無習慣者，依法理」的規定，更道盡法律的趣味橫陳，因爲法理就在生活中。

父母不可無故侵入子女住宅？

父母不可無故侵入子女住宅？有沒有搞錯？父母不計代價的生育、扶養、照顧自己的子女，爲他煩惱、爲他憂愁，將生活的重心全放在子女身上。有朝一日子女長大成人，有能力自己購置或租賃房屋居住了，父母竟不可以隨意進入子女的住宅，天理何在？判斷是非的價值標準爲何？子女應孝敬父母的傳統美德哪裡去了？

是的，父母不可以隨意侵入子女的住宅。筆者承審過一件司法案例，一位年已六十餘歲的王姓父親，被檢察官起訴恐嚇與侵入女兒的住宅，原因是被告在六十七、八年間即因傷害妻子的家庭暴力犯行，經法院判決有罪確定。不久，夫妻離婚後，約定三名未成年子女由被告監護，被告卻未善盡教養的義務，前妻遂與被告簽訂同意書，約定三名子女都委任前妻爲監護人。其後，被告未再與前妻聯繫往來，未善盡爲人父者的教養義務，也未時時關心並與子女間保持密切互動。

嗣後，被告在八十二年間與陳姓女子再婚後，共同居住於陳姓女子的自宅內。因股票投資、房屋改建後所有權歸屬等問題，被告對陳姓女子及其子提起多起告訴，以致雙方互相興訟，纏訟經年。陳姓女子訴請裁判離婚，經法院民事判決離婚確定，因被告不願搬遷，陳姓女子訴請被告遷離原來共同住居的處所，獲得勝訴後，由法院執行點交完畢，被告即必須自行在外賃屋居住。

時隔近二十年沒聯繫，被告回過頭來要求與前妻所生、已在政府機關任職的女兒提供生活費與住處。因女兒不從，被告前往女兒的辦公室，對女兒施以恐嚇，揚言要潑灑硫酸，而且在某日趁女兒上班不在家之際，僱用不知情的鎖匠，拆下女兒住處的門鎖，並請鎖匠換裝新鎖，後來因爲女兒報警處理，被告才在員警要求下離去。此後，被告仍然三番二次前往女兒住處騷擾，女兒不得已只好報警處理。經檢察官起訴後，被告在法庭辯稱因爲年老無法工作，又無自有房屋，以致生活陷於困境，女兒竟不讓其居住，還報警誣指其私闖民宅，不知天理何在云云。

天下無不是的父母？

父女間對簿公堂，尤其是由女兒狀告父親，在傳統儒家強調「禮治」、重視人倫秩序、講究家族主義的思維裡，簡直是不可想像之事。依照我國固有法制，除叛亂犯罪外，親屬間有罪得互相爲隱瞞，並有對親屬犯罪不得爲告發的限制規定，卑幼告發尊長犯罪者，本身就構成犯罪。而撇開國法規定不談，傳統國人的思維中，卑幼須孝敬尊長、尊長應慈愛卑幼，如有違反，則為惡逆、不孝。「天下無不是的父母」，父母再怎麼不對，畢竟是生育、扶養自己的最親密的人，只有承歡膝下，哪容許父女間對簿公堂，這人倫秩序豈不毀了！

沒錯！子女孺慕父母的情懷，原是人世間最難割捨、報答的親情，是無法用法律規範的。不過，即便是我國《民法》仍有「子女應孝敬父母」的規定，我國這套移植自大陸法系的法律制度，基本上是立基於個人主義的。而當代整個國際社會的趨勢與潮流，包括各種國際公約的規定，以人性尊嚴做為法律設計的基本原則，是無庸置疑的，則包括父母子女、兄弟姊妹、師生等人倫關係，自然必須以個人權利義務關係做為界定的基礎。

雖然如此，我國繼受歐陸法制所建構的現行民、刑事法律制度，仍然有不少是立基於人倫、孝道精神所做的設計。如基於「天下無不是的父母」的理念，民法規定子女應毫無例外的負有扶養父母的義務。是以，如果子女任令無自救力的父母自生自滅，不為他的生存所必要，而予以扶助、養育或保護，還會構成刑法上的遺棄罪。本件王姓父親也曾告訴女兒遺棄罪，只是因為檢察官認為王姓父親並未陷於無自救力的情況，遂對女兒為不起訴處分。

子女孝敬父母不再是絕對的義務

未成年子女對父母有扶養請求權，子女長大成人後則應扶養父母，不僅維繫了人倫秩序，符合公平正義，而且從親疏關係而言，由子女負扶養義務，也較由人民納稅錢所支撐的國家加以照護爲宜。問題是毫無例外的規定子女一律負有扶養義務，對於那些在未成年時未受父母養育、照顧之恩，甚至曾遭受父母遺棄、性虐待、侵害、殺害未遂等犯罪行爲的子女而言，眞是情何以堪！

有鑑於此，在民間團體催生下，立法院於九十九年一月間增訂《民法》第一一一八條之一、刑法第二九四條之一，揚棄「天下無不是父母」的理念，明定扶養義務者在一定情況下，可以請求法院減輕或免除他的扶養義務。也就是說，如果爲人父或母者未曾對未成年子女善盡教養的責任，或曾對子女爲犯罪行爲者，子女長大成人後，可以訴請法院免除他扶養父或母的義務，而經法院裁判准許者，即便父或母已陷於無自救力，子女仍未加以扶養，也沒有遺棄罪的問題。

對此，立法理由明定：「民法扶養義務發生於有扶養必要及有扶養能力的一定親屬間。但徵諸社會實例，行爲人依民法規定，對於無自救力人雖負有扶養義務，惟因無自救力人先前實施侵害行爲人生命、身體、自由的犯罪行爲，例如殺人未遂、性侵害、虐待，或是未對行爲人盡扶養義務，行爲人因而不爲無自救力人生存所必要的扶助、養育或保護，應認不具可非難性。如仍課負行爲人遺棄罪責，有失衡平，亦與國民法律感情不符。」

傳統孝道與人性尊嚴的調和

如果依照這次修法的條文，本件王姓父親不僅未時時關心並與子女間保持密切的互動，更長期未善盡扶養女兒的義務，則其女兒在成年後，即可以訴請法院免除扶養被告的義務。但是，本件是修法前即已判決的案例，並沒有適用新法的機會。那麼法院如何在現行法制下，衡平兼顧個人主義的權利義務關係與傳統孝道的精神？

事實上，關於家庭與法律的關係，本具有高度倫理性，德國法學大師薩維尼（Friedrich Carl von Savigny，一七七九—一八六一）即提到：「家庭制度是建立在一個自然習慣的關係上，這個關係是屬於法律前的事實。而這事實是由人類自然的決定。」因此，以家庭爲核心所衍生的親屬身分關係，是先於法律典章而存在，近代國家法的制定，即不能無視於既有的人倫秩序而做不當的介入。

我國固有法制是建立在「禮治」及家族主義、宗族主義的基礎上，對於人倫秩序特別重視，因此《民法》親屬編於十九年制定時，關於親子關係仍然特別重視傳統孝道的精神，《民法》第一〇八四條第一項：「子女應孝敬父母」的規定，即其適例。

但是，我國做爲立憲主義的現代民主法治國家，以個人主義爲基礎的憲法上人性尊嚴的法理，即應做爲親子關係衝突時解釋的最高指導原則。

住宅爲個人城堡

以本件所涉及父親無故侵入子女住宅爲例，法諺有所謂「住宅爲個人的城堡」的說法，也就是憲法保障人民的住居自由，使個人的空間隱私權得以不受國家公權力或他人的不法侵害。這樣，個人才可以享有一個安寧居住的空間，而得享有人性尊嚴。在這意義下，即便是具有父母、子女關係者，只要未同居一家，父母或子女都不得無故侵入他方的住宅，不因具有人倫關係而排除適用。

原因所在，在於父母、子女固然多以永久共同生活爲目的而同居一家，但子女成年後，或因結婚組織新家庭，或因求學、就業等關係而另外成家，而且家長也得依民法第一一二八條的規定，在有正當理由時，要求已成年或雖未成年而已結婚的子女由家分離，則爲保障個別家庭或個人的居住自由，自然不能容許父母或子女未經同意或默示認許，無故侵入他方的住宅。

或許有人會認爲：出嫁的女兒每次回娘家或成年子女返家探望父母，也要經過父母的同意，沒獲得同意就不能踏進自幼成長的家門，不僅不盡人情，而且造成極大的困擾。然而，一般而言子女返家探望父母，或父母前去關心子女近況，對方高興都來不及，哪會有因此發生紛爭的情況。也就是說，在通常情形下父母或子女都是默許同意對方隨時返家，根本不必事先報備或獲得同意；需要徵取同意的，只是那些父母子女關係已經破裂，早已明示不相往來，或類似本件因彼此有近二十年沒有聯繫的情況。

誰禽獸不如？

在本件訴訟中，父親對未成年子女長期不聞不問的作爲，早已令子女們有「只生不養」的感慨，父女關係已形同路人，甚至有了怨懟。然而，被告不僅不思彌補，還對女兒施以恐嚇；其後，更私自換鎖侵入女兒管理、使用的住宅，女兒在知悉後，已經報警處理，顯見女兒已經明示拒絕被告進入她的住宅；嗣後，被告仍然三番兩次前去騷擾，並在女兒要求他退去之際，再以無賴方式滯留房屋內，自屬於無故侵入他人住宅。

被告不僅在警察局、檢察官及法院接受訊問時百般卸責，矢口否認犯行，更在法院審理時辱罵女兒：「禽獸不如」，顯然犯後態度不佳，毫無悔意。最後，法院就對這位父親從重量處不得易科罰金之刑，將恐嚇、侵入住宅罪合併定有期徒刑一年，以資做懲，這位父親就因此入監服刑了一年。這或許是人倫悲劇，卻彰顯民主法治社會尊重每個人為憲法所保障的權利的精神。

有兩個老師，因爲借款及還款金額爭議不休，二十五年間互控一百五十八個案件。二人官司纏訟經年，早已「久訟成專家」，寫起訴狀、答辯狀或聲請調查證據狀都自己來，還自製登記簿，詳細記載案由、出庭時間、收受的存證信函及相關訴狀，以避免記錯案件、走錯法庭而說錯案件。兩人唯一的共識，就是「絕不和解」，即便已經從教職退休，對於職業訴訟人的角色，還是認爲：「就算只能爬，也要爬進法院」。

法律是統治者的工具？

在這同時，媒體也報導一項司法調查結果，就是民眾對於司法的印象，是到過法院的比沒有去過的要好。這意味多數國人對於司法的印象，或是來自傳統華人對於司法的刻板印象，或是在媒體錯誤報導、輿論以訛傳訛的情況下，以至於對現代司法制度、功能有了錯誤的理解。這也是爲什麼發生前述二位老師勇於「爲權利而奮鬥」事例的同時，我們也看到不少民衆在發生紛爭時，或因傳統「訟終凶」的理念，或因「法院是爲有錢人服務的」、「法律是統治者工具」等錯誤理解，而寧願採取自力救濟的方式，以至於時常發生動用私刑、劫車陳情等法治脫序現象。

探究問題的根源，在於我國的法治文化與國人的公民素養仍有待建立。因爲我國自漢朝以來，採取「儒表法裡」的統治方式，也就是表面奉行的是儒家倫理，統治內涵則仍參酌法家思維。因爲儒家強調階級服從的思想，法家則是強調「依賞罰統治」的法制，且「法由君生」，兩者遂成爲君主專制的最愛。儒家重視以敦厚的道德規範改善社會，社會秩序應優先以「禮」維繫，「法」僅居於次要地位，「法」只是維持「禮」於不墜的工具，「訟則終凶」、「德主刑輔」，都說明著儒家思想對於法律沒有好感。而在法家思想下，君主是超越法律之上的，法律不過是君主治理天下的權柄，統治者駕馭萬民的工具。

雖然西方社會也歷經「朕即國家」的長期君主專制時代，但中國社會並沒有西方社會長期以來的宗教介入政府與人民之間的傳統。因爲沒有政、教之間的制衡，傳統中國政府與人民之間即無法逐漸形成對等關係。而西方法治觀念強調的「理性」，見諸於蘇格拉底以來的法理學，因此理性本身就是一種目的，可逐漸發展成理性法治的立憲主義制度。反觀儒家雖然也說「禮者理也」，但傳統中國儒、法兼採的統治方式，毋寧更重視人治，充分實踐「法律是統治者工具」的理念。

傳統法制的民事被告可能遭羈押

在儒家以禮治國、以刑弼教的情況下，禮、法相協調，導致禮與法的分治，出乎禮就入於刑，違背禮者將受到國家法的制裁，而且是刑事制裁。也就是說，禮是傳統上的道德律，是修身、齊家、治國、平天下的規範。採取的是德治，使人民趨於自治，鄉村中的輕微民事案件，由當地的仕紳及家族中德高望重的長者採取調解方式解決，如調解不成功，兩造當事人才向官府進行訴訟。官府對於這類的訟爭，當事人刁頑的，當他做「訟棍」看。因此，即便是民事糾紛案件，爲了取供，對於不肯招供的被告會當堂用刑，有時也會對原告及證人用刑；而且對民事違法行爲會予以訴追，不僅民事原告、被告可能會被留置在羈押所中，甚至還會判刑。

在傳統中國社會中，「和諧」是華夏子民在人生幸福感、滿意度上獲得最大實現的保障，而「無訟」正聯繫著和諧，因爲法即刑，刑即殺，法乃不祥之器。不論是中央的皇權，還是地方的「父母官」所肩負的任務，主要是行政事務。司法活動只是其行政事務中的一環，對父母官而言，每一次的司法活動都會有行政問題的考量。因爲做爲地方的父母官，不僅要排解涉訟兩造的糾紛，而且還有教化民眾的作用，因此他們做出判決的主要重點，當然會考慮「普通旁觀者」所能接受與否。即使是針對個案的法律解釋，其目的不是尋求個案中的「眞理」，也不是爲了尋求所謂的「是非分明」，而是經由妥協而平息矛盾，達到無訟。

但隨著社會的變遷、人口的增加、經濟的發達，人民難免產生許多紛爭，希望求助於官府解決。然而，州縣長官（清代乾隆時，人口已達三億，政府規模卻未擴大，二十萬人口只有一個父母官）難以應付不斷膨脹的訴訟，如何解決？康熙皇帝表示：「若庶民不畏官府衙門且信公道易伸，則訟事必遽增。若訟者得利，則爭端必倍增。屆時，即以民之半數爲官爲吏，也無以斷余半之訟案也」、「朕意以爲，對好訟者宜嚴，務期庶民視法爲畏徒，見官則不寒自慄」。也就是說，透過拖延不辦、重費繁制、設罪查辦等手段，讓人民懼訟、畏訟。

以做爲傳統中國法（中華帝國法系）最後代表作的《大清律例》爲例，它的規範特色在於家族主義、差別主義、君權至上、責任本位、罪刑禮定原則（非「罪刑法定原則」）、缺乏獨立的民事法典與司法、行政不分的訴訟制度。而政府爲了維持最低度的國家治理成本，減少人事開銷費用，於是盡量減少聘用雇員。衙門胥吏（書記官）、差役（法警）的員額不僅非常少，薪資也非常低廉，知縣甚至還必須自籌費用，聘用刑名、錢穀師爺（明清時期知縣的主要職責是理訟、收稅，科舉考試卻培養不出這方面的專業，只好聘用幕友協助）。於是，在傳統中國社會的整個訴訟過程中，都讓胥吏、差役乃至家丁、幕友、正堂等參與、協助或實際從事審判者，有向當事人或關係人索取規費的機會，因爲如此才能應付生活、支付幕友薪資。

在審判者可以向當事人收取規費的法制環境下，當然容易產生「有錢判生，無錢判死」的誤解或陋習，司法即不可能被人民所信賴。而人民因民事糾紛向法院提起訴訟，卻可能遭到羈押甚至被判刑，且證人出庭作證也可能遭到刑求的情況下，難怪人民覺得「訟終凶」、視上法院打官司、作證爲「畏途」。在訴訟制度黑暗與官府嚴辦下，民眾懼訟、畏訟、恥訟、賤訟，所謂「生不進衙門，死不入地獄」、「堂上一點朱，民間千點血」、「衙門六扇開，有理無錢莫進來」、「讀書萬卷不讀律」等說法，即是因此而來。這樣的法治文化源遠流長，迄今仍深深影響著當代多數華人社會。

順民教育還是法治教育？

當前我國法治的根本問題，即是法治文化的問題。因爲，法律制度移植不難，制度下面的價值觀要與被移植社會的價值觀契合，需要施以相當大量的法治教育。問題是即便到了今日，由於整個法律是繼受自西方社會，且幾十年來一黨獨大的威權統治模式，強調人權尊重、政府依法行政、獨立思考判斷能力養成的法治教育，從未在教育體系中受到應有的重視，反而強調乖順、服從的「順民教育」。

我國當前的法律運作現況，即存在著國法與民間活生生法律的割裂，而且存在著國法與活生生法律背後所支撐的儒家倫理的割裂。因爲，儘管國家已經繼受外國法制，將許多法治理念明文化，並具有將理念付諸實際社經制度的能力，但其理念並非蘊育自傳統中華文化與儒家倫理息息相關的、固有傳統意義下的自然法則下衍生出來的法律基本原則，而是西方社會裡產生出來的，與實定法、責任倫理不可分的法律基本原則。

在人民普遍未受法治教育的薰陶，而且多數人少有機會上法院訴訟的情況下，受傳統儒家薰陶的多數華人的集體意識——「訟終凶」，也就反應在民意調查上。當社會仍然對於司法有所疑慮，當中國人權協會調查的結果，對於司法的印象，上過法院的人卻較沒有上過的人爲佳時，是否意味國人對於司法的印象，仍停留在戒嚴威權統治的時代？仍以過往帝王專制時「法律是統治者的工具」所遺留的集體意識，一代代流傳而成爲國人的刻板印象？

法院是提供理性辯論的地方

雖然我國已建立民意政治、責任政治的民主法治制度，以及權利本位、罪刑法定、民、刑事責任分立與獨立公正的審判系統。但做爲一位審判者，做爲定分止爭的人，筆者仍不敢呼籲國人：「遇有紛爭即上法院解決。」因爲，這不僅與當代的思潮有違，而且不符經濟效益。畢竟上法院打官司要花費勞力、時間及費用，而且法院做爲最後仲裁者，它的特色是特別注重正當法律程序，因此審判沒有效率、案件遲延是多數國家司法所面臨的共同困境。尤其在各國普遍強調調解、和解、仲裁等替代性機制先行的情況下，筆者一樣建議應該先尋找其他的紛爭解決機制，如果仍無法解決，才訴諸司法審判。

人做爲群體動物，雖然每個人都不喜歡衝突，但在人際互動過程中，難免產生紛爭。而遇到紛爭並不可怕，可怕的是慌張失措、一錯再錯。因此，發生衝突後的首要之務，即是保持理性、平和，尋求可行的紛爭解決機制，否則動用暴力、私刑，必然引來更大的傷亡與衝突。一旦採行調解、和解或仲裁等替代性機制都無效的情況下，訴諸司法審判，即是必要之舉。法院是提供理性辯論的地方，依循正當的法律程序，採行公開審理、證據裁判及言詞辯論等方式，由客觀、中立的法官從事審判，即不用把上法院打官司、作證視爲「畏途」。

話說回來，操作審判機制的是人，而非神，司法審判即不可能達到百分之百的正確性。何況，不僅法官有其盲點，即便是訴訟制度本身也有其缺陷。尤其是在證據裁判、舉證責任分配等原則下，更不可能期待司法審判在每一個案中都能發現眞實而彰顯正義。因此，爲自己權利而奮鬥，固然是彰顯公民素養的良好作爲，但適時的罷手、避免不擇手段，也是必要的。

法律不是生而爲人的唯一行爲規範，兩造當事人離開法庭可能還有碰面的機會，沒有必要將人逼到絕地。何況人生的戰場不應在法庭上，爭得你死我活並非訴訟上的最佳策略。爲了一個糾紛而衍生一百多個訴訟案件，將人生的精華都花在法庭上，豈非「訟終凶」？

訟終凶？之二

曾任職某外商證券投資顧問公司的湯姓會計師，遭公司解聘後，先後對該公司在台子公司、公司負責人、職員甚至是該子公司委任的律師，分別向台北地檢署、台北地方法院提起誹謗、詐欺、侵害隱私等刑事或民事損害賠償訴訟近四十件。筆者在受理其中一件民事案件後，認爲湯會計師是濫行訴訟，予以裁罰新台幣六萬元的最高罰款，創下國內因爲濫訴行爲而被法院裁罰的首例。

告人反被裁罰

本來，依《憲法》第十六條：「人民有請願、訴願及訴訟之權」的規定，人民在認爲他的權利遭受侵害時，依法得向犯罪偵查機關提起刑事告訴，或向法院提起刑事自訴、民事訴訟，這是人民訴訟權利的行使。本案在湯姓會計師依法繳納訴訟費，而且法院已經受理後，怎會發生「告人反被裁罰」的事例？

其實，訴訟權雖然屬於人民受憲法保障的基本權利，但正如任何基本權利的保障都非絕對一樣。立法者基於保障他人權利或公共利益的考量，本可以做合理、必要的限制。尤其行爲人的濫訴，不僅將浪費訴訟資源，更將使他造當事人疲於奔命，造成不必要的時間、精力與金錢的浪費及名譽的受損。何況，多數國人的公民素養尚有待提升，過去在刑事自訴制度尚未要求應該委任律師爲代理人的時日，常可見國人隨便對公衆人物提起訴訟，動不動就亂告一通，而使法院疲於應付。其中最離譜的事例，就是以衛生紙寫理由，自訴立委涉犯刑責。

借打官司作秀增加知名度

國人能跳脫過去儒家思想「訟終凶」的桎梏，懂得爲自己權益打官司、「爲權利而奮鬥」，固然是好事，也是現代公民社會處理紛爭的理性作爲。問題是在司法界裡，常會發現有些人喜歡興訟。有的人是好訟成性，爲了芝麻小事而告別人；有的人是藉機出鋒頭，想借打官司作秀增加知名度。每到選舉季，候選人紛紛按鈴申告，即其最好的例子；還有人利用興訟的手段，以便造成對方困擾。種種原因的濫訴，使法院成了最大的受害者。

爲了制裁民衆濫訴的行爲，有些國家法官可以不尊重法院爲由，判以藐視法庭罪，裁處罰金或徒刑，以杜絕濫訴歪風；反觀我國，過去除依誣告罪偵辦外，對於民事上的濫訴行爲，法院完全是束手無策。有鑑於此，司法院在九十二年修正《民事訴訟法》時，特別增訂第二四九條第三項：「原告之訴，依其所訴之事實，在法律上顯無理由者，得處原告新台幣六萬元以下罰鍰。」這種「濫訴者應受裁罰」法制的建立，對於導正濫訴歪風，正可謂對症下藥，而本件會計師裁罰案的首次運用，無疑具有重大意義。

爲何說具有重大意義？因爲在法院訴訟實務上，要以「原告之訴，依其所訴之事實，在法律上顯無理由」爲由，駁回原告之訴，本就不容易，何況要予以裁罰。而本案之所以適當，在於筆者於受理本案的前一年，已經審理過湯姓會計師狀告該投顧公司的另一個案。在該個案中，筆者已經在駁回原告之訴的判決理由中，說明湯姓會計師已有濫訴之虞，只是因爲他提起該案訴訟是在「濫訴者應受裁罰」法制增訂之前，基於法律不溯及既往的原則，才不加以裁罰。

司法不裁罰反成濫訟的幫兇

孰知，湯姓會計師又陸續具狀提起民事訴訟，在時隔不到一年又有一件分由筆者審理，訴訟的內容不外是因爲該投顧公司將他解聘的枝微末節問題：他於八十七年間傳眞個人的姓名、身分證字號及住所等資料給徐姓友人，託徐轉交給該外商公司，做爲自己任職的人事檔案資料，他離職後與公司發生勞雇糾紛，公司利用這份人事檔案資料的地址，發存證信函給他，侵害他的隱私權，應賠償他精神慰撫金三萬元。

任何稍有常識的人，看了這樣的訴訟內容，就可以判斷湯姓會計師有濫訴的問題。而一個碩士畢業、具有專業證照資格的湯姓會計師，爲何要提起本件訴訟？當然是挾怨報復，希望讓該外商公司付出代價。因爲他提起本件訴訟，訴訟標的金額在十萬元以下，依法只要繳交一千元的裁判費，而且因爲我國民事訴訟不採律師強制代理制度，湯姓會計師可以自己出庭打官司；反之，被告爲一知名的外商公司，只要有訴訟糾紛都會委託律師擔任代理人，並且是知名的律師事務所，收費不低，即便可以預見是外商公司勝訴，因爲不採律師強制代理，所支出的訴訟及律師費用，並不可以向原告求償。

這樣，該外商公司遵守我國法令，依法聘請律師出庭、撰寫答辯狀所需的費用，遠遠超過湯姓會計師所繳費用的數十倍，如果加上法院開庭審理的時間成本、人力費用，濫訴所造成的社會支出，與原告所需負擔的支出，明顯不成比例。何況，湯姓會計師先後提起的民、刑事訴訟，已達三、四十件，即便不計算被告、法院的人力、時間成本，外商公司因此所支出的訴訟費用，竟已達數百萬元以上。如果法院一再容許如此以小搏大的「訴訟策略」，司法豈非成爲湯姓會計師的幫兇！

該學到教訓了

本件湯姓會計師濫訴遭裁罰的裁定，最後獲得上級審的認同而告確定，也就是湯姓會計師必須因此繳付最高額的六萬元罰鍰。可惜的是，湯姓會計師並未因此學到教訓，繼續、一再地基於挾怨報復之心，以遭解聘的芝麻綠豆事提起民、刑事訴訟。也就是說，在他遭解聘近十年後，仍然可以從司法院法學檢索系統的裁判書查詢欄中，查得他與該外商證券投顧公司、律師繼續纏訟中。

不過，善惡到頭終有報，湯姓會計師因爲更早之前冒用其妻名義，對外商公司人員所提起的某個刑事自訴案件中，已因爲該當誣告罪的罪名，遭法院一、二審判決有罪，而誣告罪屬於依法不得易科罰金的罪行，只要判決有罪確定，湯姓會計師勢必要入監服刑。筆者不知道湯姓會計師有無因此學到教訓？究竟因解聘事宜提起多少民、刑事訴訟？只知道本案確實是現代民主法治社會中，因爲濫用訴訟權而「訟終凶」的最佳例證之一。

維他命是藥？是食品？

「維他命」是英文（Vitamin）的直接音譯，營養學上的正式稱呼爲「維生素」。它是一系列有機化合物的統稱，是人類所需要的微量營養成分，不是藥。主要功能在調節蛋白質、脂質及醣類等原料營養素的代謝，而且人類身體無法自行合成製造，屬於攝取自食物的有機物質。由於適量攝取維他命可以保持身體健康，多數國人將之視爲保健食品，按日服用；又因爲過量攝取維他命會導致中毒，我國遂將之列爲成藥的一種，加以管制。

由於將維他命視爲藥品，因此維他命的製造、調劑、輸入、輸出及販賣，必須經過行政院衛生署的許可。如果有未經許可者，依其產地的不同，可分爲僞藥及禁藥。不只未經許可在國內製造、調劑維他命應受處罰，即便已經外國政府核准，只要輸入國內販賣、轉讓、陳列時，未經我國政府的許可，仍視爲禁藥，應依《藥事法》第八十二、八十三條科以刑責，依其犯罪行爲態樣、情節的不同，刑度可分別高達有期徒刑十年、七年以下，處罰可謂嚴厲。

CENTRUM是禁藥?

筆者在承審一件販賣維他命禁藥的案件，被告是某藥局的謝姓負責人，被指控將未經核准輸入、由美國惠氏公司所生產銷售的「CENTRUM SILVER」（「銀寶善存」）及「CENTRUM」（「善存」）綜合維他命，販售與馬姓人士，該當《藥事法》第八十三條的刑事責任，應科以七年以下有期徒刑。由於最輕本刑爲七年以下有期徒刑，只要判處被告有罪，而且未予以緩刑宣告，謝姓負責人即應入監服刑，不得易科罰金。而依照過去的司法實務，確實有將近二十件的刑事被告，因爲未經許可販售「CENTRUM」而遭判刑，只是大都宣告緩刑，因爲被告多已與美國惠氏公司所委託在台生產、銷售的台灣惠氏公司賠償、和解了事。

在合議庭審理之際，謝姓負責人始終否認犯行，辯稱遭調查局查扣的「CENTRUM SILVER」及「CENTRUM」，是美國親友返台時所攜入，準備供家人自行食用。而「藥事法」雖然規定國外製造的藥品在輸入時應經許可，卻在同法第二十二條第一項第二款有個但書規定：「旅客或隨交通工具服務人員攜帶自用藥品進口者，不在此限」，也就是只要是旅客、空服人員等人所攜帶進口的自用藥品，即不受處罰。因此，謝姓負責人是否構成犯罪的關鍵之一，即是該查扣物品的來源。

雖然購買的馬姓人士是受理律法律事務所委託而前往查證，而理律法律事務所又是受台灣惠氏公司委託從事有關藥品的蒐證、告訴及訴訟事宜，合議庭經由調查證據所得結果，仍然認爲謝姓負責人確有販售「CENTRUM SILVER」與馬姓人士。問題是謝姓負責人有販售行爲，即可該當販賣禁藥的刑責？雖然謝姓負責人及她的辯護律師未曾抗辯，即可認爲過去的司法實務見解並無問題？仍有疑問。

一百多個國家將維他命列爲食品

筆者當時雖有服用台灣惠氏公司所生產的「善存」的習慣，卻是第一次審理類似案件。在受理之初，從單純的法感覺，即覺得這樣的立法規定及司法實務見解頗有問題。怎麼說呢？一個已合法經由旅客或空服人員所攜入的藥品，豈可因事後遭人拿來販售，即科以最具嚴厲制裁性的刑罰，這樣的管制正當性與管制手段合理性，顯有疑問。問題是做爲審判者，做爲社會正義的最後一道防線，不能單憑法感覺，必須有更堅強、更合理的法律論述，才可以破除幾十年來的司法迷思。

關於法律的解釋方法，必須先從探尋立法意旨著手。筆者在查尋歷年有關《藥事法》的立法資料後，才發現早在五十九年制定《藥物藥商管理法》（即現行《藥事法》）時，立委們即對於僞藥、禁藥的定義、範圍與處罰規定爭議不休；而且「旅客或隨交通工具服務人員攜帶自用藥品進口者，不在此限」的類似規定，是在七十一年間才增訂；何況在七十六年間討論該法的修正案時，即有多位立委質疑將維他命列爲藥品，加以管制的正當性基礎。因爲，當時全世界已有一百多個國家將維他命列爲食品，我國將維他命列爲藥品管制的結果，進口必須經過核准，以至於價格大幅提高。

我國「善存」價格是美國的好幾倍

正因爲如此，筆者才知道世界上多數國家都將維他命列爲食品，也才知道國外的維他命售價是非常的低廉。以同樣源自美國惠氏公司處方所生產的「CENTRUM」爲例，美國好市多賣場販售價格約爲每顆一點六元，台灣好市多賣場卻是四點六九元，價格差距已超出一倍有餘，遑論其他國內賣場因爲包裝數量的不同，更有單顆高達六、七元者。難怪國人出國時，或自行需用，或受親友之託，常在返國時帶著各式瓶裝的維他命或「自用藥品」。如此，豈非意味有親友在國外或可出國旅遊者，即可享受較低廉的美國惠氏公司所生產的「CENTRUM」產品；反之，國人只能在國內購買台灣惠氏公司所生產、價格高昂的「善存」。

台灣惠氏公司雖辯稱因應台灣地區的潮濕，善存的包裝、調製方法與「CENTRUM」都不同，而且銷售量較少，因此成本才較美國總公司爲高。然而，台灣惠氏公司是美國惠氏公司與台糖公司所合資設立，經合議庭依職權主動函詢結果，台灣惠氏公司在回覆法院的函文中，已承認該公司屬於美國惠氏公司在台投資的子公司，該公司產品是經美國惠氏公司授權，並依我國的法令規定生產及販售。

CENTRUM是善存的新配方

其中，該公司在台灣製造及銷售的善存及銀寶善存，是於八十五年間獲准販售的藥品，與美國惠氏公司所製造「CENTRUM」及「CENTRUM SILVER」的主要差異，在於美國產品比台灣產品多了硼、葉黃素及蕃茄紅素等三個成分。也就是該公司在我國銷售的善存、銀寶善存，在我國雖分類爲指示藥品，卻是美國惠氏公司授權及技術轉移至台灣惠氏公司，再依我國限量及成分規定製造；反之，目前美國惠氏公司所生產的「CENTRUM」及「CENTRUM SILVER」，其處方爲美國惠氏公司後續在美國市場的新配方，比目前台灣地區的產品多了其他成分。事實上，維他命在美國爲膳食補充劑，屬於食品，生產、製造不用經過美國食品藥物管理局（FDA）的核准，因此它的銷售價格即較我國低廉許多。而台灣惠氏公司所生產的類似產品，其技術來源雖爲美國總公司，不僅價格較美國爲貴，而且屬於較早期研發的配方。台灣惠氏公司尚未與總公司同步升級的原因，主要原因並非因爲台灣地區潮濕，而是我國將維他命列爲藥品，必須提供資料重新申請衛生署審查，需要費時、費力，該公司才未以美國惠氏公司的新處方製造、銷售。可見台灣惠氏公司所銷售綜合維他命售價偏高的原因，並非因包裝、調製方法的不同。

我國將維他命列爲藥品管制，固然讓它的售價偏高，即便是屬於膳食補充劑，在國人看來價格低廉的美國維他命，也是經過政府與廠商不斷鬥法的結果。因爲維他命是民生必需品，美國ＦＤＡ規定許多每天必須吃喝的食品（如麵粉、穀物、牛奶）都必須添加一定的維他命成分，所以衝擊每個人的生計，影響層面非常廣大。美國政府經過調查，卻發現維他命主要生產廠商羅氏藥廠（Roche）、BASF及其他公司，自一九九〇年初起便企業聯合壟斷，交換客戶名單及銷售資訊，有計畫地哄抬全球維他命的售價。

全球藥廠聯合哄抬維他命售價

依照台灣高等法院檢察署檢察官許永欽的研究指出，即使是面對經濟、維他命巨人，美國政府爲保護消費者，不致成爲企業聯合壟斷下搾取攫食的犧牲品，遂以違反反托拉斯法爲由，起訴這些公司。後來，羅氏藥廠與檢察官認罪協商，於一九九九年五月達成創紀錄的五億美元的處罰條件。而加拿大、歐盟、澳大利亞等國，也紛紛對這些藥廠科以高額的行政罰鍰。由此可見，在面對資本主義自由經濟的違反公平競爭行爲，歐、美各國司法部門採取積極作爲，防杜經濟巨人坐收暴利、將人民視爲俎上肉，可謂即時彰顯司法做爲社會正義最後一道防線的功能。

說來慚愧，筆者爲撰寫本文而蒐集相關資料時，才知道跨國藥廠有聯合壟斷、哄抬維他命售價而遭各國裁罰的情形，因此藥廠違反公平競爭的行爲，從未成爲心證形成與判決做成的理由。畢竟我國維他命售價偏高的原因，是因爲我國將維他命列爲藥品管制，而非企業聯合壟斷的結果，法院即無庸將聯合壟斷行爲列爲考量因素。法院所須審酌的，是政府將維他命列爲藥品管制的正當性與合法性，是否有對販售旅客或空服人員攜入的維他命的行爲加以處罰的法律依據等。

合法攜入即無禁藥問題

一審合議庭審理後，認爲無論從立法沿革、修法過程的討論《藥事法施行細則》的修訂等方面觀察，都沒有對販售旅客或空服人員攜入的維他命的行爲加以處罰的法律依據。也就是說，旅客或空服人員以自用名義攜入的維他命，既然已經是合法攜入，即不構成「未經核准擅自輸入之藥品」的要件，而變成禁藥的可能，因此即便事後並非供以自用，而是加以販售，也不該當販賣禁藥罪的刑責。以往的司法實務見解，均有錯誤解釋法律的情況，遂判決謝姓負責人無罪。至於，將維他命列爲藥品，以致造成售價偏高的管制正當性問題，僅於判決「附論」中論及。

不過，因爲判決附論中提及，翌日《聯合報》以頭版報導，並佐以我國、美國有關「善存」、「銀寶善存」的高額價差調查數據，造成民意的強烈反應，立委、消費者團體也紛紛質疑，衛生署遂明令將檢討維他命列爲藥品是否妥適的問題。然而，台灣惠氏公司做爲國內綜合維他命市場的領導廠商，依其本件案發前對外所提供的相關數據，國內綜合維他命占保健食品市場的百分之十左右，每年約有二十億元的商機，「善存」的市占率超過百分之五十以上。也就是說，台灣惠氏公司每年有關「善存」、「銀寶善存」的銷售額約有十億元左右，該公司怎可能任令法院的判決影響其商機。

因此，在一審判決後，台灣惠氏公司具狀請求檢察官提起上訴。公訴檢察官未能洞悉其中複雜的市場因素與法律意旨，照抄告訴代理人所撰寫的意見，上訴理由直指：「法官曲解法令，完全悖離歷年來的司法實務見解，擅自將單純刑事案件，擴大解釋並質疑藥品管制制度，逾越司法權限而侵犯藥政主管機關的行政權，甚至有『法官造法』之嫌。」而《中國時報》陳姓記者也不了解「藥事法」並無違憲爭議，僅屬於法律解釋、適用問題，即在新聞特稿中批評：「法官對於法規爭議，應尋求大法官解釋或立法機關修法，才能眞正解決問題，如果只爲了突顯法律見解、抒發個人意見，而做出罕見判決，不僅無法達到定分止爭，反而製造更多問題。」

坦白來說，在宣判後事隔近二個月，看到這樣的新聞報導，筆者一開始心中不禁難過，爲何衆人稱頌、貫徹無罪推定與深論法律解釋方法的審判者，要遭受這樣無理的指控。其後，了解這是法官依據良心與法律，獨立、公正的審判所須面對既得利益者的反撲，是法官的宿命後，也就釋懷，就看上級審怎麼說了。雖然如此，筆者對於我國的司法實務並無信心，因爲多數的法官囿於對司法權功能的錯誤認知，往往謹小愼微，不輕易的運用法律解釋方法探求規範意旨。

該案上訴後，由於深具指標意義，筆者三不五時上網搜尋，希望知道二審判決結果。孰知，一年過去了，還是看不到判決，心中不禁納悶，有這麼複雜嗎？直至收到二審的判決原本後，才知道台灣高等法院駁回檢察官的上訴，也就是維持一審謝姓負責人無罪的判決。當然，謝姓負責人有罪與否，並非筆者所關心的重點，筆者最在乎的，是二審如何解釋維他命的性質。

將維他命列爲藥品欠缺法律依據

看了高院判決理由，才知道二審法官花了許多心思，不僅數度函詢衛生署相關法規的沿革，並深究中華藥典與各種行政命令的規範內容，還傳喚承辦人員到庭作證，最後得出：「維他命究竟是藥品或食品，涉及人民的權利義務，依法應有法律依據，或是法律明文授權行政機關訂定的法規命令，目前衛生署訂頒區分維他命是藥品或食品的《含維生素產品認定基準表》，並無法源依據；而且當初衛生署核發給台灣惠氏公司有關『善存』的許可證，上面載明：『僅爲營養補給，不具療效』，則事後衛生署所稱『善存』爲藥品的說法，前後矛盾，即不得據此認定『善存』是屬於藥品。善存既非藥品，則謝姓負責人加以販售，當無刑責可言。」而衛生署也承認法源依據不足，最後本件即因檢察官未再上訴而告確定。

這樣的二審判決理由，筆者心服口服，是少見彰顯司法權功能的刑事判決。筆者遂在《法官論壇》以「向高院刑四庭法官致敬」爲題，發表下列看法：「原因不是因爲他們維持了筆者的判決，而是因爲這個合議庭不僅認眞的調查證據與函詢主管機關，更重要的是站在司法的高度，依據憲法所賦予的職權，審查行政部門所做行政行爲的正當性與合法性問題。不僅彰顯審判獨立的眞正精神、確保刑事被告的人權，更維護廣大國人的權益。」

本來，一審判決後，衛生署已將低劑量維他命、礦物質放寬爲乙類成藥，如「小善存」、「克補」、「素寶丁」等，不限在藥局販售；至於高劑量、含特定微量維他命者，仍列爲指示用藥，如「善存」、「銀寶善存」、「維骨力」等，只可以在藥局、藥房販售。二審判決後，兼任行政院消保會主委的行政院副院長在答詢立委質詢時，已答應要求衛生署嚴格檢討、清楚定位。至於「善存」售價問題，本非法院判決重點，因爲在完全競爭的自由市場，自然會反映它的合理價格。如果維他命改列食品，可在一般通路販售的情況下，台灣惠氏公司面對直接從國外進口的業者的壓力，又豈會不降價！

刑度怎會差這麼多？之一

小陳、老李同在新北市坪林區一工地工作，經過幾日打拼後，好不容易完工了，承包商小陳爲酬謝老李的幫忙，兩人相約到附近小吃店餐敘，酒過三巡後，各自騎機車返家。返家途中，小陳在永和區、老李在新店區，雙雙遭到警察攔檢，並都被施以酒測。酒測結果，小陳呼氣後酒精濃度每公升達零點七六毫克，老李每公升達零點七四毫克，遂分別依公共危險罪嫌被移送板橋地檢署（配合新北市升級，已更名爲新北地檢署）、台北地檢署偵辦。

經過數月後，小陳、老李再度因爲某一工地合作案碰面，聊起各自面對的官司後，才知道小陳遭板橋地方法院（已更名爲新北地方法院）判處拘役四十日、老李則被台北地方法院判處罰金新台幣十三萬元，換算結果小陳只要繳交罰金四萬元。兩人不禁納悶，彼此都是第一次酒醉駕車，在同一日遭到查獲，酒精濃度差距也只有每公升零點零二毫克，僅因一水之隔，罰金就差了九萬元？罰金會依各地區平均國民所得而調整？還是訴訟要碰運氣，看你碰到心腸軟或硬的法官？

打官司碰運氣？

這樣的事例，並非憑空杜撰，而是眞有可能發生在台灣的事例。目前我國檢察機關對於酒醉駕車的刑事案件，大都對被告聲請簡易判決處刑，而筆者服務的台北地方法院，類似案件都分給台北、新店簡易庭處理，刑事庭只處理不服簡易庭判決的上訴案件，或因被告酒駕前科過多而由檢察官逕行起訴的案件。筆者在受理幾件酒駕的上訴案件時，被告的唯一、共同上訴理由，就是罰金過重，而筆者也認爲這些案件的簡易判決與自己之前在簡易庭所判的刑度，有極大落差。

經指示法官助理整理台北簡易庭這位法官同仁的相關判決後，才發現這位同仁對於首次酒駕的刑事被告，一律科處十萬元以上的罰金，與本院新店簡易庭法官針對類似案件多僅判處拘役四十、五十日，大相逕庭。這位法官的判決，固然貫徹了酒駕重罰的社會氛圍，但是否符合司法判決一致性的指標，則非無疑義。

量刑非電腦所能取代

本來，每位法官各有不同的家庭、成長、學經歷或宗教信仰背景，對於刑罰的裁量，即可能受到各自的人生、價值觀所左右。因此，法官只要在法律賦予的裁量權限內量刑，他人尤其是上級審似乎即無干涉的餘地。而《刑法》第一八三條之三的公共危險罪，其法定刑度爲一年以下有期徒刑、拘役或科或併科十五萬元以下罰金，則該名法官對老李判處罰金新台幣十三萬元，似乎於法無違。乍看之下，小陳似乎無法因爲上訴而撤銷改判，獲得判處較輕刑度的機會。

事實上，刑罰裁量是法官審理個案後，依據刑法的規定，審酌所有與犯罪行爲及行爲人有關的一切情狀，公正而妥當的量定，宣判與犯罪行爲最相當、最適合犯罪行爲人的法律效果的職務行爲。由於量刑具有價值判斷的本質，難免含有非理智與主觀因素，因爲如果沒有法官情感上的參與，量刑工作是無法進行的。法官必須對於站在法庭上的行爲人，依其良知、理性與專業知識，做出公正與妥適的審判。這只有具備人類情感的人始能擔任，而非純理智的電腦所能擔當的。

嚴禁毫無理由的量刑歧異

在這意義下，似乎意味個別法官在法定刑度內所爲的量刑，他人即無置喙的餘地。其實不然！雖然非理智與主觀因素在量刑時無法完全排除，但法官仍然應時時刻刻盡其所能，將這些因素對於裁量結果的影響程度，降至最低。何況量刑仍必須遵守相關的法律原則，諸如比例原則、罪刑相當原則與平等原則等憲法上原則。而爲確保法官依法定刑做出適當而公正的量刑，我國在《刑法》第五十七、五十八條定有法定刑罰裁量事項，法官在個案做量刑時，必須參酌各該量刑事項，並善盡說理的義務，說明個案行為人何以應科予所宣告之刑。

可惜的是，我國司法實務的通常做法，在自由裁量的保護傘觀念下，法官裁量過程不必公開，以致外人無法從事客觀的檢視，審查法官量刑的種類、刑度與緩刑宣告，是否符合刑罰目的的要求。更甚者，由於欠缺量刑資訊系統，我國法院有無正當理由，甚至是毫無理由的量刑歧異問題。

以關係人民日常生活最密切的竊盜罪為例，台灣大學法律系王兆鵬教授的研究指出，我國法官在做量刑時，具有：「判決書對量刑參考因素未明確交代、法官傾向於從輕量刑、非都會地區竊盜較易獲判緩刑、中年（四十六歲）以上及女性法官較仁慈較易從輕量刑、女性被告較易獲判輕刑等特色。這都讓人民在面對司法時，只好燒香拜佛、求神問卜，以期碰到心腸軟的法官。」

英、美的量刑準則或基準表

相較於此，過去美國法官在量刑時也享有極大的裁量權，而且美國事實審法官裁判時無庸製作書類，又少清楚、具體地說明量刑邏輯，結果法官個人好惡及種族歧視等因素，常常影響被告的刑度，造成相類似案件有截然不同的科刑，因此要求改革量刑制度的呼聲四起。美國國會遂在一九八四年通過《量刑改革法》（Sentencing Reform act），授權政府在司法系統中成立「聯邦量刑委員會」（The United states Sentencing Commission），由該委員會負責制定聯邦量刑指導原則，以客觀量刑標準來減少法官就相似案件科刑的歧異情形，並實現罪刑相當原則。

美國聯邦量刑準據是國會通過的法律，對法官有拘束力，法院原則上應依量刑準據所規定的刑度科刑，僅在例外情況下，才可以依據除外條款加重或減輕刑罰。在這種情形下，法院應該提出具體事由，詳細說明何以科處異於量刑準據所定刑罰的理由；而且規定上級審有審查量刑的權限，被告或檢察官得對於個案逸出量刑準據所定科刑範圍，或不正確適用量刑準據的科刑上訴。

其後，美國聯邦最高法院在二〇〇五年布克案（U.S. v. Booker）中，雖宣告《量刑改革法》的部分條文無效，卻也強調該法及其他規定仍屬合憲。也就是說，聯邦量刑準據除不具強制性外，其餘規定仍然有效，事實審法官量刑時應該一併斟酌量刑準據與刑罰目的，避免量刑歧異，而上級審在審理量刑案件時，則應審酌事實審所科處的刑罰是否欠缺合理性。

無論一個國家採取何種意識型態、法律制度，或基於怎樣的刑罰目的，量刑的公平、公正，是不分時空、地域，而屬於人類對刑事司法體系的共同期待。由前述說明可知，爲避免欠缺合理化、透明化且無正當理由的量刑歧異，美國採取制定量刑準據的量刑表，建立數值化的量刑模式。而英國也於二○○三年修訂它的《刑事審判法》（the Criminal Justice Act）第一六七條，規定設置「量刑準則委員會」，由該委員會制定明確的量刑標準，而同法第一七二條也規定：「任何法院在對某一被告量刑時，應注意與此罪名有關的量刑準則。」

酒精濃度為公共危險罪的主要指標

由此可知，雖然世界上沒有兩個刑事案件的犯罪事實是完全一致，而且建立量刑準據是千頭萬緒，但避免無正當理由的量刑歧異，應該是制定量刑準據的正當性基礎。以本件酒醉駕車行為為例，立法政策已由過往單純的行政犯轉變為刑事犯。而法務部原本所頒布不能安全駕駛的標準，是以行為人呼氣所含酒精濃度已達每公升零點五五毫克或血液濃度達百分之零點一一以上，做為移送的標準（但因為酒醉駕車肇事問題日趨嚴重，立法院於一○二年六月修法時，降低移送標準為吐氣所含酒精濃度達每公升零點二五毫克或血液中酒精濃度達百分之零點零五以上）；至於《道路交通管理處罰條例》當時則以酒精濃度超過每公升零點二五毫克者，做為行政罰的標準（配合一○二年六月間《刑法》的修正公布，這一裁罰標準跟著降低）。是以，究竟應否論以公共危險罪，呼氣所含酒精濃度為最重要的標準，可見行政犯與刑事犯的區別，已由過往「質」的差異，轉變為「量」的不同。

現在如果因為個別法官的量刑歧異，造成刑事犯所科處的罰金較行政罰鍰為低；或相同酒精濃度的行為人，因繫屬法院、法官的不同，造成在量刑上出現明顯的差異，而且未說明理由，則人民對於司法公信力的不信任，即屬顯而易見。因此，如何逐步建立我國的量刑基準，無論是採取美國的「數值化量刑模式」，或是英國的「論理敘述性準則模式」，實在有其迫切性。尤其在以行為人飲酒後呼氣所含酒精濃度數值的高低，做為該當行政罰或刑事罰的「公共危險罪」，最具迫切性與必要性。

筆者在處理類似的上訴案件時，依搜尋所得結果，發現類似案件中，不僅本院台北簡易庭、新店簡易庭、刑事庭各法官量刑標準不一（其中台北簡易庭這位法官的量刑，最是嚴厲且差距甚遠），同屬都會區域的士林與新北地方法院，它們的法官量刑準據標準也不一致，甚至有法官針對刑事犯的量刑，量處較行政犯為低的情況。當交通部依據授權而訂定的《違反道路交通管理事件統一裁罰基準表》，對於違規行為人的處罰，也以酒精濃度的高低而定不同的裁罰基準時，則法官在做量刑時，其量處的罰金金額，即不宜低於前述行政罰鍰的標準。

公共危險罪的量刑基準表

在筆者的認知中，酒後駕車「公共危險罪」量刑時所應考量的因素，除了酒精濃度外，酒後駕車前科次數、是否自白（涉及犯後態度）、是否肇事致人受傷或死亡（構成具體酒醉情事）、駕駛車型（撞擊力不同影響其危險程度）、駕駛路段（鄉村或都會地區，所生危險程度不同）、執行駕駛業務與否及其他犯罪情狀（如在警察取締過程中有滋事、無法通過生理平衡檢測等具體酒醉情事）等，都應該列爲差別化處理的依據，並可據此建立「酒醉駕車公共危險罪量刑表」。

筆者所屬合議庭即據此製作量刑表，作爲審理類似案件或下級審有無正當理由量刑歧異的準據，並逐一蒐羅、檢視台北簡易庭這位法官處理類似案件的量刑情形。後來，因爲發現這位同仁或未將前述量刑因素列爲裁量事由，或未說明量刑歧異的理由，甚至有酒精濃度較低的行爲人，卻遭判處比濃度高的行爲人刑度爲高的情形，遂認定他的量刑爲無正當理由的量刑歧異，有違反比例原則、平等原則等濫用裁量權的違法事由。因此，在該案中予以撤銷改判，判處犯罪行爲人較輕的刑度。

立法委員加油

我國立法委員的「驍勇善戰」，舉世聞名。爲了符合國情，避免被譏爲「軟弱」、不夠「強硬」，議場內咄咄逼人的質詢或激烈、誇張肢體動作的問政方式，不僅時常「技」驚國人，更「技術輸出」成爲他國議員仿效的對象。其實，立委問政未必要言行激烈、強硬，只要論證有據，即便言語溫柔，一樣可以以理服人，讓行政部門改弦更張。可惜的是，立委們在面對司法時，最常出現該硬不硬，該軟不軟的情況。如不當針對訴訟個案要求法務部備詢，卻對於完善訴訟制度的建立毫無要求，量刑標準的遲未建立，即是最佳例證之一。

前面已經說明，避免無正當理由的量刑歧異，是制定量刑準據的正當性基礎。以殺人罪爲例，法定刑爲死刑、無期徒刑或十年以上有期徒刑，一失一出之間，涉及判處死刑與否，裁量權如此之大，竟完全繫於法官的自由裁量權。如此人命關天的大事，豈可不建立合理化、透明化的量刑準據。或許立委諸公們囿於審判獨立理念的錯誤解讀，而遲遲不敢有所作爲。讓我們發揮民意，爲立委們加加智慧之油。

刑度怎會差這麼多？之二

九十五年十二月底，台北地方法院合議庭針對陳前總統的女婿所涉台開內線交易案宣判，判決書中援引「莊子胠篋篇」：「彼竊鉤者誅，竊國者為諸侯；諸侯之門，而仁義存焉」的論點，認為該案被告是典型的「權貴犯罪」，應予重判。

判決後，引起社會廣泛討論，贊成者直指：「台開案判決書可歌可泣」、「台開案一審判決顯現司法正幅起」、「權貴犯罪說得好」、「量刑精緻化邁進一步」；但也有論者批評：「權貴重判，階級成原罪」，顛覆「法律之前，人人平等」的司法準則。

掏空資產與電話詐欺

在說明這樣的判決理由是否妥當之前，先看看以下三則案例：（案例一）新偕中集團負責人梁柏薰因為掏空華僑銀行五十三億元，涉嫌背信罪，遭我國法院判刑一年定讞。（案例二）因涉犯貪污八千萬美元遭法院判處無期徒刑的菲律賓前總統艾斯特達特，於遭軟禁在住家六年後，由總統艾若育宣布予以特赦，理由是：促進全國民衆的團結。（案例三）因逃漏稅捐達一千一百二十八億韓元，被認定違反「特定經濟犯罪加重處罰法」中的瀆職罪，遭法院判處有期徒刑三年、緩刑五年的南韓三星集團前會長李健熙，也由總統李明博宣布予以特赦，李明博表示特赦的主要動機是基於國家利益的考量，理由是南韓申辦二〇一八年冬季奧運會活動需要他。

這三則發生在東亞不同國家的刑事案件，主要共通點之一，即是白領犯罪或權貴犯罪者涉嫌貪污或重大經濟犯罪後，即便經法院判刑確定，不是輕判了事，就是可以免除牢獄之災。以我國的梁柏薰案爲例，在服刑期三分之二後因減刑出獄，換算結果，每天坐牢的代價達新台幣二千餘萬元。相較之下，許多因貪圖二、三千元的蠅頭小利，將個人金融帳戶、提款卡及密碼販賣給詐騙集團，而遭法院以幫助詐欺罪判刑的被告，其刑度往往高達四、五個月。

如果想要從事犯罪，基於經濟效益及萬一失敗的懲罰可能性、嚴重性，你是要做梁柏薰、艾斯特達特、李健熙，還是販賣帳戶、手機的人？當然是前者。問題是你有資格、能力做白領犯罪或權貴犯罪嗎？絕大多數人顯然不可能，這豈不悲慘！何況，由於我國刑事訴訟制度的缺漏，許多重大經濟、貪瀆罪犯如曾正仁、王玉雲、朱安雄、劉松藩、伍澤元等人，在法院已經判決有罪後，仍然可以從容逃亡海外，繼續坐享犯罪所得，對於刑事審判所要彰顯的司法正義，豈非一大諷刺！

白領犯罪與權貴犯罪

人們可能因爲命運的不同，而出生在不同的家庭，其後因此有了不同的學習、成長背景，造就每個人在學歷、經歷與社經地位的不同。有人整日光鮮亮麗在辦公室吹冷氣、搞金融遊戲，有人鎮日在烈日下揮汗如雨、出賣勞力。這也就算了，誰叫自己命不好，當年不好好努力，習得一技之長。然而，在不得已犯罪後，做爲社會正義最後一道防線、強調公平審判的司法，竟也因爲白領、權貴犯罪與否，而有了天差地別的司法處遇，這豈有公平、正義可言？

所謂的「白領犯罪」（white collar crime）一詞，是由美國犯罪學者蘇哲蘭（Edwin H. Sutherland，一八八三—一九五〇）於一九三九年所提出，該理念被認爲是犯罪學的一大發現。因爲長期以來，很多人都以爲黑暗角落所發生的竊盜、販毒、殺人等案件，是犯罪問題的核心。蘇哲蘭的研究，卻認爲與那些身著白領、在大公司服務、居於受人尊敬地位的犯罪者比較起來，街頭犯罪者所造成的損害，顯得微不足道。

雖然如此，蘇哲蘭所提出的白領犯罪理念，長期以來飽受概念模糊不清的困擾。

因此，美國「白領犯罪國家研究中心」（National White Collar Crime Center）於一九九六年六月舉辦的研討會中，對於白領犯罪達成下列共識的定義：「由個人或機構所從事有計畫的詐騙違法或非倫理行爲，通常是社會上層或受人尊敬的人爲了個人或機構利益，在合法的職業活動過程中違反信用或公共信用的行爲。」由於白領犯罪者不乏政經菁英及專業人士，所造成的損害經常擴及直接被害人以外的他人，有時必須由全民共同承擔損害，甚至危及整個社會的價值觀。

所謂的「權貴犯罪」一詞，則是我國著名刑事法兼犯罪學學者林山田教授所提出。他主張我國政府經由公營、黨營事業控制大量的政、經資源與利益支配的權限，造成政商勾結的深層結構，而且我國並無明顯白領、藍領階級之分。因此，西方犯罪學界的「白領犯罪」概念，並不足以說明我國經濟犯罪的現象，而應稱爲「權貴犯罪」。

「權」者，指擁有公職、掌有公權力或因政府高層人士的親屬而享有一定權勢的人；「貴」者，則指資本主義下的貴族，包括財力雄厚的富豪或企業主，或善於借貸而擁有公司或企業的「有錢人」。

林教授指出：「莊子胠篋篇」所提及的，偷竊腰帶鉤的人受到處罰，甚而處死，可是竊國者，反而封侯，可謂一語道出不同社會階級犯罪，存有截然不同的社會後果。而從二千三百餘年後的現代社會犯罪現實加以觀察，莊周的論點依舊是社會現實，也就是在監獄服刑中者，絕大多數是屬於下層社會的傳統罪犯；相對的，違反社會規範的權貴階級，或利用法律漏洞而自始不構成犯罪，或因潛逃出境逍遙法外，絕大多數得以繼續享受其犯罪成果，依然光鮮亮麗地行走上層社會，或是繼續支配著台灣的政經社會資源，此即「權貴犯罪」現象。

同罪豈有一定同刑

無論是白領犯罪或權貴犯罪者，他們所從事的犯行，除侵害個人或公共財物、破壞財產法益外，而且侵害國家所規劃與法律所保障的政治、經濟與社會等秩序，造成壟斷與剝削，而加大貧富的差距，形成社會階級的對立，破壞社會的安定與和諧。這是爲什麼國內的金控財團明明創造大量的就業機會與繳納稅捐，卻仍惹人嫌，也是爲什麼台開內線交易案爆發後，陸續傳出陳前總統及其家人涉及二次金改的貪瀆弊案，因而造成紅衫軍圍城的全民運動的主要原因所在。

然而，以白領犯罪或權貴犯罪理念做爲研究犯罪學的名詞，並無不當；以之做爲重判的理由，豈非顛覆「法律之前，人人平等」的司法準則？其實，「王子犯法，與庶民同罪」的理念，指的是不論犯罪者的身分爲何，都應該接受法律的制裁、認定構成犯罪。問題是同罪卻不一定要判處相同的刑度，因爲立憲主義的現代民主法治國家的刑事政策，關於犯罪與否採取的是「行爲刑法」，至於刑罰裁量部分則是採取「行爲人刑法」，當然會有同罪不同刑的情況。

怎麼說呢？現代各國刑法對於犯罪的處罰，是依據行爲人所做的行爲，刑事司法對於犯罪的判斷，全部以行爲做爲評價對象，法律中關於犯罪不法構成要件的制定，當然是以「行爲」，而非「行爲人」作爲決定標準。至於認定構成犯罪後的量刑部分，科處刑罰的標準乃決定於行爲人的危險性，因此行爲人的性格、素行或生活方式等因素，即應做爲罪責判斷的依據。

我國的刑法中，關於犯罪與否採取的即是「行爲刑法」，因此行爲人具有正確判斷非法與否的能力與自由，卻仍然決定從事違法行爲時，即具有可責性，應該受到法律的制裁；反之，「無罪責即無刑罰」，也就是行爲人如果因爲年幼、患有精神疾病等因素，以致無法判斷是非時，即便有了違法行爲，因爲無可歸責性，即不應該施以刑罰。

相較之下，認定某一行爲該當犯罪後，我國刑法第五十七、五十八條定有量刑的參考標準，採取的即是「行爲人刑法」，包括行爲人犯罪的動機、目的、手段、所受的刺激、所生的危害、危險或所得利益、違反義務的程度及行爲人的生活狀況、品行、智識程度、與被害人的關係等，都應該在量刑時加以參酌。

量刑應彰顯實質正義

既然量刑時採取的是行爲人刑法，是以行爲人的性格、素行或生活狀況等因素，做爲量刑時的參考標準，則即便同樣犯下侵害同一數額的財產法益的竊盜行爲，將會因爲行爲人的不同，而可能判處不同的刑度。例如同樣在果園中竊取水梨一顆，因爲貧窮飢餓而竊取來食用，與因好玩而竊取來丟棄，法院即會因爲他們犯罪動機的不同，而科以不同的刑度。如此才能彰顯實質的司法正義，不能因此即謂違反「法律之前，人人平等」的原則。

普通竊盜罪都可能因爲行爲人的性格、素行或生活狀況，而科以不同的刑度，則因爲白領犯罪或權貴犯罪所做所爲對社會危害性、所獲利益的重大，而科以較普通行爲人爲高的刑責，即難以認爲有違反「法律之前，人人平等」的原則。依美國一九八四年《量刑改革法》所成立的「美國聯邦量刑委員會」（United States Sentence Commission）制訂的量刑準據，即針對白領犯罪設有加重處罰的規定，因爲美國國會發現過去白領犯罪都獲得不必實際拘禁的緩刑，遂發布指令要求量刑委員會做這樣的規定。

由此可知，權貴犯罪重判，並非「階級成原罪」，也沒有顛覆「法律之前，人人平等」的司法準則，而是爲彰顯司法正義、落實憲法上實質平等的原則。唯有如此，才能防杜白領犯罪或權貴犯罪的繼續坐大，避免社會階級的對立，破壞社會的安定與和諧。

被告不起訴，證人卻遭裁罰？

何姓男子因為拒絕為一件竊盜案作證，被桃園地方法院裁罰三千五百元，他認為竊盜案不關他的事，不該傳他而拒繳罰鍰，桃園地檢署已向法院聲請查封他價值近五百萬元的房產求償，如果還不出面，法院將拍賣他的房子。至於何男拒絕作證的竊盜案，該名被告則因查無實據，已經檢察官為不起訴處分，形成被告沒事，證人卻挨罰、房子被查封的情況，稱得上罕見的案例。

證人有作證的義務

所謂的證人，是指在訴訟程序中，陳述自己對於爭執事件中待證事實的見聞的人。也就是說，證人是就其親身經歷、見聞而陳述的人，具有不可替代性，只要對於爭執事件的待證事實有所見聞的自然人，原則上皆得充當證人。不管你的身分是總統、平民百姓、身心障礙者或兒童，都有做為證人的資格與義務。即便因為偶然因素而目擊犯罪發生的目擊者，雖然與當事人並無任何關係，也有作證的義務。唯一能免除作證義務者，即是法律爲平衡兼顧發現眞實與其他價值而賦予拒絕證言權的人，如特定親屬、特定職務關係者及共同被告等。

做爲證人，依法負有到場、具結及眞實陳述等三大義務。所謂到場，是指證人經合法通知後，應依照法院指定的期日按時到庭作證的意思，即便證人認爲與當事人有一定親屬關係或其他得以拒絕作證的事由，也應到場向法院陳述或具狀陳報後，由法院裁量決定，不得自行認定而拒絕到場。而所謂具結，其意思等同於在神明面前的「發誓」，也就是證人以文書保證所做的陳述都是事實，是證言眞實性的程序擔保。在歐美國家因爲宗教傳統之故，多半以宣誓爲之，好萊塢電影的法庭戲中，證人以聖經發誓的場景，即相當於我國的具結程序。至於眞實陳述的義務，是指證人作證時不得有匿、飾、增、減的情況，應就所見、所聞據實陳述。

由於現代司法制度是採取證據裁判主義，則證人的到庭作證，即爲發現眞實的必要之舉，因此對於依法傳喚卻未到庭的證人，即必須設有處罰規定，才能發揮督促證人到庭作證的效用。目前，我國《民事訴訟法》、《行政訴訟法》及《刑事訴訟法》對於證人裁罰的規定大同小異，只要違反到場義務者，即得科以罰鍰，並得拘提之；到場後無正當理由而拒絕具結或作證者，也得處以罰鍰。至於違反眞實陳述義務而爲虛僞證述者，該當妨害司法公正行使的僞證罪，無論中外法制，都列爲嚴重犯罪類型，依我國《刑法》的規定，屬於不得易科罰金之刑，則即便法院僅判處最低刑度的有期徒刑二個月，除非同時宣告緩刑，否則應入監服刑，對於一個人的人格、家庭、職業關係的影響，可謂深遠。

作證有如買保險的分散風險

必須說明的是，刑事訴訟傳喚證人到庭作證，還有特別的作用與意義，那就是保障被告的對質詰問權。因爲無論是西元一九五〇年十一月四日簽署、一九五三年九月三日生效的《歐洲人權及基本自由保障公約》（European Convention for the Protection of Human Rights and Fundamental Freedoms）第六條第三項第四款及我國甫於九十八年簽署的《聯合國公民及政治權利國際公約》（International Covenant on Civil and Political Rights）第十四條第三項第五款，都明定：「凡受刑事控訴者，均享有詰問對其不利之證人的最低限度保障。」

是以，在對審制度下，依照當事人對等原則，刑事被告享有充分的防禦權，以便受到公平審判的保障，則司法審判應使刑事被告享有詰問證人的權利，乃具普世價值的基本人權。正因爲刑事被告有對質詰問權，司法即有強制取證權，也就是強制對被告做出不利指控的證人到庭作證。

或許有人質疑僅是開車路過而目擊車禍事件，爲何要爲毫無關係的他人的訴訟案件出庭作證，畢竟每個人都有自己的家庭、工作或職業，如此規定是否強人所難？沒錯！這的確強人所難，但卻是不得不然的做法。因爲人類是群居的動物，彼此間是生活共同體，即便法律並未規範，對於可能遭遇的危險或危難，就好比危險共同體，本有協助或救護的道義。

人生活在社會中，難免遭遇到衝突或紛爭，這樣的衝突、紛爭就好像保險中的風險，誰會遇到實在難以預料。每個無辜的人，都希望自己在遇到衝突或紛爭時，目擊者能夠發揮正義感，公正、客觀的作證說明事實發生經過，以免自己成爲遭冤屈的人。如果我們以買保險分散風險的理念，來理解、詮釋出庭作證的義務，也就不會覺得那麼強人所難了！

出庭作證不是作白工

當然，證人到庭作證必須付出勞力、時間及費用，如果沒有適當的補償措施，難免違反事理之常，因此，現行法制上即設有證人的權利規定及便民措施。具體方面，包括：證人得請求法定的日費（半天約五百元，不無小補）及旅費，且旅費得請求事先酌給；有正當理由認爲被告如在場，難以自由陳述時，得請求隔離訊問；如果必須跨縣市出庭時，可以向承辦書記官提出遠距訊問的聲請，就近至擬聲請受訊問的所在地法院，進行遠距訊問，以免舟車勞頓之苦；因故無法如期到庭作證時，得事先聯繫書記官，請求改定可以到庭的期日；屬於《證人保護法》所列特定之罪，必要時得請求保護或請求核發「證人保護書」；如爲肢體殘障需要特殊照護，可事先與承辦書記官聯繫，請求派員協助到庭等。

由此可知，依據《刑事訴訟法》的規定，證人拒絕出庭作證，可以裁處罰鍰（三萬元以下）或拘提，並可依強制執行程序聲請查封拍賣財產，而守法出庭作證，則可以領取車馬費。兩者有天壤之別，不可視作證爲兒戲，想去就去，不想去就不去。截至目前爲止，前總統陳水扁在總統任內、李登輝在卸任總統後，都曾到庭作證。公務繁忙、對外代表國家、做爲我國最高領導人的總統，都必須到庭作證，這彰顯我國已經是一民主法治國家，爲發現眞實及實現公平審判的功能，法律課予任何國民都有到庭作證的義務，即便貴爲一國領導人的總統，亦然。

本案例中，刑事被告既然聲請傳喚何姓男子到庭作證，而檢察官也認爲有傳喚他爲本竊盜案作證的必要，則何姓男子經合法傳喚後，卻違反到場的義務，檢察官聲請法院對他裁罰，即屬於法有據，也才會有「被告不起訴，證人卻遭裁罰」的結果。至於欠三千五百元罰鍰卻拍賣五百萬元的房子，有無違反比例原則？在司法實務上，欠多少錢可以查封多少價值的標的物，法無明文，如果債務人沒有存款、動產可供執行，僅有單一不動產，而且一再賴債，屢催不繳、不還，還是可以拍賣該不動產，因此並無違反比例原則的問題。

記者有權拒絕作證？

台北地檢署在偵辦「股市禿鷹」案後，起訴前金管會檢查局局長李進誠涉犯圖利、洩密罪，理由是李進誠為協助友人從放空勁永公司股票中獲利，將檢查局調查勁永公司財報不實、檢察官準備搜索勁永公司的簽呈、函稿等消息，涉嫌洩漏給《聯合報》高姓記者，再由高姓記者以其他記者名義撰寫特稿後，刊登在《聯合報》上，勁永公司股票果然應聲下跌，其他被起訴涉犯內線交易罪的李進誠的友人因此獲利豐厚。

為了解李進誠是否涉犯檢察官起訴的罪嫌，台北地方法院應檢、辯雙方的聲請，傳喚《聯合報》社會組鍾姓組長及高姓、張姓二名記者，二名記者在檢察官詰問消息來源時，都以新聞自由為由拒絕透露。其中高姓記者的消息來源與案情有「重大密切關聯」，遂被法院依《刑事訴訟法》規定裁罰新台幣三萬元；張姓記者則因為他的證詞與案情沒有直接密切關聯，法院並未予以裁罰。這件因為拒絕證言而裁罰記者的首例，引起媒體的廣泛報導與評論，社會各界也議論紛紛。

公平審判與保護消息來源的衝突

本來，爲發現眞實及實現公平審判的功能，法律課予任何國民都有到庭作證的義務，現行法既未賦予記者拒絕證言的權利，記者自不可以保護新聞來源爲由，違反證人到庭及眞實陳述的義務。然而，爲確保政府施政能夠尊重民意，必須藉由新聞媒體提供一般大衆足夠的資訊，以了解政府的各項作爲，並且提供、促進公共議題討論的機會，這樣才能形成公意，藉以監督政府。而新聞的獲得，主要來自記者的採訪，則接受採訪的消息來源，如果不願意他人知悉新聞是從他那裡流傳出去，即會在乎記者是否將他透露出來。

因此，除非新聞來源自願公開身分，或同意記者揭露他的身分，否則破壞記者與新聞來源間的關係，將使記者不再被信賴，這樣勢必使記者的消息枯竭，無從發揮新聞自由的功能。是以，當記者因爲採訪新聞而親自見聞某件事情或消息時，法院如在審判中不分案情輕重，一律依法傳喚記者就他所見聞的事情作證，強迫記者說出他職業上所知悉他人的秘密，如此勢必破壞他與消息來源間的信賴關係。不過，如果因爲尊重記者保護消息來源的倫理要求，而賦予記者拒絕證言的權利，意味司法審判上的某些制度功能及刑事被告的某些權利將受到限制。

首先，刑事司法審判的功能，在於發現實體眞實，也就是實現正義，完整的意義應包括「毋枉毋縱，開釋無辜，懲罰罪犯」。從被害人權益，也就是懲罰罪犯的角度觀察，因爲新聞報導常涉及侵犯隱私權、妨害名譽權等爭議，如果完全保護新聞消息來源不被揭露，將使得司法公正審判的功能無法完全實現。如此，一方面使被害者權益無法獲得保障，他方面則勢必戕害司法權做爲紛爭最後解決機制的公正、權威形象。

其次，保護消息來源可能促使虛構新聞的氾濫，而這種虛構新聞的可能情況，包括消息來源本身虛構新聞事件及記者本身的作假，同時可能助長犯罪或逃避法律責任，以及利用新聞媒體作爲報復他人或牟利的工具。如美國即曾發生普立茲獎得主捏造假新聞，因而被追回獎項的事例；而一向享譽全球的紐約時報，也曾經發生某記者在半年內所發稿的七十三則新聞中，竟有三十六則假消息的情況。另對全球記者造成莫大心靈震撼、發生於一九七四年的美國「水門」案，在二〇〇七年「深喉嚨」身分曝光後，更讓人見識到記者可能只是政治人物爲遂行特定政治目的下，刻意洩漏消息的工具而已。

至於一向新聞自律功能不佳的我國，記者「製造」新聞的功力，更是不在話下。如《中時晚報》某戴姓記者，在明知某女性法官是依法將她涉嫌公共危險酒醉駕車的丈夫從警局帶走，而且未曾表明身分干涉警察辦案的情況下，竟然捏造「法官劫囚」的聳動新聞報導而刊登於晚報頭版上，最後遂被依加重誹謗罪判處有期徒刑五月確定。因此，如果允許記者就消息來源得拒絕作證，或假借保護消息來源拒絕作證，則類似假新聞的氾濫，都有礙公平審判的實現。

再者，從刑事被告受憲法所保障的權利來看，記者得以保護消息來源爲由拒絕作證，意味被告與證人對質詰問的權利將被剝奪。因爲司法院大法官在援引外國法制及國際公約等相關規定後，已經於司法院釋字第五八二號解釋中，認爲刑事被告享有詰問證人的權利，是具有普世價值的基本人權，因而認爲：「爲確保被告對證人之詰問權，證人於審判中，應依法定程序，到場具結陳述，並接受被告之詰問，其陳述始得做爲認定被告犯罪事實之判斷依據。」

在這種情況下，保護消息來源與公平審判間勢必產生衝突，而且保護消息來源可能成爲虛構新聞的遁詞，則如何儘可能調和兩者間的關係，並減少保護消息來源的運用，就成爲媒體業界努力的目標及司法所面臨的困境。何況媒體雖然以「權力的監督者」自居，但現在媒體也是權力擁有者之一，在「權力使人腐化，絕對權力絕對腐化」的情況下，媒體也不免出現腐敗的一面，則如何節制這些權力，也就成爲各民主社會共同關切的議題。

原則上記者有作證義務

其實，爲了達到發現眞實追訴犯罪的目的，一般國民固然都負有到庭作證的義務，但法律不能強人所難，發現眞實也不是刑事訴訟的唯一目的，基於憲法保障人性尊嚴的意旨，仍有必要維繫一些優於眞實發現的人性價值。由於法治國家的刑事訴訟程序，承認其他可能優於發現眞實的價值，這時發現眞實即必須與其他價值相互權衡，拒絕證言的制度，正是基於這種權衡理念而來。而關於拒絕證言權的問題，我國《刑事訴訟法》規定的類型，包括因爲公務員的身分、一定親屬關係的身分、被告不自證己罪的關係及基於業務上的信賴關係（如醫生、律師）等。

記者得否拒絕證言的問題，涉及業務上的信賴關係問題，我國現行法所規定因業務關係得拒絕證言的範圍，除了未將記者納入而有異於美國、德國法制外，其他規定內容與法制先進國家的美國、德國及日本大致相當。這意味我國現行法制中，並未因爲新聞自由所具有的特殊憲法上功能，而賦予記者保護消息來源的特權。

例外時記者應有拒絕證言權

爲確保新聞來源的自由，美國多數州法及德國法制明白承認新聞工作者享有拒絕證言權，規定記者只有在某些條件下才需要揭露消息來源。至於日本法制雖與我國法一樣，並未針對新聞記者的拒絕證言權有所規定，不過該國實務見解卻認爲法院必須在個案中做利益衡量，以決定記者得否拒絕證言。我國現行法對此未特別加以規定，是否意味有法律漏洞的存在？

由筆者主筆的裁定意見中，主張這是我國法制未能因應時代變遷所產生的法律漏洞。而因爲基於業務關係所享有的拒絕證言權，是立法者在做利益權衡時，認爲這些因特殊職業所產生的高度信賴關係，實在較眞實發現的目的，更值得保護。是以，本合議庭基於新聞自由的重要性，在利益衡量的考量下，認爲有時必須犧牲刑事訴訟眞實發現的目的，以發揮新聞自由公共監督的功能，才認爲應依據憲法保障新聞自由的意旨及《刑事訴訟法》有關證人拒絕證言權的相關規定，賦予記者拒絕證言權。

不過，記者雖然可以享有拒絕證言權，卻非一毫無限制的絕對性權利，而應像美國、德國、日本法制一樣，必須透過權衡的方式。因此，本合議庭依據憲法上比例原則的思考，提出與案情有直接密切關聯性（適當性）、無法採取其他調查證據的方式（必要性）、獲取該消息來源有迫切與壓倒性的公共利益（狹義比例原則）等三個判斷標準，主張應採取個案權衡的方式，由法院決定是否准予記者拒絕證言。

本件記者不得享有拒絕證言權

本件引起爭議的新聞報導，既然是高姓記者所撰寫，那麼他的證詞自然與本件李進誠被起訴犯行的證明，具有密切關聯；而因檢察官已經就檢查局公文流程上可能看過該份內簽、函稿者都予以傳訊，並排除其他人員涉案的可能，且高姓記者是直接從消息來源取得該內簽、函稿內容的情況下，法院實在無法透過其他調查證據的方式，知悉是何人涉犯洩密罪，顯見高姓記者的證詞是證明李進誠有無犯罪的唯一積極證據，自有傳訊的必要性；又本件公務員違反守密義務及影響金融交易秩序的行爲，不僅涉及廣大投資人的權益，而且影響多數人民對於政府公正廉潔性及媒體守門人角色的看法，則本件相關被告有無涉及洩密、圖利及內線交易等罪嫌的釐清，即具有迫切與壓倒性的公益。

在法院已依照這個標準權衡而曉諭不得拒絕證言後，高姓記者仍然拒絕作證，法院自得依法加以裁罰，如此才能督促證人善盡眞實陳述的義務，以確保司法的威信，做爲日後處理類似案例的標竿。其後，高姓記者雖然對這個裁罰提起抗告、再抗告，最高法院仍認爲高姓記者不得拒絕證言，而駁回他的抗告。這次裁罰記者的司法首例，後來被司法院大法官許宗力評斷爲：「本件是法官適用憲法審判的典範，甚且是難得一見法官做『合乎憲法意旨的法律補充』的範例。」

您所看不到的新聞眞相

這樣完整案情內容、爭點、外國法制運作實況、司法處理過程與考量因素等面向，以及同樣以保護消息來源爲由拒絕作證的高姓、張姓記者，法院卻只裁罰高姓記者的法院開庭內容，各位讀者可曾在媒體報導中看到？沒有！爲什麼？因爲這涉及新聞媒體、記者的特權，他們要捍衛、爭取自己的絕對特權，各位只會從多數媒體報導、讀者投書中，看到一面倒的批評法院是多麼戕害新聞自由、國際人權組織是如何譴責我國司法等內容。

事實上，承辦檢察官原本懷疑高姓在本案中扮演的角色，絕不是單純的「記者」，只是苦無證據而已。其後，法院對高姓記者的裁罰確定，按理這是爭取新聞自由的絕佳範例，高姓記者應以法院裁罰他乃侵害新聞自由爲由，向司法院大法官聲請釋憲，如此一方面可以終局釐清記者是否享有拒絕證言權的問題，他方面可藉此彰顯自己捍衛新聞自由的決心，成爲記者界的「英雄」，他又何樂而不爲呢！然而，高姓記者放棄這一絕佳機會，他是否擔心釋憲案的進行，讓本案再度成爲媒體焦點，將會使自己在本案中的角色又成爲媒體追逐的焦點？筆者不得而知。筆者僅在事隔多年後從媒體報導得知：一〇二年間，賭博電玩業者透過高姓記者，遊說法務部調查局調查官入股當門神，弊案爆發後，高姓記者與三名調查官都被羈押、起訴。

由這個事例的說明可知，現代人必須藉由媒體認識社會、了解生活周遭發生的事情，但媒體「守門人」的角色，卻也可能故意遮掩或遺漏了我們該知道的訊息。而網路資訊時代的數位媒體、臉書或其他傳媒的使用等等，也會有類似的問題。是以，如果您期許自己做爲一位具有獨立思考、自主判斷能力的知識份子，在對於一個新聞事件做出判斷前，請多方詳查、勤於比較。因爲新聞媒體基於自身黨派、統獨意識及經濟利益關係，在擔任「看門狗」、「守門人」的同時，只會把他們想要讓你看的新聞報導呈現出來。

別讓一家新聞媒體、單一資訊來源的報導，蒙蔽了您的眼睛！

判決不同意見書可否公開？

民國九十五年年底舉行的第四屆高雄市市長選舉，民進黨候選人陳菊陣營的競選團隊在選前最後一夜結束後，舉行「黃俊英賄選抓到了」記者會。翌日開票結果雖由陳菊當選，卻遭國民黨候選人黃俊英提起當選無效之訴，理由是該記者會無的放矢，操作「走路工事件」影響選舉結果，構成《公職人員選舉罷免法》第一〇三條第一項第二款規定以「其他非法方法」妨害他人選舉的當選無效案件。

高雄地方法院三位法官組成的合議庭經過審理後，認定陳菊陣營在記者會所取得的走路工錄影帶，只提及市議員選舉，但陳菊陣營在記者會中對黃俊英的各項指控，則有過度聯結、不當擴張之處。這種在選罷法規定的選舉期間結束後，才採取的重大、突襲性的負面競選手段，使黃俊英陣營無法提出充分辯證與澄清的機會，對黃俊英陣營極度不公，因而判決陳菊當選無效。

雖然如此，三位法官在評議過程中，意見並不相同，受命法官持反對意見，並要求在判決書中加註他的不同意見。判決公布後，引起社會普遍的矚目與騷動，認爲判決中附記不同意見書之舉，違反《法院組織法》第一〇六條評議不公開的規定。媒體報導司法院要求高雄地方法院究責，釐清是合議庭或受命法官個人的決定，如涉有違失，則由高雄地方法院法官自律委員會議處，再報請司法院核備。當時對於將受命法官移送自律的聲音，《法官論壇》卻有「懲罰良心犯」的不同看法。

對此，台中地方法院張升星法官爲文指出：「徵諸外國司法實務，由法官撰寫的不同意見書，不但是審判獨立的表現，往往也是法學進步的開端。本件合議庭附加不同意見書的決定，除了增加司法判決的透明度，也是負責擔當的表現，如今卻以『評議不公開』要求懲處，有欠妥當。」

不同意見書公開與評議秘密

基本上，關於法官可否在判決中附記不同意見書，涉及評議公開與否的問題。對此，我國《法院組織法》第一〇三條原規定：「裁判之評議，均不公開」，也就是採取評議不公開的政策。八十八年全國司法改革會議討論後作成：「司法院應研修相關法律規定，使訴訟當事人得依法閱覽評議紀錄，同時研究使利害關係人亦得閱覽評議紀錄之範圍及其可行性」的結論，因此，九十年修正同條規定爲：「裁判之評議，於裁判確定前均不公開」。立法理由提到：「爲配合法院組織法第一〇六條修正裁判確定後，訴訟案件關係人得聲請閱覽評議簿內之評議意見，爰修正爲評議裁判確定前，應嚴守秘密」。

《法院組織法》第一〇六條第一項規定：「評議時各法官之意見應記載於評議簿，並應於該案裁判確定前嚴守秘密」，已將法官嚴守評議秘密的時點規範於裁判確定前。而第二項也規定：「案件之當事人、訴訟代理人、辯護人或曾爲輔佐人，得於裁判確定後聲請閱覽評議意見。但不得抄錄、攝影或影印」。立法理由爲：「爲落實合議制度，發揮評議功能，提升人民對司法的信賴」。

事實上，我國《法院組織法》的評議不公開制度，或是法官應嚴守評議秘密的制度，是源自部分歐陸法系國家的傳統，德國、西班牙等國家都有類似規定。德國《法官法》第四十三條所規定：「法官於其職務關係終止後，仍應對評議與表決之過程保密」，就是典型的例子。相較於我國評議守密的時間，德國法顯然嚴格許多。問題是「均不公開」的規範目的爲何？是指評議過程、內容及各員意見都不公開？還是經由合議庭同意後，可以將個別法官的不同意見書附記在判決書中？

評議不公開在維護法院聲望與權威

評議不公開制度的目的，主要在於透過法院對外表達一致的意見，以維持法院的聲望及合議庭的權威，以免因為評議過程的公開而引發相關辯論，以致法院的威望受到侵害。因此，評議秘密幾乎涵括評議中所有涉及裁判過程的討論及表決內容。例如：事實、法律問題的提出、評價，證據方法的評價，意見說明或個別法官的表決舉止等等，這些屬於審判核心的事項，原則上也都不得向職務監督機關透露。

另外，有認為這種制度的規範意旨也在於維護審判獨立，因為如果公開在評議過程中的種種考量因素及相關爭論、表決結果等，可能導致法官因為擔心他的投票意向遭到公開而受到外界的壓力。同時，為了兼顧少數意見的表達或減輕法官良心上的壓力，於是容許不同意見得記載於原則上不公開的評議簿內。而像德國這種採取裁判確定後仍不公開的國家中，基本上只有在法官日後面臨遭彈劾或被訴請損害賠償等攸關個人責任的程序中，才會公開評議簿內容。

目前，我國刑事審判以合議為原則，而上級審的案件也一律合議，則經由評議方式以獲致個案的最終決定，成為司法審判所必經的一環。由於審判是社會科學，很多問題本難有絕對的答案，兼以因為每個法官學經歷、家庭、社會文化背景等等的不同，對於許多議題的看法難免有所歧異，這些都是評議時所需克服的重大障礙。我國合議審判的案件因為成員意見的不一致，而生齟齬的事例，屢見不鮮，只是因為評議不公開，外界無從得知而已。

評議與民主、法治素養

事實上，由於是合議審判，則合議庭成員就案情有所討論與評議，應該是從收案之後即開始。尤其是案情繁雜、社會矚目的案件，受命法官必須在進行準備程序之初，在審判長的指揮與陪席法官的參與下，報告自己的審理計畫與審理規則，然後共同商議決定。其後，遇有重要程序爭執事項或案情重要爭點時，也應隨時報告審判長，由審判長召集陪席法官一同討論。也就是說，評議是隨時在進行，也唯有如此，讓合議庭成員隨時掌握案情與審理過程，才能將評議過程可能的爭執或衝突減至最低。

法官評議時意見可以不同，但應秉持民主法治社會的基本原則，經由平和、說理的方式，將程序上與實體上的每一爭點提出討論與說明，何以某位證人證詞不可採信，或某一犯罪構成要件不該當。如果還是無法形成共識，只好「少數服從多數」，切不可「多數暴力」，也就是未就事實及法律上爭點充分討論，並提出理由時，即以眾凌寡。畢竟民主的精神在於論理與說服，而不是靠投票部隊的多數暴力。至於評議的過程及結果，依法在裁判確定前都不得公開，爲釐清責任歸屬，少數意見者只能撰寫不同意見書。

筆者在接辦刑事案件之初，未能體認評議應該是隨時在進行的道理，以致後來合議庭成員在某個案件評議時衝突激烈，最後做爲受命法官的筆者，只好寫了似乎是中華民國司法史上最長的不同意見書（全文九十餘頁，是否最長無從考證），而合議庭也因此分道揚鑣。當然，這純粹是理念之爭，不應該因此影響同事間的情誼。而筆者雖然反對現行不同意見書不得公開的制度，但只能依法將該不同意見書放在評議簿中，直至判決確定後始能公開閱覽。

可否附記不同意見書的正反之辯

法律不可能就已發生的事件，獲得一個絕對的、唯一正確的答案，因此必然存有不同的意見。法學家龐德即曾指出：「反對意見是歷史長河中生命力的體現」。而一般支持公開不同意見書的主要理由，包括：一、法官不用臣服於多數意見，可以確保法官的良心自由與獨立審判；二、在多元對話之下，深化法理辯論，並開啓未來發展的視野；三、評議過程公開透明，符合民主原則並滿足人民知的權利，進而強化法官的責任感。

關於判決附記不同意見書與評議不公開制度，兩者具有互斥不相容的關係。雖然不同意見書制度主要源自英美法系國家，但在遵行評議不公開制度多年的歐陸法系國家中，判決附記不同意見書或公開少數見解法官的意見，已漸漸受到重視。例如：瑞士聯邦法院、德國聯邦憲法法院、日本最高裁判所、我國司法院大法官或部分拉丁美洲國家法院等，都有使外界知悉法官間所持不同見解的制度，而採行這項制度也意味評議不公開制度的相對化。

一般認爲，在憲法法院層級准予公開不同意見書，是認爲這些不同意見書與普通法院評議過程的法官不同意見並不相同。因爲普通法院評議過程的不同意見，都只被視爲暫時性的考量與意見表達，而憲法法院法官的不同意見則被視爲終局意見，已經不會減損憲法法院裁判的威信，兩者顯然不能相比擬。因此，我國《司法院大法官審理案件法》第十七條有關司法院應一併公布不同意見書的規定，是我國法官應嚴守評議秘密義務的唯一例外。

雖然如此，反對公開不同意書者，仍不在少數。主要理由包括：一、危害法官的獨立性，使法官必須承受外力影響；二、減損裁判的權威與法院的聲望；三、破壞合議庭的和諧與整體性，並降低尋求共識的動力。曾任美國聯邦最高法院首席大法官的Edward D. White即指出：「反對意見所能達成的唯一目的，即是減弱多數意見的效力，且因此使人們對於終審法院所爲的結論，喪失信心。」

另外，不同意見書是否有贊同者所提出的功能，也有不少疑問。以美國聯邦最高法院爲例，觀察者即指出：由於大法官是政治任命，每個大法官都有其背景與標籤，爲了回應他的任命者，不同意見書即在顯示他忠於自己的立場或自己所由出的最佳手段；而且，不同意見書是否眞的爲未來的裁判見解變遷種下種苗，其實並不是那麼確定，如號稱爲偉大異議者的美國Oliver Wendell Holmes大法官，一生寫下一七三個不同意見書，日後成爲法院多數見解的判決僅有九個。

附記不同意見書與評議不公開的互斥

八十八年「全國司改會議」曾就判決可否附記不同意見書有所討論，最後通過的結論是「最高法院的判決得附記不同意見書」。因此，司法院於九十年間所研擬修正的《民事訴訟法》第二二六條第五項、《刑事訴訟法》第三九八條之一中，都已規定：「法官於評議時所持法律上之意見與多數意見不同，經記明於評議簿，並於評決後三日內補具書面者，應予附記」。不過，立法委員在審查前述民事訴訟法修正案時，認爲判決附記不同意見書，「易啓當事人上訴之端，並使法官卸責」，遂決議不予增訂。

這段立法過程所代表的意義，就是我國立法者要求法官不得將評議的意見與內容公開，這是法官依據法律獨立審判的義務，必須受到立法者在立法過程中所表達的「立法者意思」的拘束。因此，在法院組織法未被修正，或者有其他法律明文承認之前，這是法官的法定義務，不容違背。何況判決附記不同意見書是否眞能達成贊成者所提的功能，仍有待更多的實證研究，法官自應謹慎自持。

由此可見，雖然附記不同意見書具有：落實權責相符、心證形成過程的透明化可以減少人民對司法的不信賴等優點，但它的制度原始理念是否足以反應我國社會的現實需求，並不是毫無疑義。即便是全國司改會議所作的決議，判決附記不同意見書也僅限於終審法院，並不包括事實審法官在內。因此，在立法意旨已有所明示的情況下，基於「依法審判」的憲法上義務，法官實在不宜在公開宣示的判決中附記不同意見書。

流人血的罪不歸於我？

雖然筆者傾向贊成判決中可附註不同意見書，但在修法過程中，立法者既已明白否決這種制度時，即屬權力分立機制下法官所應遵守的法定義務。高雄市長當選無效之訴的受命法官，卻特別在本件勝敗相差僅千餘票，又是衆所矚目的判決中，一反司法常態與法律規定，在判決中附記不同意見書，只是爲雙方陣營提供火藥而已，根本無法達到透明與對話的功能。而由當日宣判後，陳菊陣營在記者會場懸掛寫著：「台灣司法史上最黑暗的一天」的黑色橫額，更可見葬送的是整個司法的權威。

曾任法官、現任教台灣大學法律系的吳從周教授即爲文指出：「一個社會衆所矚目的選舉案件中，看到一個赤裸裸違背法律規定，只爲表達『各自負責』而公布不同意見書的實例，正如同聖經《福音書》中的『流人血的罪不歸於我？』的故事一般（〈馬太福音〉第二十四章第十四、二十二、二十四節）」，本件法官刻意違背法律規定，不願承擔評議責任而公布不同意見書，讓整個社會、輿論對於司法威信產生重大質疑。這件當選無效訴訟判決附記不同意見書所引起的爭議，所有從事審判的人員都應該引以爲戒！而國人也切勿再以個別法官的不同意見書與自己的見解相同，即稱許其爲「社會的良心」、「有勇氣」，而爲之喝采。畢竟依法審判是法官的義務，如果我們容許法官恣意妄爲、無視立法意旨，那民主法治社會的基石將蕩然無存。

博雅文庫 151

羈押魚肉

作　　者　林孟皇（137.3）
企劃主編　劉靜芬
責任編輯　吳肇恩　許珍珍
封面設計　P.Design 視覺企劃、姚孝慈
出 版 者　五南圖書出版股份有限公司
發 行 人　楊榮川
總 經 理　楊士清
總 編 輯　楊秀麗
地　　址　106台北市大安區和平東路二段339號4樓
電　　話　(02)2705-5066
傳　　真　(02)2706-6100
劃撥帳號　01068953
戶　　名　五南圖書出版股份有限公司
網　　址　https://www.wunan.com.tw
電子郵件　wunan@wunan.com.tw
法律顧問　林勝安律師
出版日期　2010年 9 月初版一刷（共五刷）
　　　　　2016年 2 月二版一刷
　　　　　2024年10月二版二刷
定　　價　新臺幣380元

國家圖書館出版品預行編目資料

羈押魚肉／林孟皇著. -- 二版. -- 臺北市 :
五南圖書出版股份有限公司, 2016.02
面；　公分. --（博雅文庫；151）
ISBN 978-957-11-8475-3（平裝）

1.法律教育

580.3　　　　　　　　104029026